DISCOURS
DE LA MÉTHODE

DANS LA COLLECTION
AGORA
LES CLASSIQUES

MONTAIGNE
SUR L'ÉDUCATION, TROIS ESSAIS

JEAN-JACQUES ROUSSEAU
ESSAI SUR L'ORIGINE DES LANGUES

THÉORIE DE L'ÉVOLUTION, ASPECTS HISTORIQUES

EDGAR ALLAN POE
EUREKA

LES LOIS DE L'HÉRÉDITÉ UNE ANTHOLOGIE

JOHN STUART MILL
DE LA LIBERTÉ

AGORA
LES CLASSIQUES

Collection dirigée par Olivier Amiel

DESCARTES

Discours
de la méthode

Préface et commentaires de
Pierre Jacerme

PRESSES POCKET

La loi du 11 mars 1957 n'autorisant aux termes des alinéas 2 et 3 de l'article 41, d'une part, que les *copies ou reproductions strictement réservées à l'usage privé du copiste et non destinées à une utilisation collective*, et, d'autre part, que les analyses et les courtes citations dans un but d'exemple ou d'illustration, *toute représentation ou reproduction intégrale ou partielle, faite sans le consentement de l'auteur ou de ses ayants droit ou ayants cause*, est illicite (alinéa 1er de l'article 40). Cette représentation ou reproduction, par quelque procédé que ce soit, constituerait donc une contrefaçon sanctionnée par les articles 425 et suivants du Code pénal.

© Éditions Agora, 1990.

ISBN : 2-266-03093-0

INTRODUCTION

« …pour toutes les opinions que j'avais reçues jusqu'alors en ma créance, je ne pouvais mieux faire que d'entreprendre une bonne fois de les en ôter, afin d'y en remettre par après, ou d'autres meilleures, ou bien les mêmes, lorsque je les aurais ajustées au niveau de la raison. »

« Jamais mon dessein ne s'est étendu plus avant que de tâcher à réformer mes propres pensées, et de bâtir dans un fonds qui est tout à moi » (II e partie, § 2 et 3).

Descartes nous parle de la possibilité, qu'il entrevoit, de produire la vérité par un ajustement « au niveau de la raison », réglé à partir d'une position de *soi* comme « fonds ».

Ce qui est à méditer, c'est ce lien, qu'il instaure, entre la vérité et le besoin d'une « assurance » solide reposant sur le moi.

« Je pense avoir eu beaucoup d'heur de m'être rencontré dès ma jeunesse en certains chemins, qui m'ont conduit à des considérations et des maximes, dont j'ai formé une méthode… » (I re partie).

La méthode : « fil de Thésée », « chaînes », « tissus »

La « méthode » est ce point de « rencontre », à partir duquel Descartes peut poser son désir de la vérité, « un extrême désir d'apprendre à distinguer le vrai d'avec le faux » (I re partie).

Il y a un nœud où s'entrelacent le désir et la vérité : « plutôt que de le faire sans méthode, mieux vaut renoncer à donner aucune vérité » (règle 4).

Descartes nomme « méthode » la façon dont il se représente ce nœud : dans un texte des *Regulae*, il parle de propositions « repliées » ; dans la règle 5, il dit « fil de Thésée » ; dans la règle 10, il s'intéresse aux « techniques les plus insignifiantes et les plus simples... comme celles des artisans qui tissent des toiles et des tapis, ou celles des femmes qui piquent à l'aiguille, ou tricotent des fils pour en faire des tissus de structures infiniment variées ».

Entrelacements, « chaînes » (« chaîne de raisons »), à partir desquels il parle et écrit en cherchant à *se faire* « entendre » des *autres* — tâche impossible, telle qu'il se la figure : un nœud. Il faudrait poser la différence entre soi et l'autre et en même temps chercher à l'abolir : « Je ne sais pas si je serai capable de la faire entendre à tout le monde, en la même façon que je l'entends » (25 novembre 1630).

Écrire et publier

D'où la complexité des stratégies d'écriture chez Descartes.

Il y a ces distinctions entre *écrire pour soi* (« souvent les choses qui m'ont semblé vraies lorsque j'ai commencé à les concevoir, m'ont paru fausses lorsque je les ai voulu mettre sur le papier » (VIe partie du *Discours*), *écrire pour soi et ses amis* (« je suis en résolution d'étudier pour moi et mes amis à bon escient », 25 novembre 1630), et *écrire pour les autres*, malédiction souvent (« ...sans perdre le temps à écrire pour les autres, qui se moqueraient de moi, si je faisais mal, ou me porteraient envie, si je faisais bien, et ne m'en sauraient jamais de gré, encore que je fisse le mieux du monde », *ibid.*), espoir toujours pourtant d'être, par eux, rappelé à soi-même (« on regarde toujours de plus près à ce qu'on croit devoir être vu par plusieurs qu'à ce qu'on ne fait que pour soi-même », VIe partie du *Discours*).

Dans la VIe partie du *Discours*, il y a les oppositions entre *écrire* et *publier*, entre publier pendant sa vie ou publier pour « nos neveux ».

Mais, déjà, on trouvait ce balancement avant l'affaire Galilée (1633), dans la lettre à Mersenne du 25 novembre 1630 (où d'ailleurs on peut noter que Descartes emploie le mot *Discours* — il annonce un *Discours de la lumière* qu'il voudrait insérer dans la *Dioptrique*, texte qu'il prépare alors pour être publié) : « et je ne pense pas après ceci », disait-il, « me résoudre jamais plus de faire rien imprimer, au moins moi vivant… » (donc, « jamais plus… » mais « après ceci » !). On a bien là un trait de structure propre à Descartes, que l'affaire Galilée infléchira mais qu'elle ne créera pas.

De là aussi l'écriture représentée comme stratégie, comme « bataille » (« c'est véritablement donner des batailles, que de tâcher à vaincre toutes les difficultés et les erreurs qui nous empêchent de parvenir à la connaissance de la vérité » ; VIe partie), avec le déploiement de ruse qu'il y faut : « je vous prie, autant qu'il se pourra, d'ôter l'opinion que je veuille écrire quelque chose à ceux qui la pourraient avoir, et plutôt de leur faire croire que je suis entièrement éloigné de ce dessein » (25 novembre 1630).

Donc faire croire qu'on n'écrira pas, cependant qu'on jouit de continuer à écrire : « la fable de mon monde me plaît trop pour manquer à la parachever, si Dieu me laisse vivre assez longtemps pour cela » (même lettre).

Encore une sorte de nœud : passer sa vie à écrire un livre qui ne serait pas publié (de son vivant) ; ou publier un livre qui n'aurait pas été écrit (puisque Descartes veut dissimuler qu'il l'écrit).

Ce qui le conduira à publier des fragments — « essais », ou « échantillons » —, des « abrégés » — morceaux d'une construction toujours plus ample.

Descartes est voué à *tenir le livre à distance* — « un homme qui ne lisait pas de livres et n'en possédait point » (témoignage de Plempius, en 1654). En novembre 1633, il écrit à Mersenne : « Je n'ai jamais eu l'humeur portée à faire des livres. »

C'est un peu comme ces « étranges aversions de quelques-uns, qui les empêchent de souffrir l'odeur des roses ou la présence d'un chat ou choses semblables » (*Traité des passions*, article 136).

Aussi philosophera-t-il autrement et *pas d'après les livres*. D'où, à son égard, une intense curiosité, un étrange voyeurisme : « M. Le Vasseur s'étant glissé contre la porte de la chambre de M. Descartes se mit à regarder par le trou de la serrure, et l'aperçut dans son lit, les fenêtres de la chambre ouvertes, le rideau levé, et le guéridon avec quelques papiers près du chevet. Il eut la patience de le considérer pendant un temps considérable, et il vit qu'il se levait à demi-corps de temps en temps pour écrire, et se recouchait ensuite pour méditer » (à Paris, en 1626 ; cf. Baillet, I, 154). Autre témoignage, celui de Saumaise : « Les savants d'ici le tiennent pour le non-pareil » (lettre de Hollande, le 4 avril 1637). On vient voir, comme il s'en plaindra plus tard, l'« animal curieux ».

Travestir le livre

Craignant la présence directe et immédiate du livre, où la malignité d'autrui pourrait brusquement coaguler et déchaîner l'envie, Descartes *travestit* le livre et maintient la non-coïncidence entre le projet d'écrire et la décision de publier.

Mieux : il creuse l'écart en ouvrant le projet.

Ce qui donne, d'un côté, un projet en expansion, et, de l'autre, le livre qui subit un mouvement inverse de rapetissement, devenant peu à peu un « abrégé » qui, à la limite, dispenserait de maintenir le projet — un projet que, pourtant, il illustre et réalise : « pendant que j'y travaillais, j'acquérais un peu plus de connaissance que je n'en avais eu en commençant, selon laquelle me voulant accommoder, j'étais contraint de faire un nouveau projet, un peu plus grand que le premier... » (15 avril 1630.)

Pendant ce temps, pendant qu'il travaille au traité du *Monde*, et qu'il avance sa *Dioptrique*, il sent le besoin d'y « insérer » un *Discours de la lumière* présenté, paradoxalement, à la fois comme « plus long » qu'il ne pensait, contenant « quasi une physique tout entière », et comme « un abrégé » (du traité du *Monde*)... qui pourrait en dispenser ! (25 novembre 1630.)

Pourtant, bien sûr, Descartes continue de s'y consacrer : « Je vous dirai que je suis maintenant après à démêler le Chaos, pour en faire sortir de la lumière » (23 décembre 1630.)

C'est que parler d'« abrégé » participe de la nécessité de travestir le livre écrit, à la fois en créant une distance (en « miniaturisant » en quelque sorte le système) *et* en suscitant le besoin d'un « éclaircissement » futur, d'un agrandissement.

Ainsi, le livre est peu à peu détaché de la sphère de l'opinion, de la dispute — de l'Ecole —, et soumis à *une autre logique*.

Descartes expliquera à Burman que la IVe partie du *Discours* « renferme un abrégé des *Méditations* et c'est par elles qu'on doit l'éclaircir » (1648) ; le *Discours* montre l'enchaînement des raisons *uno intuitu*, « d'une seule œillade ».

On voit bien ici comment Descartes transforme l'existence *immédiate* du livre, en mettant en place un jeu de renvois : le *Discours* renvoie à l'éclaircissement, lequel ne peut se passer du *Discours*.

A la limite, le livre écrit représente toujours un autre livre, qui, lui, est *tenu éloigné*, ou *rendu silencieux*.

Car — et Descartes n'en parle pas à Burman — la IVe partie du *Discours* résume, prudemment, le « traité de métaphysique » (inachevé et perdu) de 1629 ; le texte de 1637 reprend maintes idées des *Règles pour la direction de l'esprit* (inachevé et perdu), de 1628.

Descartes va présenter la publication du *Discours* et des *Essais de la méthode* en 1637 comme destinée à *préparer* celle du *Traité du Monde* (loin d'y suppléer) : « tout le dessein de ce que je fais imprimer à cette fois n'est que de lui préparer le chemin, et sonder le gué » (avril 1637). Pourtant, bientôt, il va se consacrer... aux *Méditations métaphysiques*, et le *Traité du Monde* sera publié après sa mort.

« Comme en un tableau »

Toute l'existence du livre est donc rassemblée dans sa fonction de médiation, de signe. Mais ce signe est une *allusion muette*. Le modèle parfait du travestissement du livre est, pour Descartes, le *tableau* : « Mais je serai bien aise de faire voir, en ce discours, quels sont les chemins que j'ai suivis, et d'y représenter ma vie comme en un tableau, afin que chacun en puisse juger, et qu'apprenant du bruit commun les opinions qu'on en aura... » (Ire partie).

Descartes ne veut pas du livre commenté, glosé, redoublé dans une fausse proximité ; il réclame pour son texte la *distance* du tableau, offert au *libre jugement* du spectateur (« afin que chacun en puisse juger »), de telle sorte que son livre lui parvienne à travers cette *réverbération*, et qu'il puisse, lui, *se* reconnaître à travers ce que l'autre en dira. Ce qui serait impossible si le livre disait tout, expliquait tout : s'il *enseignait*. Descartes veut en finir avec la posture du maître. Il faut arriver à suggérer, par un signe en quelque sorte muet qui, pourtant, par sa présence, sollicite l'imaginaire et la parole d'autrui.

Déjà, le 8 octobre 1629, quand il venait de « se résoudre » à écrire les *Météores*, « qui contiendra la raison des couleurs de l'arc-en-ciel », il disait à Mersenne : « Je vous prie de n'en parler à personne du monde ; car j'ai résolu de l'exposer en public, comme un échantillon de ma philosophie, et d'être caché derrière le tableau pour écouter ce qu'on en dira. »

Et, en 1641, il écrira : « maintenant, après une première expérience du jugement des hommes, j'entreprends derechef de traiter de Dieu et de l'âme humaine » (*Préface de l'auteur au lecteur des Méditations*). Cette « première expérience du jugement des hommes », c'est le *Discours de la méthode*.

Le *tableau* permet de faire l'expérience du libre jugement (ce qui est impossible dans le cas d'un livre où le sens est déjà décidé par les « autorités », par la tradition, où le lecteur est dépossédé de sa capacité de juger). En écrivant le *Discours*, Descartes nous place donc en position de spectateurs et de juges.

Descartes devait connaître la formule de Simonide, transmise par Plutarque : « La peinture est une poésie muette, la poésie est une peinture parlante. »

Léonard de Vinci avait parlé de la peinture comme d'une poésie continuée par l'image, d'une vision chiffrée. Très vite, Descartes comprend que le pouvoir du signe tient à ce qu'il ne ressemble pas à la chose qu'il signifie ; à propos des tailles-douces (des gravures) il note que « souvent, pour être plus parfaites en qualité d'images, et représenter mieux un objet, elles doivent ne lui pas ressembler » (*Dioptrique*, IV).

Alors, Descartes pourra exposer au public ce qui ne ressemble à rien ; il pourra tenter d'être universel en disant sa singularité.

Comme l'explique J. Lichtenstein (*La Couleur éloquente*, 1989, p. 139), la peinture peut représenter une présence qui échappe à toute comparaison, dans l'absolue singularité d'une image.

Peignant, Descartes pourra se montrer comme incomparable. Il pourra faire sauter les faux ornements, les « enveloppes » (il parle d'« enveloppes » dans les *Regulae* à propos de la vraie mathématique, dissimulée sous les mathématiques ordinaires). Il fera voir l'objet par la manière même dont il ne montrera pas (mimétiquement) la chose.

Mieux même : en peignant, il pourra aussi séduire, charmer. Descartes sait que la singularité des couleurs fait tout le réel de la peinture, et qu'elle peut « agir » les passions du spectateur.

Peindre, ce sera « ouvrir le chemin » en *agréant* — ce que Descartes n'oppose pas aux « démonstrations exactes » : « ce sera assez que je vous ouvre le chemin, par lequel vous les pourrez trouver de vous-même... et pour faire ici un tableau qui vous agrée, il est besoin que j'y emploie de l'ombre aussi bien que des couleurs claires » (*Le Monde*, Al. I, 364). Par là, on entrera dans une nouvelle logique démonstrative. Peindre implique d'ombrager, et *ombrager* procure une plus grande liberté de jugement : « Même, pour ombrager un peu toutes ces choses, et pouvoir dire plus librement ce que j'en jugeais, sans être obligé de suivre ni de réfuter les opinions qui sont reçues entre les doctes... » (Ve partie du *Discours*).

En peignant, en utilisant l'ombre et les couleurs claires, on pourra « raconter une fable » (*Le Monde*, Al. I, 364). Le peintre ne mime pas le réel ; il raconte une histoire : « ne proposant cet écrit que comme une histoire, ou, si vous l'aimez mieux, que comme une fable » (Ire partie).

Se mettant en position de peintre, faisant ressortir ici, ombrageant là — pour être plus libre *et* protéger notre liberté de jugement — Descartes nous donne à contempler un « écrit » qui n'est pas un livre, un « tableau » qui est une « fable ». du Chaos, il tire la lumière ; partant du rien de la toile vierge, il nous procure l'enchantement de la méthode. Le spectacle, c'est la « fable » de la méthode.

Comme une fable

La méthode *parlera d'elle-même*, elle sera *fable* (du latin *fari*, parler) ; et on assistera au spectacle de cette parole qui viendra comme sur le devant de la scène et nous charmera, renouvelant le plaisir des fables (« ... j'éprouve tous les plaisirs qui sont imaginés dans les fables, je mêle insensiblement mes rêveries du jour avec celles de la nuit... », 15 avril 1631).

Cet « écrit » n'est pas un livre ; Descartes s'adresse à un « honnête homme » qui « n'est pas obligé d'avoir vu tous les livres, ni d'avoir appris soigneusement tout ce qui s'enseigne dans les écoles » (*La Recherche de la vérité*, Al. II, 1105) ; il lui suffira d'être présent à cette parole qui s'avance vers lui (« je n'ai point trouvé de style plus commode que celui de ces conversations honnêtes, où chacun découvre familièrement à ses amis ce qu'il a de meilleur en sa pensée », dira Descartes dans *La Recherche de la vérité*, ce *dialogue* inachevé, *ibid.*, 1108).

Le 1er novembre 1635, Descartes parle à Huyghens d'un ensemble qui contiendrait la *Dioptrique* et les *Météores* et « une Préface que j'y veux joindre » ; un peu plus tard, en mars 1636, il annonce à Mersenne « le titre en général » : « *Le Projet d'une Science universelle, qui puisse élever notre nature à son plus haut degré de perfection* », soulignant que les « plus curieuses matières... sont expliquées en telle sorte, que ceux mêmes qui n'ont point étudié les peuvent entendre ».

Quelque chose est donc « projeté », jeté en avant ; et ce projet est une « préface » (de *fari*, parler, et *prae*, d'abord), une parole qui s'offre à nous d'abord, engageant la conversation, anticipant toute parole. Parole annonçant un monde nouveau, celui où se déploie la « Science universelle » ; parole s'adressant à un homme capable de futur, dont le présent est déjà gros de ce futur (« qui puisse élever notre nature à son plus haut degré de perfection »), et s'adressant à lui *autrement* (qu'une

parole suscitée par un livre : « en telle sorte, que ceux
mêmes qui n'ont point étudié les peuvent entendre »).
Comment parle cette parole ? que dit-elle ? Et comment
lui répondre ?

Caché « derrière le tableau », Descartes écoute ce qui
se dit. Dans ce dispositif où le nœud dont nous parlions
se déploie comme une boucle, la vérité de sa parole va
lui apparaître en creux, à partir de la réverbération de ce
qui se dit sur un signe muet (le tableau, parole silen-
cieuse).

« Mon dessein n'est pas d'enseigner ici la méthode
que chacun doit suivre pour bien conduire sa raison,
mais seulement de faire voir en quelle sorte j'ai tâché de
conduire la mienne » (Ire partie).

Il s'agit donc bien de « faire voir » une *singularité* — la
méthode, ce tour d'« adresse ».

La méthode, ce « biais » singulier

Le 23 décembre 1630, Descartes écrivait à Mersenne :
« J'ai mille choses diverses à considérer toutes ensemble, pour trouver un biais par le moyen duquel je
puisse dire la vérité... » *La « méthode » est ce « biais »
singulier.* Mais comment en parler ?

L'enseigner, ce serait la transformer en doctrine ; la
démontrer serait l'astreindre aux syllogismes, la prêter
aux réfutations scolastiques.

Alors Descartes tente de la « faire voir ». Il dira au
P. Vatier, le 22 février 1638 : « J'ai désiré essayer si la
seule exposition de la vérité serait suffisante pour la
persuader, sans y mêler aucunes disputes ni réfutations
des opinions contraires. »

« Exposition de la vérité » : d'où, dans le *Discours*,
pour donner le recul nécessaire au spectacle du « tableau », le recours au mouvement *rétrospectif* : « J'étais
alors en Allemagne... et il y a justement huit ans que ce
désir me fit résoudre... Je ne sais si je dois vous entrete-

nir des premières méditations que j'y ai faites... J'avais
expliqué assez particulièrement toutes ces choses dans le
traité que j'avais eu ci-devant dessein de publier... Or, il
y a maintenant trois ans que j'étais parvenu à la fin du
traité qui contient toutes ces choses... »

Descartes compose ainsi deux ou trois grandes
boucles, où il insère son sujet, creuse la profondeur avec
l'imparfait de l'indicatif, et, depuis ce lointain, rend
présent l'ensemble du tableau ; puis, à coups de passé
simple, qui sont comme des coups d'épée rapides, fulgu-
rants, il *dessine*, à grands traits, et *fait ressortir* la *singularité incomparable*, le « biais », d'une façon telle que cela
même va susciter une parole, que la méthode donc va
devenir présente aussi *parce qu*'on parlera d'elle.

« Je m'avisai de considérer que... je me résolus... je
crus que j'aurais assez des quatre suivants... je me formai
une morale par provision... je pris garde que, pendant
que je voulais ainsi penser que tout était faux... je ne
voulus point divulguer le traité que j'avais entre les
mains... »

En parler donc, depuis un point silencieux, ou rendu
tel, pour qu'elle parle d'elle-même, et que cette présentation suscite une autre parole.

« ... Je ne mets pas *Traité de la Méthode*, mais *Discours de la Méthode*, ce qui est le même que *Préface* ou
Avis touchant la Méthode, pour montrer que je n'ai pas
dessein de l'enseigner, mais seulement d'en parler. Car,
comme on peut voir de ce que j'en dis, elle consiste plus
en pratique qu'en théorie ; et je nomme les Traités
suivants des *Essais* de cette Méthode, parce que je
prétends que les choses qu'ils contiennent n'ont pu être
trouvées sans elle, et qu'on peut connaître par eux ce
qu'elle vaut : comme aussi j'ai inséré quelque chose de
Métaphysique, de Physique et de Médecine dans le
premier *Discours*, pour montrer qu'elle s'étend à toutes
sortes de matières » (à Mersenne, 27 février 1637 [?]).

Descartes décrit ici l'ensemble du dispositif : « ...je
n'ai pas dessein de l'enseigner, mais seulement d'en

parler ». Un peu avant, le 25 février 1637, il a précisé à Huyghens : « je m'excuse sur ce que je n'ai pas eu dessein d'expliquer toute la Méthode, mais seulement d'en dire quelque chose, et que je n'aime pas à promettre plus que je ne donne » : donc, « en parler » est à entendre dans un sens restrictif.

Il s'agit bien d'en parler pour qu'elle parle d'elle-même *et* qu'on en parle : elle surgira alors, depuis ce redoublement, comme intensifiée, et augmentée. Descartes le dit au P. Vatier, le 22 février 1638 : « Mon dessein n'a point été d'enseigner toute ma Méthode dans le discours où je la propose, mais seulement d'en dire assez pour faire juger que les nouvelles opinions, qui se verraient dans la *Dioptrique* et dans les *Météores*, n'étaient point conçues à la légère, et qu'elles valaient peut-être la peine d'être examinées... Ce qui m'a fait joindre ces trois traités au discours qui les précède, est que je me suis persuadé qu'ils pourraient suffire, pour faire que ceux qui les auront soigneusement examinés, et conférés avec ce qui a été ci-devant écrit des mêmes matières, jugent que je me sers de quelqu'autre Méthode que le commun, et qu'elle n'est peut-être pas des plus mauvaises. »

La médiation de la comparaison donnera une idée de l'excès de l'incomparable, qu'ici la litote suggère.

Des Essais *à la* Méthode

Au cœur du dispositif, Descartes introduit une sorte de circuit allant des *Essais* à la *Méthode*, mais tel que le *Discours*, se manifestant en « préface », soit en quelque sorte redoublé par un commentaire *probant* qu'assurent les trois Essais : « je prétends que les choses qu'ils contiennent n'ont pu être trouvées sans elle, et qu'on peut connaître par eux ce qu'elle vaut. »

La méthode est donc du côté de l'*invention* ; et les *Essais* font fonction de *preuves* que la méthode existe en tant qu'« instrument universel ». Mais ils ne *démontrent* pas la méthode, « à cause qu'elle prescrit un ordre pour chercher les choses, qui est assez différent de celui dont j'ai cru devoir user pour les expliquer » (à Vatier). Ils sont les *signes* de cet usage universel : « Je propose une méthode générale, laquelle véritablement je n'enseigne pas, mais je tâche d'en donner des preuves par les trois traités suivants, que je joins au discours où j'en parle... en sorte qu'il me semble par là donner occasion de juger que j'use d'une méthode par laquelle je pourrais expliquer aussi bien toute autre matière... cette méthode s'étend à tout... » (à ***, 27 avril 1637 [?]).

La méthode, c'est cette omniprésence de tout à la raison, et de la raison à tout. On ne peut donc la « faire voir » qu'en mettant en place un dispositif qui illustre cette circularité, en suggérant un système de renvois indéfiniment ouvert.

La méthode est ce « biais » par lequel la « raison toute pure » peut être tout entière présente à ce qui se présente. C'est cette considération *attentive* que Descartes appelle philosophie « pratique », dans la mesure où elle appropriera les choses à notre « usage ».

En parlant à partir d'un nœud où s'entrelaçaient le désir et la vérité, en s'y installant, Descartes finit par y trouver un point fixe. Le 13 novembre 1629, il disait : « Au lieu d'expliquer un phénomène seulement, je me suis résolu d'expliquer tous les phénomènes de la nature », mais c'est que la liaison qui les tient ensemble n'est pas dans les choses ; elle est une manière unique d'être présent à toutes les choses, quelles qu'elles soient : cette manière unique d'être présent, qui sera la présupposition de tout savoir vrai, c'est cela que Descartes appelle « méthode » : « ...cette méthode s'étend à tout... »

Dans ces conditions, on comprend qu'il ne soit pas nécessaire, dans chaque texte, d'expliquer le « tout » du *Monde* ; ou d'indiquer les « fondements de la physique » ; ou d'enseigner « *toute* » la méthode.

Des « *échantillons* » peuvent suffire à faire entrevoir l'éclair de la méthode qui trace la figure d'un monde nouveau, où c'est une certaine manière d'être présent par la pensée qui va devenir le nouveau principe de la philosophie, comme l'indique cette phrase qu'on pourrait croire banale, mais qui est très étrange : « J'ai coutume de philosopher sur tout ce qui se présente » (à Huyghens, 1647 [?]).

« *Philosopher sur tout ce qui se présente* »

Là est le « secret » de la méthode, resté dissimulé dans le texte inachevé et non publié de 1627-1628, les *Règles pour la direction de l'esprit*. La première règle disait : « l'objet des études doit être de diriger l'esprit jusqu'à le rendre capable d'énoncer des jugements solides et vrais *sur tout ce qui se présente à lui* » (nous soulignons).

La « fable » du *Discours* parle donc, à demi-mot, depuis ce texte rendu silencieux, d'une nouvelle manière d'être de l'esprit : caché « derrière le tableau », Descartes écoute ce qu'on en dit, mais entend sans doute aussi, en écho, la « rumeur des distances traversées » (Proust) : « Toutes les sciences ne sont en effet rien d'autre que l'humaine sagesse, qui demeure toujours une et identique à elle-même, quelque différents que soient les objets auxquels elle s'applique, et qui ne reçoit pas d'eux plus de diversité que n'en reçoit la lumière du soleil de la variété des choses qu'elle éclaire ; il n'y a donc pas lieu de contenir l'esprit en quelques bornes que ce soit » (règle 1).

Devenir capable d'« ajuster » « tout ce qui se présente » « au niveau de la raison », c'est ce que « fait voir » la méthode, à partir d'un nouveau *principe* : selon la formulation de *La Recherche de la vérité*, « *Je doute, donc j'existe* ; ou, ce qui est la même chose : *Je pense, donc j'existe* ».

« Un point fixe et immobile »

Nouveau commencement, nouveau « centre » : « Prêtez-moi seulement votre attention, et je vous mènerai plus loin que vous ne pensez. Car de ce doute universel, comme d'un point fixe et immobile, je veux faire dériver la connaissance de Dieu, celle de vous-même, et enfin celle de toutes les choses qui existent dans la nature » (Al. II, 1122).

Principe qui augmentera les connaissances en leur donnant plus de certitude que le principe de contradiction : « ... Vous devez commencer à voir qu'en sachant se servir convenablement de son doute on peut en déduire des connaissances très certaines, et même plus certaines et plus utiles que toutes celles que nous appuyons ordinairement sur ce grand principe, dont nous faisons la base de toutes les connaissances et le centre auquel toutes se ramènent et aboutissent : il est impossible que dans le même instant une seule et même chose soit et ne soit pas » (*La Recherche de la vérité*, Al. II, 1133).

Principe d'une autre logique, accessible à la pure lumière de la raison : « on ne peut rien ajouter à la pure lumière de la raison qui ne l'obscurcisse en quelque manière » (règle 4). A la lumière de ce « point fixe et immobile », on *fera* le vrai, on le *formera* : « ... des considérations et des maximes, dont j'ai *formé* une méthode » (nous soulignons), dit Descartes.

Comme l'expliquera plus tard Vico, en 1710, dans son livre *De la très ancienne philosophie des peuples italiques*, « le critère et la règle du vrai sont *l'avoir-fait* lui-même » ; c'est cela que le cartésien postule, comme il postule ceci : « les choses physiques seront vraies quand nous les aurons faites ; de même que les choses géométriques sont vraies pour les hommes parce qu'ils les ont faites » (éditions T.E.R., 1987, pp. 15, 55).

A la fois la méthode est « naturelle » (à Villebressieu, 1631) et elle est un *exercice*, une *accoutumance* ; il faut comme amener à *parfaite* maturité des fruits mûris à partir d'eux-mêmes, en *cultivant* ce qui est en nous *pur*, joignant donc l'art et la nature (*cf.* règle 4). Ce faisant, nous donnerons une « forme » à la méthode ; nous la présenterons habillée et ornée, « en sorte qu'elle soit plus accommodée à l'esprit humain » (règle 4).

La méthode opérera une appropriation aux hommes de tout ce qui se présente, en le *fixant* du regard de l'esprit : « cette science doit... s'étendre jusqu'à *faire surgir des vérités* de n'importe quel sujet » (*ibid.*, nous soulignons).

Fixer, à partir d'un point *fixe*, et, par là, produire le vrai.

Le « regard de l'esprit »

Il s'agit de s'« exercer » à voir d'une certaine manière, d'un « certain biais » (*Discours*) — par le « regard de l'esprit » : règle 5, « Toute la méthode réside dans la mise en ordre et la disposition des objets vers lesquels il faut tourner le regard de l'esprit, pour découvrir quelque vérité », et, dans la IIe partie du *Discours* : « ...supposant même de l'ordre entre ceux qui ne se précèdent point naturellement les uns les autres ». Par exemple : en disposant les choses en suites, en tant que les unes peuvent être connues à partir des autres ; en repérant dans chaque suite le terme le plus simple (règle 6), on pourra « établir un ordre que nous puissions garder jusqu'au bout » (*La Recherche de la vérité*).

S'accoutumer donc, non à suivre l'ordre de la nature, mais à suivre l'ordre naturel de la raison toute pure, l'ordre d'intelligibilité, et n'épeler les choses qu'en tant qu'elles sont produites à partir de ce tri, et ainsi seulement appelées à la présence *véritable*, et *durable*.

C'est à ce regard que s'exerce l'« œil de philosophe » (*Discours*, Ire partie), soumettant « n'importe quel sujet » à « un acte semblable, unique, et distinct » et pénétrant ainsi « comme par jeu jusqu'à la vérité intime des choses » (règle 9).

La « méthode » est donc un « certain biais » propre à l'esprit par où il se rend présent et attentif à « tout ce qui se présente » en telle sorte que toute *chose* lui devient *objet*: « l'entendement ne peut jamais être trompé par aucune expérience, s'il regarde seulement et précisément la chose qui lui est objet » (règle 12).

Une « vie douce et innocente »

Dans le *Discours de la méthode*, Descartes nous parle depuis ce point immobile, capable de douer toute chose qui lui est objet, d'une présence incomparable, « certaine ».

Il nous explique comment il s'est identifié à ce point, y reconnaissant son vrai *moi*, celui qui est « tout à lui »: « bâtir dans un fonds qui est tout à moi ».

Par ce moyen, par cet autre qui devient son *moi*, il peut rejoindre tous les autres, jusqu'à évoquer, dans la VIe partie, « la loi qui nous oblige à procurer, autant qu'il est en nous, le bien général de tous les hommes », et écrire plus tard, à Elisabeth: « …on voudrait perdre son âme, s'il se pouvait, pour sauver les autres » (15 septembre 1645).

Descartes nous parle d'un bonheur nouveau, celui d'être élevé au niveau de la *certitude*, « car enfin la méthode qui enseigne à suivre le vrai ordre… contient tout ce qui donne de la certitude aux règles d'arithmétique » (IIe partie). Bonheur d'une « vie douce et innocente »: « J'avais éprouvé de si extrêmes contentements depuis que j'avais commencé à me servir de cette méthode, que je ne croyais pas qu'on en pût recevoir de plus doux ni de plus innocents en cette vie: et découvrant tous les jours, par son moyen, quelques vérités qui me semblaient assez importantes, et communément ignorées des autres hommes, la satisfaction que j'en avais remplissait tellement mon esprit, que tout le reste ne me touchait point » (IIIe partie).

« En cette vie » : *sans la lumière de la foi*, à partir d'une autre lumière, la « lumière naturelle », qui se répand doucement dès le premier paragraphe du *Discours*, Descartes atteint la plénitude du « contentement ».

« Découvrant tous les jours » : à partir de la médiation muette de ce qui ne ressemble à rien (cet écrit — « tableau », « fable »), il trouve une forme solide d'immédiateté dans le maintenant de chaque jour, et il le dit dans une langue où il se sentira plus immédiatement *présent*, le français, dans une langue capable de faire advenir une nouvelle communauté humaine, celle des « hommes purement hommes » (Ire partie) : « Et si j'écris en français, qui est la langue de mon pays... c'est à cause que j'espère que ceux qui ne se servent que de leur raison naturelle toute pure jugeront mieux de mes opinions que ceux qui ne croient qu'aux livres anciens » (VIe partie). Langue capable de transporter vers ce point ferme et inébranlable, par-delà toutes différences : « j'ai voulu que les femmes mêmes pussent entendre quelque chose » (A Vatier, 22 février 1638), et, à Burman, il confie qu'il écrit « même pour les Turcs ».

Quand se termine le *Discours*, une nouvelle forme du soi a déjà passé : « les poils blancs qui se hâtent de me venir m'avertissent que je ne dois plus étudier à autre chose qu'aux moyens de les retarder » (à Huyghens, le 5 octobre 1637. Pourtant Descartes n'a alors que quarante et un ans).

Mais cette forme nous illumine encore, car elle a fait la vérité du monde où nous vivons maintenant, et quand nous lisons le *Discours*, nous réalisons qu'il nous avait déjà interprétés.

LE PLAN DU *DISCOURS DE LA MÉTHODE*

Le *Discours de la méthode* fut publié à Leyde, le 8 juin 1637, sans nom d'auteur.

Il précédait trois « *Essais de la méthode* » : la *Dioptrique*, où l'on trouvait, par exemple, la loi de la réfraction ; les *Météores,* où Descartes donnait un « échantillon » de la méthode « en décrivant l'arc-en-ciel » ; la *Géométrie,* où il précisait sa conception algébrique de la géométrie, une conception qui la situe, selon lui, « autant au-delà de la géométrie ordinaire, que la rhétorique de Cicéron est au-delà de l'*a,b,c* des enfants » (à Mersenne, fin décembre 1637).

Une traduction latine du *Discours* parut en 1644, suivie de la *Dioptrique* et des *Météores.* La traduction latine de la *Géométrie* parut plus tard, en 1649.

Première partie

« Et en la première on trouvera diverses considérations touchant les sciences. »

Cette partie se compose de 15 paragraphes. Dans les 5 premiers, Descartes précise qu'il va faire voir sa vie « comme en un tableau », et que son dessein n'est pas d'« enseigner » la méthode mais de proposer son écrit, « comme une fable », au *libre jugement* du lecteur.

Dans les 9 suivants, il raconte « l'histoire de son esprit », promise à Guez de Balzac. C'est l'histoire d'un désir et d'une déception. Descartes analyse l'écart entre le système d'éducation, dans un excellent collège pourtant, et les exigences nouvelles du moi.

Le dernier paragraphe déploie cette analyse à travers un espoir, surgi de la *résolution* d'étudier en soi-même *pour y trouver de quoi s'assurer* : c'est l'adieu au scepticisme de Montaigne, comme à son épicurisme souriant.

Une nouvelle figure du *soi* fait son apparition, et demande à être manifestée.

Deuxième partie

« En la seconde, les principales règles de la méthode que l'auteur a cherchée. »

Cette partie comporte 10 paragraphes. Descartes commence à déployer la nouvelle figure du *soi*, qu'il porte à la parole — une figure *rationnelle* et *unitaire*. Il cherche à concilier le bouleversement radical et le besoin d'un sol ferme, à assumer cette forme pure (« bâtir dans un fonds qui est tout à moi ») sans être un *maître* : la résolution philosophique cartésienne n'est pas *exemplaire*, mais *personnelle* (§ 1 à 4).

La résolution ne peut être un sol solide que si le *soi* ajuste tout « au niveau de la raison » ; là est la vraie méthode, c'est-à-dire l'« ordre » (§ 5 à 7). Cela implique que ce *soi* s'identifie à la fonction d'un « instrument universel ».

Ce « vrai ordre » est la nouvelle forme de la vérité : la vérité comme « *certitude* ». Désormais c'est la certitude qui fournira la norme des sciences, de l'usage de la raison, et qui sera le sol ferme recherché (§ 8 à 10).

Troisième partie

« En la troisième, quelques-unes de celles de la morale qu'il a tirée de cette méthode. »

La troisième partie contient 7 paragraphes. Descartes

commence par annoncer de quelle manière la méthode va soutenir son action — en lui procurant *résolution* et *contentement,* à travers la construction d'une « morale par provision » (§ 1).

Les trois maximes qui suivent déploient toute la force et l'assurance que contient la *résolution* (§ 2, 3 et 4). Le § 4 annonce déjà le thème du « contentement », développé longuement dans le § 5, en liaison stricte avec celui du développement de la méthode.

De tout cela, il résulte que, pour accroître *l'intensité* du *bonheur,* il faut déployer toujours davantage la méthode, ce qui implique d'avoir à *douter* encore plus *radicalement* pour se procurer une plus grande *assurance* (§ 6 et 7).

Quatrième partie

« En la quatrième, les raisons par lesquelles il prouve l'existence de Dieu et de l'âme humaine, qui sont les fondements de sa métaphysique. »

Descartes ose dire nettement dans cet abrégé ce qu'il dit avec beaucoup plus de nuance, et de prudence, dans son texte : que, sous l'effet de la méthode, « l'existence de Dieu et de l'âme humaine » deviennent « les fondements » d'une « métaphysique ». Cette transformation étonnante de l'existence en fondement, pas seulement éprouvé, mais prouvé, implique qu'existe une compréhension de l'existence qui soit telle que devienne possible sa jonction avec l'idée de preuve rationnelle ; et, également, telle qu'elle mène à Dieu.

Descartes nous présente un enchaînement serré et continu de « raisons », en 8 paragraphes.

Il pose d'abord cette entente préalable de l'existence (« Je pense, donc je suis ») à partir de l'expérience humaine fondamentale du rêve, qui permet d'effectuer le mouvement de doute radical ; puis, il fait nettement réaliser que cette existence est celle d'un entendement *pensant* (§ 1 et 2).

Il relie ensuite cette position de l'existence *pensante* et la sphère rationnelle de la preuve : la certitude de l'existence devient modèle pour penser toute vérité (« règle générale » ; 3).

Il prend ensuite acte de cette existence pensante comme existence pensante *imparfaite* (« faisant réflexion sur ce que je doutais »), ce qui le renvoie à ce dont elle dépend, et qui existe donc aussi : une existence pensante parfaite, « c'est-à-dire... qui fût Dieu » (§ 4 et 5).

Dieu peut donc *assurer* la « règle générale » ; il peut donner à nos idées la « perfection d'être vraies » (ce doute portant sur les idées est donc levé). Et comme la vérité du sensible ne provient pas des sens mais de l'entendement (§ 6), Dieu assure donc également la vérité du sensible : c'est toujours alors l'« évidence de notre raison » qui nous illumine (« soit que nous veillions, soit que nous dormions » ; § 7 et 8).

Cinquième partie

« En la cinquième, l'ordre des questions de physique qu'il a cherchées, et particulièrement l'explication du mouvement du cœur et de quelques autres difficultés qui appartiennent à la médecine, puis aussi la différence qui est entre notre âme et celle des bêtes. »

Le monde sensible étant justifié, il s'agit de montrer comment l'optique de la certitude s'applique à la nature ; comment elle permet de poser rationnellement le mécanisme ; et comment seule cette thèse permet d'effectuer une différenciation entre la machine, l'animal et l'homme.

Ce triple mouvement est déployé en 11 paragraphes. Pour éviter les controverses, Descartes indique à grands traits le contenu du *Traité du Monde* qu'il n'avait pu terminer en 1633, à cause de la condamnation de Galilée. Ce livre contenait les « fondements de la phy-

sique » : les « lois de la nature », établies par *Dieu* en nos
âmes (déduites, donc, des « premières » vérités métaphysiques). Par la supposition d'un monde nouveau,
la « vraie méthode » permettait de rendre le monde
transparent pour la raison, depuis les corps inanimés
jusqu'aux vivants et aux hommes, en passant par les
plantes — en prenant pour fil conducteur rationnel la
lumière elle-même (§ 1 à 3). L'explication de l'homme
exigeait d'abord de faire la supposition d'un corps sans
âme avant de passer à la caractérisation de l'âme raisonnable.

Il fallait ensuite rendre raison des fonctions du vivant
par le mécanisme : en prenant pour fil conducteur le
« mouvement du cœur et des artères », Descartes montre comment le point de vue de la *certitude* modifie
l'interprétation de la circulation du sang (opposition à
Harvey), et éclaire la vie à partir de la « machine du
corps » (§ 4, 5, 6, 7, 8, 9), d'une manière telle que c'est
seulement à partir de *cette* position mécaniste (et pas
n'importe laquelle) qu'on pourra faire émerger ce qui
dans l'homme, par opposition à toute machine, et tout
animal-machine, n'est pas mécanique : l'usage adapté du
langage et l'emploi de la raison comme « instrument
universel ».

C'est ensuite, donc, qu'on pouvait passer à l'âme
raisonnable, faire l'hypothèse d'une union étroite de
l'âme et du corps, et envisager l'immortalité de l'âme
humaine (§ 10 et 11).

Sixième partie

« Et en la dernière, quelles choses il croit être requises
pour aller plus avant en la recherche de la nature qu'il
n'a été, et quelles raisons l'ont fait écrire. »
La sixième partie contient, en somme, un « prospectus » et des « échantillons ». Le « prospectus » vante
la philosophie « pratique », capable de nous rendre

« comme maîtres et possesseurs de la nature » ; les « échantillons », annoncés ici (la *Dioptrique* et les *Météores*) sous le nom d'« essais particuliers », sont là pour susciter la curiosité du « public ». Descartes va déployer sa *stratégie*, en 12 paragraphes, commandée par une habile distinction entre la nécessité rationnelle d'écrire et la résolution de ne pas publier (§ 1).

Descartes commence par relier l'obligation d'écriture au caractère « si nécessaire » de sa philosophie pratique, nécessité provenant de son « utilité », mais aussi du besoin d'« expériences », infinies en nombre, suscitées par *l'expression* même propre à cette philosophie pratique (des principes « si simples et si généraux » que les effets particuliers peuvent toujours en être déduits « en plusieurs diverses façons ») (§ 2 et 3).

Il dissocie ensuite la question de l'écriture des fondements de son physique de celle de leur publication, de son vivant du moins, car les publier ferait passer ce qui est un principe rationnel pour une *opinion*, donc susciterait les controverses, les disputes, toute une scolastique confuse, et inutile (§ 4, 5, 6, 7).

C'est alors que Descartes entame une dernière manœuvre (il parle de « batailles ») : dans l'écart creusé entre *écrire* et *publier,* dans la demande curieuse qu'il a su créer, il va loger la publication des « échantillons » de sa méthode, et rappeler qu'il s'adresse à « ceux qui ne se servent que de leur raison naturelle toute pure » (§ 8 à 12). Ne faut-il pas que l'écrivain, ce qu'il écrit et publie, et le public même, soient, eux aussi, « ajustés au niveau de la raison » ?

NOTES À PROPOS DU TEXTE

Nous utilisons le texte du *Discours de la méthode* donné dans l'édition de la Bibliothèque de La Pléiade des *Œuvres et lettres de Descartes* (Gallimard, 1958).

Nos notes renvoient à l'édition Alquié des *Œuvres philosophiques* de Descartes (Garnier), en trois tomes (1963-1973) en indiquant *Al.* suivi du numéro du tome, et de l'indication de la page.

Plus rarement, nous renvoyons à la grande édition Adam et Tannery, Vrin, en notant AT, suivi du numéro du volume et de la page. Nos références vont également aux éditions G.F. Flammarion du *Discours de la méthode* par Mme Rodis-Lewis ; des *Méditations métaphysiques* et de la *Correspondance avec Elisabeth*, établies par J.-M. et M. Beyssade (notées G.F., suivi de la page).

Dans les *notes*, nous privilégions les renvois aux textes mêmes de Descartes, c'est-à-dire aux *Règles pour la direction de l'esprit*, à la correspondance, et à d'autres textes où Descartes se souvient du *Discours* et s'arrête pour le méditer à nouveau.

Le *Dossier* permet de travailler chaque partie plus en profondeur et fait appel à des textes de Descartes lui-même, à des commentaires classiques, ou aux communications présentées en 1987 lors des Colloques qui ont célébré le 350ᵉ anniversaire du *Discours de la méthode*.

DISCOURS DE LA MÉTHODE
POUR BIEN CONDUIRE SA RAISON

ET CHERCHER LA VÉRITÉ DANS LES SCIENCES[1]

Si ce discours semble trop long pour être tout lu en une fois[2], on le pourra distinguer en six parties. Et en la première on trouvera diverses considérations touchant les sciences. En la seconde, les principales règles de la méthode que l'auteur a cherchée. En la troisième, quelques-unes de celles de la morale qu'il a tirée de cette méthode. En la quatrième, les raisons par lesquelles il prouve l'existence de Dieu et de l'âme humaine, qui sont les fondements de sa métaphysique. En la cinquième, l'ordre des questions de physique qu'il a cherchées, et particulièrement l'explication du mouvement du cœur et de quelques autres difficultés qui appartiennent à la médecine, puis aussi la différence qui est entre notre âme et celle des bêtes. Et en la dernière, quelles choses il croit être requises pour aller plus avant en la recherche de la nature qu'il n'a été, et quelles raisons l'ont fait écrire.

PREMIÈRE PARTIE

Le bon sens est la chose du monde la mieux partagée :
car chacun pense en être si bien pourvu[3], que ceux
mêmes qui sont les plus difficiles à contenter en toute
autre chose n'ont point coutume d'en désirer plus qu'ils
en ont. En quoi il n'est pas vraisemblable que tous se
trompent ; mais plutôt cela témoigne que la puissance de
bien juger et distinguer le vrai d'avec le faux, qui est
proprement ce qu'on nomme le bon sens ou la raison[4],
est naturellement[5] égale en tous les hommes ; et ainsi
que la diversité de nos opinions ne vient pas de ce que les
uns sont plus raisonnables que les autres, mais seulement de ce que nous conduisons nos pensées par diverses
voies, et ne considérons pas les mêmes choses. Car ce
n'est pas assez d'avoir l'esprit[6] bon, mais le principal est
de l'appliquer bien[7]. Les plus grandes âmes sont
capables des plus grands vices aussi bien que des plus
grandes vertus, et ceux qui ne marchent que fort lentement peuvent avancer beaucoup davantage, s'ils suivent
toujours le droit chemin[8], que ne font ceux qui courent
et qui s'en éloignent[9].

Pour moi, je n'ai jamais présumé que mon esprit fût en
rien plus parfait que ceux du commun ; même j'ai
souvent souhaité d'avoir la pensée aussi prompte, ou
l'imagination aussi nette et distincte, ou la mémoire
aussi ample ou aussi présente, que quelques autres. Et je
ne sache point de qualités que celles-ci qui servent à la
perfection de l'esprit : car pour la raison ou le sens,

d'autant qu'elle est la seule chose qui nous rend hommes
et nous distingue des bêtes[10], je veux croire qu'elle est
tout entière en un chacun, et suivre en ceci l'opinion
commune des philosophes qui disent qu'il n'y a du plus
ou du moins qu'entre les *accidents*, et non point entre les
formes ou natures des *individus* d'une même *espèce*.

Mais je ne craindrai pas de dire que je pense avoir eu
beaucoup d'heur de m'être rencontré dès ma jeunesse en
certains chemins[11], qui m'ont conduit à des considérations et des maximes, dont j'ai formé[12] une méthode, par
laquelle il me semble que j'ai moyen d'augmenter par
degrés ma connaissance, et de l'élever peu à peu au
plus haut point[13] auquel la médiocrité de mon esprit et
la courte durée de ma vie lui pourront permettre
d'atteindre. Car j'en ai déjà recueilli de tels fruits,
qu'encore qu'au jugement que je fais de moi-même, je
tâche toujours de pencher vers le côté de la défiance
plutôt que vers celui de la présomption ; et que, regardant d'un œil de philosophe les diverses actions et
entreprises de tous les hommes, il n'y en ait quasi aucune
qui ne me semble vaine et inutile ; je ne laisse pas de
recevoir une extrême satisfaction du progrès que je
pense avoir déjà fait en la recherche de la vérité, et de
concevoir de telles espérances pour l'avenir, que si,
entre les occupations des hommes purement hommes, il
y en a quelqu'une qui soit solidement bonne et importante[14], j'ose croire que c'est celle que j'ai choisie.

Toutefois il se peut faire que je me trompe, et ce n'est
peut-être qu'un peu de cuivre et de verre que je prends
pour de l'or et des diamants[15]. Je sais combien nous
sommes sujets à nous méprendre en ce qui nous touche,
et combien aussi les jugements de nos amis nous doivent
être suspects, lorsqu'ils sont en notre faveur. Mais je
serai bien aise de faire voir, en ce discours, quels sont les
chemins que j'ai suivis, et d'y représenter ma vie comme
en un tableau[16], afin que chacun en puisse juger, et
qu'apprenant du bruit commun les opinions qu'on en
aura, ce soit un nouveau moyen de m'instruire que
j'ajouterai à ceux dont j'ai coutume de me servir.

Ainsi mon dessein n'est pas d'enseigner ici la méthode que chacun doit suivre pour bien conduire sa raison, mais seulement de faire voir en quelle sorte j'ai tâché de conduire la mienne[17]. Ceux qui se mêlent de donner des préceptes se doivent estimer plus habiles que ceux auxquels ils les donnent, et s'ils manquent à la moindre chose, ils en sont blâmables. Mais ne proposant cet écrit que comme une histoire, ou, si vous l'aimez mieux, que comme une fable, en laquelle, parmi quelques exemples qu'on peut imiter, on en trouvera peut-être aussi plusieurs autres qu'on aura raison de ne pas suivre, j'espère qu'il sera utile à quelques-uns, sans être nuisible à personne, et que tous me sauront gré de ma franchise.

J'ai été nourri aux lettres dès mon enfance, et pour ce qu'on me persuadait que, par leur moyen, on pouvait acquérir une connaissance claire et assurée de tout ce qui est utile à la vie, j'avais un extrême désir de les apprendre. Mais sitôt que j'eus achevé tout ce cours d'études au bout duquel on a coutume d'être reçu au rang des doctes, je changeai entièrement d'opinion. Car je me trouvais embarrassé de tant de doutes et d'erreurs, qu'il me semblait n'avoir fait aucun profit, en tâchant de m'instruire, sinon que j'avais découvert de plus en plus mon ignorance. Et néanmoins j'étais en l'une des plus célèbres écoles de l'Europe[18], où je pensais qu'il devait y avoir de savants hommes, s'il y en avait en aucun endroit de la terre. J'y avais appris tout ce que les autres y apprenaient; et même, ne m'étant pas contenté des sciences qu'on nous enseignait, j'avais parcouru tous les livres traitant de celles qu'on estime les plus curieuses et les plus rares, qui avaient pu tomber entre mes mains. Avec cela, je savais les jugements que les autres faisaient de moi; et je ne voyais point qu'on m'estimât inférieur à mes condisciples, bien qu'il y en eût entre eux déjà quelques-uns qu'on destinait à remplir les places de nos maîtres. Et enfin notre siècle me semblait aussi fleurissant et aussi fertile en bons esprits qu'ait été aucun des précédents. Ce qui me faisait prendre la liberté de juger par moi de tous les autres, et de penser qu'il n'y avait aucune doctrine dans le monde qui fût telle qu'on m'avait auparavant fait espérer.

Je ne laissais pas toutefois d'estimer les exercices auxquels on s'occupe dans les écoles[19]. Je savais que les langues qu'on y apprend sont nécessaires pour l'intelligence des livres anciens ; que la gentillesse des fables réveille l'esprit ; que les actions mémorables des histoires le relèvent, et qu'étant lues avec discrétion, elles aident à former le jugement ; que la lecture de tous les bons livres est comme une conversation avec les honnêtes gens des siècles passés, qui en ont été les auteurs, et même une conversation étudiée en laquelle ils ne nous découvrent que les meilleures de leurs pensées ; que l'éloquence a des forces et des beautés incomparables ; que la poésie a des délicatesses et des douceurs très ravissantes ; que les mathématiques ont des inventions très subtiles, et qui peuvent beaucoup servir, tant à contenter les curieux, qu'à faciliter tous les arts et diminuer le travail des hommes ; que les écrits qui traitent des mœurs contiennent plusieurs enseignements, et plusieurs exhortations à la vertu qui sont fort utiles ; que la théologie enseigne à gagner le ciel ; que la philosophie donne moyen de parler vraisemblablement de toutes choses et se faire admirer des moins savants ; que la jurisprudence, la médecine et les autres sciences apportent des honneurs et des richesses à ceux qui les cultivent ; et enfin qu'il est bon de les avoir toutes examinées, même les plus superstitieuses et les plus fausses, afin de connaître leur juste valeur, et se garder d'en être trompé.

Mais je croyais avoir déjà donné assez de temps aux langues, et même aussi à la lecture des livres anciens, et à leurs histoires et à leurs fables. Car c'est quasi le même de converser avec ceux des autres siècles, que de voyager. Il est bon de savoir quelque chose des mœurs de divers peuples, afin de juger des nôtres plus sainement, et que nous ne pensions pas que tout ce qui est contre nos modes soit ridicule et contre raison, ainsi qu'ont coutume de faire ceux qui n'ont rien vu. Mais lorsqu'on emploie trop de temps à voyager, on devient enfin étranger en son pays ; et lorsqu'on est trop curieux des choses qui se pratiquaient aux siècles passés, on demeure ordinairement fort ignorant de celles qui se pratiquent en celui-ci. Outre que les fables font imaginer plusieurs événements comme possibles qui ne le sont point ; et que même les histoires les plus fidèles, si elles ne changent ni n'augmentent la valeur des choses, pour les rendre plus dignes d'être lues, au moins en omettent-elles presque toujours les plus basses et moins illustres circonstances ; d'où vient que le reste ne paraît pas tel qu'il est, et que ceux qui règlent leurs mœurs par les exemples qu'ils en tirent, sont sujets à tomber dans les extravagances des paladins de nos romans, et à concevoir des desseins qui passent leurs forces.

J'estimais fort l'éloquence, et j'étais amoureux de la poésie ; mais je pensais que l'une et l'autre étaient des dons de l'esprit, plutôt que des fruits de l'étude. Ceux qui ont le raisonnement le plus fort, et qui digèrent[20] le mieux leurs pensées, afin de les rendre claires et intelligibles, peuvent toujours le mieux persuader ce qu'ils proposent, encore qu'ils ne parlassent que bas-breton, et qu'ils n'eussent jamais appris de rhétorique. Et ceux qui ont les inventions les plus agréables, et qui les savent exprimer avec le plus d'ornement et de douceur, ne laisseraient pas d'être les meilleurs poètes, encore que l'art poétique leur fût inconnu.

Je me plaisais surtout aux mathématiques, à cause de la certitude et de l'évidence de leurs raisons ; mais je ne remarquais point encore leur vrai usage, et pensant qu'elles ne servaient qu'aux arts mécaniques, je m'étonnais de ce que, leurs fondements étant si fermes et si solides, on n'avait rien bâti dessus de plus relevé[21]. Comme, au contraire, je comparais les écrits des anciens païens qui traitent des mœurs, à des palais fort superbes et fort magnifiques, qui n'étaient bâtis que sur du sable et sur de la boue. Ils élèvent fort haut les vertus, et les font paraître estimables par-dessus toutes les choses qui sont au monde ; mais ils n'enseignent pas assez à les connaître[22], et souvent ce qu'ils appellent d'un si beau nom n'est qu'une insensibilité ou un orgueil, ou un désespoir, ou un parricide.

Je révérais notre théologie, et prétendais, autant qu'aucun autre, à gagner le ciel ; mais ayant appris, comme chose très assurée, que le chemin n'en est pas moins ouvert aux plus ignorants qu'aux plus doctes, et que les vérités révélées qui y conduisent sont au-dessus de notre intelligence, je n'eusse osé les soumettre à la faiblesse de mes raisonnements, et je pensais que, pour entreprendre de les examiner et y réussir, il était besoin d'avoir quelque extraordinaire assistance du ciel, et d'être plus qu'homme[23].

Je ne dirai rien de la philosophie, sinon que, voyant qu'elle a été cultivée par les plus excellents esprits qui aient vécu depuis plusieurs siècles, et que néanmoins il ne s'y trouve encore aucune chose dont on ne dispute, et par conséquent qui ne soit douteuse, je n'avais point assez de présomption pour espérer d'y rencontrer[24] mieux que les autres ; et que, considérant combien il peut y avoir de diverses opinions touchant une même matière, qui soient soutenues par des gens doctes, sans qu'il y en puisse avoir jamais plus d'une seule qui soit vraie, je réputais presque pour faux tout ce qui n'était que vraisemblable.

Puis pour les autres sciences, d'autant qu'elles empruntent leurs principes de la philosophie ; je jugeais qu'on ne pouvait avoir rien bâti qui fût solide sur des fondements si peu fermes. Et ni l'honneur, ni le gain qu'elles promettent n'étaient suffisants pour me convier à les apprendre ; car je ne me sentais point, grâce à Dieu, de condition qui m'obligeât à faire un métier de la science pour le soulagement de ma fortune ; et quoique je ne fisse pas profession de mépriser la gloire en cynique, je faisais néanmoins fort peu d'état de celle que je n'espérais pouvoir acquérir qu'à faux titres. Et enfin, pour les mauvaises doctrines, je pensais déjà connaître assez ce qu'elles valaient, pour n'être plus sujet à être trompé ni par les promesses d'un alchimiste, ni par les prédictions d'un astrologue[25], ni par les impostures[26] d'un magicien, ni par les artifices ou la vanterie d'aucun de ceux qui font profession de savoir plus qu'ils ne savent.

C'est pourquoi, sitôt que l'âge me permit de sortir de la sujétion de mes précepteurs, je quittai entièrement l'étude des lettres[27]. Et me résolvant de ne chercher plus d'autre science que celle qui se pourrait trouver en moi-même, ou bien dans le grand livre du monde[28], j'employai le reste de ma jeunesse à voyager, à voir des cours et des armées, à fréquenter des gens de diverses humeurs et conditions, à recueillir diverses expériences, à m'éprouver moi-même dans les rencontres que la fortune me proposait[29], et partout à faire telle réflexion sur les choses qui se présentaient, que j'en pusse tirer quelque profit. Car il me semblait que je pourrais rencontrer beaucoup plus de vérité dans les raisonnements que chacun fait touchant les affaires qui lui importent, et dont l'événement le doit punir bientôt après s'il a mal jugé, que dans ceux que fait un homme de lettres dans son cabinet, touchant des spéculations qui ne produisent aucun effet, et qui ne lui sont d'autre conséquence, sinon que peut-être il en tirera d'autant plus de vanité qu'elles seront plus éloignées du sens commun, à cause qu'il aura dû employer d'autant plus d'esprit et d'artifice à tâcher de les rendre vraisemblables. Et j'avais toujours un extrême désir d'apprendre à distinguer le vrai d'avec le faux, pour voir clair en mes actions, et marcher avec assurance en cette vie[30].

Il est vrai que, pendant que je ne faisais que considérer les mœurs des autres hommes, je n'y trouvais guère de quoi m'assurer, et que j'y remarquais quasi autant de diversité que j'avais fait auparavant entre les opinions des philosophes. En sorte que le plus grand profit que j'en retirais était que, voyant plusieurs choses qui, bien qu'elles nous semblent fort extravagantes et ridicules, ne laissent pas d'être communément reçues et approuvées par d'autres grands peuples, j'apprenais à ne rien croire trop fermement de ce qui ne m'avait été persuadé que par l'exemple et par la coutume ; et ainsi je me délivrais peu à peu de beaucoup d'erreurs qui peuvent offusquer notre lumière naturelle et nous rendre moins capables d'entendre raison. Mais, après que j'eus employé quelques années à étudier ainsi dans le livre du monde, et à tâcher d'acquérir quelque expérience, je pris un jour la résolution d'étudier aussi en moi-même, et d'employer toutes les forces de mon esprit à choisir les chemins que je devais suivre. Ce qui me réussit beaucoup mieux, ce me semble, que si je ne me fusse jamais éloigné ni de mon pays ni de mes livres[31].

Notes de la première partie

1. L'ouvrage a paru à Leyde, chez Jean Maire, le 8 juin 1637, *sans nom d'auteur*. Le titre complet était le suivant : *Discours de la méthode pour bien conduire sa raison, et chercher la vérité dans les sciences. Plus la Dioptrique, les Météores et la Géométrie qui sont des essais de cette méthode.* Le *Discours* était, dans cette édition originale, *paginé* à part, et publié *en tête*.

On peut penser qu'il a été *imprimé après* les *Essais*, mais que Descartes tient à le poser *à part* — « une Préface que j'y veux joindre » (à Huyghens, 1er novembre 1635). Point important : la méthode ne découle pas du développement des sciences ; c'est l'inverse : les « essais » scientifiques sont soumis au point de vue de la méthode. C'est ce renversement qui engendre le *Discours*, poussant Descartes moins à enseigner des *règles* qu'à éclairer, pour lui-même, l'essentiel d'un « *projet* » (à Mersenne, mars 1636). De toute façon, le mot de « sciences » est pris au sens très général de « systèmes de connaissances », de « savoirs ».

2. N'est-il pas contradictoire de vouloir *communiquer*, à travers la temporalité différenciée d'un livre, de ses parties, de ses paragraphes, une idée qui, d'une manière fulgurante, instantanée, prétend modifier de fond en comble la conduite de sa raison et la recherche de la vérité ?

Descartes, en indiquant d'emblée comment lire son texte, ne résout pas la contradiction, mais la manifeste, et en supporte la tension.

L'idéal serait une lecture d'un seul coup d'œil où le *Discours*, étant « tout lu en une fois », nous aurions l'intuition du « projet » ; mais ce dernier, en tant qu'il a à être développé, donc déployé, explicité, *peut* se prêter à la distinction (sur ce même problème, voir *Méditations*, Al. II, 387 et 393, *Lettre-Préface des Principes*, Al. III, 777).

3. Descartes entend par « bon sens » une « aptitude à prendre parti en portant un jugement ». Sur ce point, voir *L'Entretien avec Burman* (éd. Beyssade, P.U.F., p. 134) : « Nombreux, je l'avoue, ceux qui se reconnaissent inférieurs à d'autres pour l'esprit, la mémoire, etc. ; mais pour l'aptitude à prendre parti en portant un jugement, chacun pense en être assez excellemment pourvu pour être sur ce point l'égal de tous les autres. Car chacun se plaît au parti qu'il prend, et *autant de têtes*, *autant d'avis*. Or c'est là justement ce que l'auteur entend ici par bon sens. »

Baillet parle d'un ouvrage latin de Descartes, le *Studium bonae mentis, De l'étude du bon sens* ou *De l'art de bien comprendre* (peut-être écrit vers 1620-1623).

Dans les *Règles pour la direction de l'esprit (Regulae)*, Descartes identifie le « bon sens » et la « sagesse universelle » (règle 1). Ici, il va donner comme équivalents le « bon sens » et la « raison ».

L'essentiel est l'*exercice*, la conduite de cette « aptitude ».

4. Plus loin (V^e partie), Descartes précise : « la raison est un instrument universel qui peut servir en toutes sortes de rencontres. » Il ne s'agit donc pas d'une faculté, mais d'une certaine manière d'accueillir ce qui se présente en survenant, propre à tout homme — d'une *présence d'esprit*, par laquelle nous « considérons » les « choses ».

5. Ce côté « naturel » du « bon sens » ou « raison » est invisible au *sens commun*. Descartes parle aussi de la « lumière naturelle de l'entendement » et, dans une lettre de l'été 1631 à Villebressieu, de sa « méthode naturelle ». Au début du dialogue inachevé *La Recherche de la vérité par la lumière naturelle*, Descartes évoque son modèle : « un homme de médiocre esprit, mais duquel le jugement n'est perverti par aucune fausse créance, et qui possède toute la raison selon la pureté de sa nature » (Al. II, 1108).

6. Dans la traduction latine du *Discours*, parue en 1644, et revue par Descartes, ce terme est traduit par *ingenium* — *l'esprit* qui, donné par la nature, est développé par la méthode.

7. Comme il le dira dans *La Recherche de la vérité*, il s'agit d'« examiner ce que peut le bon sens bien gouverné ». Or, il « est moins sujet à se tromper quand il agit seul et par lui-même que lorsqu'il cherche avec inquiétude à observer mille règles diverses que l'art et la paresse des hommes ont inventées plutôt pour le corrompre que pour le perfectionner » (Al. II, 1132). « Appliquer bien » a peu à voir avec l'observation de règles, et beaucoup avec la concentration de l'attention sur « cette conscience ou ce témoignage intérieur que chaque homme trouve en lui-même quand il examine une observation quelconque. »

Il n'est donc pas nécessaire de déployer la logique, et l'argumentation, de l'Ecole : « quiconque désire examiner les choses par lui-même et en juger selon qu'il les conçoit, ne peut être d'un esprit si borné qu'il n'ait pas assez de lumière pour voir suffisamment, toutes les fois qu'il y fera attention, ce que c'est que le doute, la pensée, l'existence... » (Al. II, 1136-1137). Il faut, par conséquent, rompre avec les « disputes » et s'exercer à développer une « puissance » naturelle.

8. Descartes se souvient ici de la règle 1 : « rien ne nous éloigne plus du droit chemin pour la recherche de la vérité que de diriger nos études, non vers cette fin générale [la sagesse universelle], mais vers quelques fins particulières » (Al. I, 79).

9. Au début de la règle 4, Descartes décrit magnifiquement la *course* errante des hommes aveuglés : « comme quelqu'un qui brûlerait d'un désir si brutal de découvrir un trésor, qu'il ne cesserait de courir les rues çà et là, cherchant si par hasard il n'en trouverait pas un qu'un voyageur aurait perdu ».

On peut compléter ce paragraphe par le « portrait » du « bon sens » brossé par Descartes à la fin du § 2 de la IIIᵉ partie du *Discours*.

10. Descartes développe ce point dans la Vᵉ partie, § 10.

11. Ce thème a surgi depuis la profondeur du rêve, et de la rêverie poétique, en novembre 1619. Dans son recueil d'*Observations*, Descartes note : « Le songe de nov. 1619 et, dans ce songe, le poème 7 dont le début est : "Quelle voie suivrai-je en la vie ?" Ausone » (Al. I, 49 et 52-61 pour la relation des trois rêves par Baillet).

Ici aussi, ouvrant un *livre*, Descartes reconnaît un certain *chemin*. Il écrit depuis ce croisement.

12. Dans son fameux article sur *La liberté cartésienne* (in *Situations* I), J.-P. Sartre relève ce terme et insiste sur le côté actif, et libre, du projet cartésien.

Au début de sa règle 10, Descartes parle, lui, de « volupté » : « J'ai l'esprit ainsi fait, je l'avoue, que j'ai toujours considéré comme la plus grande volupté de l'étude, non point d'écouter les raisonnements d'autrui, mais de les découvrir moi-même par mes propres ressources » (Al. I, 126).

13. Dans la règle 2, Descartes parlait de « nous élever au plus haut degré de la connaissance humaine » et, en mars 1636, à Mersenne, il évoque « le projet d'une science universelle, qui puisse élever notre nature à son plus haut degré de perfection » (premier titre de l'ouvrage futur).

14. Ce thème d'une occupation « solidement bonne et importante » apparaît dans une lettre à Guez de Balzac du 15 avril 1631, où Descartes parle de « l'occupation… la plus importante en laquelle je puisse jamais être employé ». Il la décrit comme une certaine façon d'*estimer* les choses : « Je suis devenu si philosophe, que je méprise la plupart des choses qui sont ordinairement estimées, et en estime quelques autres, dont on n'a point accoutumé de faire cas. »

L'« œil de philosophe » est un regard estimateur.

15. A rapprocher du portrait de l'aveugle rendu fou par l'avarice que Descartes brosse pour Beeckman, dans la lettre de rupture du 17 octobre 1630 (Al. I, 278) : Descartes se place ici dans la position où il demandait à Beeckman de s'imaginer.

16. Variante sur l'*ut pictura poesis*. Pensons à la formule de Simonide, transmise par Plutarque : « La peinture est une poésie muette, la poésie est une peinture parlante. »

« Comme en un tableau », « comme une fable » (§ suivant) : on peut se souvenir de la lettre à Mersenne du 8 octobre 1629, où Descartes, à propos de la première rédaction des *Météores*, s'identifie au peintre Apelle : « Au reste, je vous prie de n'en parler à personne du monde ; car j'ai résolu de l'exposer en public, comme un échantillon de ma philosophie, et d'être caché derrière le tableau pour écouter ce qu'on en dira » (Al. I, 224).

D'où la parution *anonyme* du Discours. Pour le rapport à la peinture, voir également le début de la Ve partie du *Discours*, la *Dioptrique* (Discours IV — le passage sur les « tailles-douces »), et la 1re *méditation* I.

17. Descartes veut que l'autre puisse *juger* en *toute*

liberté. Voir *La Recherche de la vérité* (Al. II, 1138-1139) : « Je n'ai jamais eu le dessein de prescrire à qui que ce soit la méthode qu'il faut suivre dans la recherche de la vérité ; j'ai voulu seulement exposer celle dont je me suis servi, afin que si on la juge mauvaise on la rejette, si au contraire bonne et utile, d'autres s'en servent aussi. Du reste, je laisse chacun entièrement libre de l'admettre ou de la rejeter. »

18. Le collège jésuite de La Flèche où Descartes fut élève à peu près de 1606 à 1614.

19. Même mouvement ici que dans la règle 2 : après avoir lancé un mouvement de doute « hyperbolique » touchant les « doctrines », Descartes fait l'éloge des « exercices » scolastiques, comme il le faisait de « ces machines de guerre, si bien adaptées aux joutes oratoires, que sont les syllogismes probables de la scolastique ; car elles exercent les jeunes esprits et les stimulent par l'appel qu'elles font à l'émulation » (Al. I, 81-82).

Voir également le début de la règle 3 pour les phrases suivantes à propos des livres des Anciens. Descartes va examiner les différents types de *savoirs* (le mot de « sciences » va être pris dans ce sens très général).

20. Ordonnent.

21. Sur l'évolution du rapport de Descartes aux mathématiques, voir la règle 4 : « ...en vérité rien n'est plus vain que de s'occuper de nombres abstraits et de figures imaginaires, au point de sembler vouloir se contenter de connaître de pareilles bagatelles » (Al. I, 95).

22. Car, d'une part, ils n'ont pas la « science universelle », et, d'autre part, en tant que « païens » ils ne disposent pas du verbe divin.

La critique de la morale stoïcienne qui suit est donc faite depuis un autre mode de connaissance.

23. A quoi Descartes, plus haut (§ 3), a opposé les « hommes purement hommes ».

24. Réussir.

25. Dans la règle 5, Descartes reproche aux astro-

logues d'espérer pouvoir signaler les influences des cieux sans connaître leur nature.

26. Ces « impostures » ne sont « bonnes que pour se faire admirer par les ignorants » (AT III, 120). Mais, il y a, « dans les mathématiques, une partie que je nomme la science des miracles » (AT I, 21) ; et, dans les *Météores*, Descartes indique comment on peut produire l'irisation de l'arc-en-ciel par un jeu de fontaines, ou renverser la marche du soleil (Al. I, 48-49). Descartes dénonce l'« imposture » de la magie (pensait-il au personnage du magicien dans *L'Illusion comique*, 1636, de Corneille ?) mais non son ambition : le tout est d'avoir un savoir à la hauteur du projet.

27. C'est-à-dire après avoir passé la licence en droit à Poitiers en 1616. Voir aussi la règle 2, § 3.

28. Annonce du plan, que Descartes va développer selon un chiasme : d'abord, les voyages, puis la résolution de se tourner vers soi, et de choisir les chemins à suivre — qui ouvre vers la IIe et la IIIe partie.

29. Voir, par exemple, le récit, fait par Baillet, de la rencontre entre Descartes et des mariniers qui voulaient le voler : « il s'aperçut de l'impression que peut faire la hardiesse d'un homme sur une âme basse » (Al. I, pp. 50-51).

30. Ces expressions font penser à la règle 1 (« en cette vie », Al. I, 79) et à la lettre à Mersenne du 15 avril 1630 . « ...il est plus important que j'apprenne ce qui m'est nécessaire pour la conduite de ma vie, que non pas que je m'amuse à publier le peu que j'ai appris » (Al. I, 255).

31. A l'humanisme de la Renaissance, dont il fait le procès, Descartes oppose l'idéal de l'« honnête homme » ; cf. *La Recherche de la vérité* : « Un honnête homme n'est pas obligé d'avoir vu tous les livres, ni d'avoir appris soigneusement tout ce qui s'enseigne dans les écoles » (Al. II, 1105).

DEUXIÈME PARTIE

J'étais alors en Allemagne, où l'occasion des guerres qui n'y sont pas encore finies m'avait appelé ; et, comme je retournais du couronnement de l'empereur vers l'armée[32], le commencement de l'hiver m'arrêta en un quartier où, ne trouvant aucune conversation qui me divertît, et n'ayant d'ailleurs, par bonheur, aucuns soins ni passions qui me troublassent, je demeurais tout le jour enfermé seul dans un poêle[33], où j'avais tout le loisir de m'entretenir de mes pensées[34]. Entre lesquelles l'une des premières fut que je m'avisai de considérer que souvent il n'y a pas tant de perfection dans les ouvrages composés de plusieurs pièces, et faits de la main de divers maîtres, qu'en ceux auxquels un seul a travaillé. Ainsi voit-on que les bâtiments qu'un seul architecte a entrepris et achevés ont coutume d'être plus beaux et mieux ordonnés que ceux que plusieurs ont tâché de raccommoder, en faisant servir de vieilles murailles qui avaient été bâties à d'autres fins. Ainsi ces anciennes cités qui, n'ayant été au commencement que des bourgades, sont devenues par succession de temps de grandes villes, sont ordinairement si mal compassées, au prix de ces places régulières qu'un ingénieur trace à sa fantaisie dans une plaine, qu'encore que, considérant leurs édifices chacun à part, on y trouve souvent autant ou plus d'art qu'en ceux des autres, toutefois, à voir comme ils sont arrangés, ici un grand, là un petit, et comme ils rendent les rues courbées et inégales, on dirait que c'est plutôt la fortune que la volonté de quelques hommes usant de raison qui les a ainsi disposés. Et si on considère qu'il y a eu néanmoins de tout temps quelques officiers qui ont eu charge de prendre garde aux bâtiments des particuliers pour les faire servir à l'ornement du public, on connaîtra bien qu'il est malaisé, en ne travaillant que sur les ouvrages d'autrui, de faire des choses fort accomplies. Ainsi je m'imaginai que les peuples qui, ayant été autrefois demi-sauvages, et ne s'étant civilisés que peu à peu, n'ont fait leurs lois qu'à mesure que l'incommodité des crimes et des querelles les y a contraints, ne sauraient être si bien policés que ceux qui, dès le commencement qu'ils se sont assemblés, ont observé les constitutions de quelque prudent législateur. Comme il est bien certain que l'état de la vraie religion, dont Dieu seul a fait les ordonnances, doit être incomparablement mieux réglé que tous les autres. Et, pour parler des choses humaines, je crois que si Sparte a été autrefois très florissante, ce n'a pas été à cause de la bonté de chacune de ses lois en particulier, vu que plusieurs étaient fort étranges et même contraires aux bonnes mœurs, mais à cause que, n'ayant été inventées que par un seul, elles tendaient toutes à même fin. Et ainsi je pensai que les sciences des livres[35], au moins celles dont les raisons ne sont que probables, et qui n'ont aucunes démonstrations, s'étant composées et grossies peu à peu des opinions de plusieurs diverses personnes, ne sont point si approchantes de la vérité que les simples raisonnements que peut faire naturellement[36] un homme de bon sens touchant les choses qui se présentent[37]. Et ainsi encore je pensai que, pour ce que nous avons tous été enfants avant que d'être hommes, et qu'il nous a fallu longtemps être gouvernés par nos appétits et nos précepteurs, qui étaient souvent contraires les uns aux autres, et qui, ni les uns ni les autres, ne nous conseillaient peut-être pas toujours le meilleur, il est presque impossible que nos jugements soient si purs ni si solides qu'ils auraient été si nous avions eu l'usage entier de notre

raison dès le point de notre naissance, et que nous
n'eussions jamais été conduits que par elle[38].

Il est vrai que nous ne voyons point qu'on jette par
terre toutes les maisons d'une ville pour le seul dessein
de les refaire d'autre façon, et d'en rendre les rues plus
belles ; mais on voit bien que plusieurs font abattre les
leurs pour les rebâtir, et que même quelquefois ils y sont
contraints quand elles sont en danger de tomber d'elles-
mêmes et que les fondements n'en sont pas bien fermes.
A l'exemple de quoi je me persuadai qu'il n'y aurait
véritablement point d'apparence[39] qu'un particulier fît
dessein de réformer un Etat, en y changeant tout dès les
fondements, et en le renversant pour le redresser[40] ; ni
même aussi de réformer le corps des sciences, ou l'ordre
établi dans les écoles pour les enseigner ; mais que, pour
toutes les opinions que j'avais reçues jusqu'alors en ma
créance, je ne pouvais mieux faire que d'entreprendre
une bonne fois[41] de les en ôter, afin d'y en remettre par
après, ou d'autres meilleures, ou bien les mêmes,
lorsque je les aurais ajustées au niveau[42] de la raison. Et
je crus fermement que, par ce moyen, je réussirais à
conduire ma vie beaucoup mieux que si je ne bâtissais
que sur de vieux fondements, et que je ne m'appuyasse
que sur les principes que je m'étais laissé persuader en
ma jeunesse, sans avoir jamais examiné s'ils étaient
vrais. Car, bien que je remarquasse en ceci diverses
difficultés[43], elles n'étaient point toutefois sans remède,
ni comparables à celles qui se trouvent en la réformation
des moindres choses qui touchent le public. Ces grands
corps sont trop malaisés à relever étant abattus, ou
même à retenir étant ébranlés, et leurs chutes ne peuvent être que très rudes. Puis, pour leurs imperfections,
s'ils en ont, comme la seule diversité qui est entre eux
suffit pour assurer que plusieurs en ont, l'usage les a sans
doute fort adoucies, et même il en a évité ou corrigé
insensiblement quantité auxquelles on ne pourrait si
bien pourvoir par prudence. Et enfin elles sont quasi
toujours plus supportables que ne serait leur change-

ment ; en même façon que les grands chemins, qui tournoient entre des montagnes, deviennent peu à peu si unis et si commodes, à force d'être fréquentés, qu'il est beaucoup meilleur de les suivre, que d'entreprendre d'aller plus droit, en grimpant au-dessus des rochers et descendant jusques au bas des précipices.

[3] C'est pourquoi je ne saurais aucunement approuver ces humeurs brouillonnes et inquiètes, qui, n'étant appelées ni par leur naissance ni par leur fortune au maniement des affaires publiques, ne laissent pas d'y faire toujours, en idée, quelque nouvelle réformation. Et si je pensais qu'il y eût la moindre chose en cet écrit par laquelle on me pût soupçonner de cette folie, je serais très marri de souffrir qu'il fût publié. Jamais mon dessein ne s'est étendu plus avant que de tâcher à réformer mes propres pensées, et de bâtir dans un fonds qui est tout à moi. Que si, mon ouvrage m'ayant assez plu, je vous en fais voir ici le modèle, ce n'est pas pour cela que je veuille conseiller à personne de l'imiter. Ceux que Dieu a mieux partagés de ses grâces auront peut-être des desseins plus relevés ; mais je crains bien que celui-ci ne soit déjà que trop hardi pour plusieurs. La seule résolution de se défaire de toutes les opinions qu'on a reçues auparavant en sa créance n'est pas un exemple que chacun doive suivre ; et le monde n'est quasi composé que de deux sortes d'esprits auxquels il ne convient aucunement. A savoir, de ceux qui, se croyant plus habiles qu'ils ne sont, ne se peuvent empêcher de précipiter leurs jugements, ni avoir assez de patience pour conduire par ordre[44] toutes leurs pensées: d'où vient que, s'ils avaient une fois pris la liberté de douter des principes qu'ils ont reçus et de s'écarter du chemin commun, jamais ils ne pourraient tenir le sentier qu'il faut prendre pour aller plus droit, et demeureraient égarés toute leur vie ; puis de ceux qui, ayant assez de raison, ou de modestie, pour juger qu'ils sont moins capables de distinguer le vrai d'avec le faux que quelques autres par lesquels ils peuvent être instruits, doivent bien

plutôt se contenter de suivre les opinions de ces autres qu'en chercher eux-mêmes de meilleures.

Et pour moi, j'aurais été sans doute du nombre de ces derniers, si je n'avais jamais eu qu'un seul maître ou que je n'eusse point su les différences qui ont été de tout temps entre les opinions des plus doctes. Mais, ayant appris, dès le collège, qu'on ne saurait rien imaginer de si étrange et si peu croyable, qu'il n'ait été dit par quelqu'un des philosophes ; et depuis, en voyageant, ayant reconnu que tous ceux qui ont des sentiments fort contraires aux nôtres ne sont pas pour cela barbares ni sauvages, mais que plusieurs usent, autant ou plus que nous, de raison ; et ayant considéré combien un même homme, avec son même esprit, étant nourri dès son enfance entre des Français ou des Allemands, devient différent de ce qu'il serait s'il avait toujours vécu entre des Chinois ou des cannibales ; et comment, jusques aux modes de nos habits, la même chose qui nous a plu il y a dix ans, et qui nous plaira peut-être encore avant dix ans, nous semble maintenant extravagante et ridicule ; en sorte que c'est bien plus la coutume et l'exemple qui nous persuadent qu'aucune connaissance certaine, et que néanmoins la pluralité des voix n'est pas une preuve qui vaille rien pour les vérités un peu malaisées à découvrir, à cause qu'il est bien plus vraisemblable qu'un homme seul les ait rencontrées que tout un peuple[45], je ne pouvais choisir personne dont les opinions me semblassent devoir être préférées à celles des autres, et je me trouvai comme contraint d'entreprendre moi-même de me conduire.

Mais, comme un homme qui marche seul et dans les ténèbres, je me résolus d'aller si lentement et d'user de tant de circonspection en toutes choses, que si je n'avançais que fort peu, je me garderais bien au moins de tomber. Même je ne voulus point commencer à rejeter tout à fait aucune des opinions qui s'étaient pu glisser autrefois en ma créance sans y avoir été introduites par la raison, que je n'eusse auparavant employé assez de

temps à faire le projet[46] de l'ouvrage que j'entreprenais,
et à chercher la vraie méthode pour parvenir à la
connaissance de toutes les choses[47] dont mon esprit
serait capable[48].

J'avais un peu étudié, étant plus jeune, entre les
parties de la philosophie, à la logique, et, entre les
mathématiques, à l'analyse des géomètres[49] et à l'algèbre[50], trois arts ou sciences qui semblaient devoir
contribuer quelque chose à mon dessein. Mais, en les
examinant, je pris garde que, pour la logique[51], ses
syllogismes et la plupart de ses autres instructions
servent plutôt à expliquer à autrui les choses qu'on
sait[52], ou même, comme l'art de Lulle, à parler sans
jugement de celles qu'on ignore, qu'à les apprendre[53].
Et bien qu'elle contienne, en effet, beaucoup de préceptes[54] très vrais et très bons, il y en a toutefois tant
d'autres mêlés parmi, qui sont ou nuisibles ou superflus,
qu'il est presque aussi malaisé de les en séparer que de
tirer une Diane ou une Minerve hors d'un bloc de
marbre qui n'est point encore ébauché. Puis, pour l'analyse des anciens et l'algèbre des modernes, outre qu'elles
ne s'étendent qu'à des matières fort abstraites, et qui ne
semblent d'aucun usage, la première est toujours si
astreinte à la considération des figures, qu'elle ne peut
exercer l'entendement sans fatiguer beaucoup l'imagination ; et on s'est tellement assujetti en la dernière à
certaines règles et certains chiffres, qu'on en a fait un art
confus et obscur qui embarrasse l'esprit, au lieu d'une
science qui le cultive Ce qui fut cause que je pensai qu'il
fallait chercher quelque autre méthode qui, comprenant
les avantages de ces trois, fût exempte de leurs défauts.
Et, comme la multitude des lois fournit souvent des
excuses aux vices, en sorte qu'un Etat est bien mieux
réglé lorsque, n'en ayant que fort peu, elles y sont fort
étroitement observées ; ainsi, au lieu de ce grand
nombre de préceptes dont la logique est composée, je
crus que j'aurais assez des quatre suivants, pourvu que je
prisse une ferme et constante résolution de ne manquer
pas une seule fois à les observer.

Le premier était de ne recevoir jamais aucune chose pour vraie que je ne la connusse évidemment être telle ; c'est-à-dire d'éviter soigneusement la précipitation et la prévention ; et de ne comprendre rien de plus en mes jugements que ce qui se présenterait si clairement et si distinctement à mon esprit que je n'eusse aucune occasion de le mettre en doute[55].

Le second, de diviser chacune des difficultés que j'examinerais en autant de parcelles qu'il se pourrait et qu'il serait requis pour les mieux résoudre[56].

Le troisième, de conduire par ordre mes pensées, en commençant par les objets les plus simples et les plus aisés à connaître, pour monter peu à peu, comme par degrés, jusques à la connaissance des plus composés ; et supposant même de l'ordre entre ceux qui ne se précèdent point naturellement[57] les uns les autres.

Et le dernier[58], de faire partout des dénombrements si entiers[59], et des revues si générales, que je fusse assuré de ne rien omettre.

Ces longues chaînes[60] de raisons, toutes simples et faciles, dont les géomètres ont coutume de se servir pour parvenir à leurs plus difficiles démonstrations, m'avaient donné occasion[61] de m'imaginer que toutes les choses qui peuvent tomber sous la connaissance des hommes s'entresuivent en même façon[62], et que, pourvu seulement qu'on s'abstienne d'en recevoir aucune pour vraie qui ne le soit, et qu'on garde toujours l'ordre[63] qu'il faut pour les déduire les unes des autres, il n'y en peut avoir de si éloignées auxquelles enfin on ne parvienne, ni de si cachées qu'on ne découvre. Et je ne fus pas beaucoup en peine de chercher par lesquelles il était besoin de commencer[64], car je savais déjà que c'était par les plus simples et les plus aisées à connaître ; et, considérant qu'entre tous ceux qui ont ci-devant recherché la vérité dans les sciences, il n'y a eu que les seuls mathématiciens qui ont pu trouver quelques démonstrations, c'est-à-dire quelques raisons certaines et évidentes, je ne doutais point que ce ne fût pas les mêmes qu'ils ont examinées ;

bien que je n'en espérasse aucune autre utilité, sinon
qu'elles accoutumeraient mon esprit à se repaître de
vérités[65] et ne se contenter point de fausses raisons. Mais
je n'eus pas dessein, pour cela, de tâcher d'apprendre
toutes ces sciences particulières qu'on nomme communément mathématiques[66]; et, voyant qu'encore que
leurs objets soient différents, elles ne laissent pas de
s'accorder toutes, en ce qu'elles n'y considèrent autre
chose que les divers rapports ou proportions[67] qui s'y
trouvent, je pensai qu'il valait mieux que j'examinasse
seulement ces proportions en général, et sans les supposer que dans les sujets qui serviraient à m'en rendre la connaissance plus aisée; même aussi sans les y
astreindre aucunement, afin de les pouvoir d'autant
mieux appliquer après à tous les autres auxquels elles
conviendraient. Puis, ayant pris garde que, pour les
connaître, j'aurais quelquefois besoin de les considérer
chacune en particulier, et quelquefois seulement de les
retenir, ou de les comprendre plusieurs ensemble, je
pensai que, pour les considérer mieux en particulier, je
les devais supposer en des lignes, à cause que je ne
trouvais rien de plus simple ni que je pusse plus distinctement représenter à mon imagination et à mes sens; mais
que, pour les retenir ou les comprendre plusieurs
ensemble, il fallait que je les expliquasse par quelques
chiffres[68], les plus courts qu'il serait possible; et que, par
ce moyen, j'emprunterais tout le meilleur de l'analyse
géométrique et de l'algèbre, et corrigerais tous les
défauts de l'une par l'autre.

Comme, en effet, j'ose dire que l'exacte observation
de ce peu de préceptes que j'avais choisi me donna telle
facilité à démêler toutes les questions auxquelles ces
deux sciences s'étendent, qu'en deux ou trois mois que
j'employai à les examiner, ayant commencé par les plus
simples et les plus générales, et chaque vérité que je
trouvais étant une règle qui me servait après à en trouver
d'autres, non seulement je vins à bout de plusieurs que
j'avais jugées autrefois très difficiles, mais il me sembla

aussi vers la fin, que je pouvais déterminer, en celles mêmes que j'ignorais, par quels moyens et jusqu'où il était possible de les résoudre[69]. En quoi je ne vous paraîtrai peut-être pas être fort vain, si vous considérez que, n'y ayant qu'une vérité de chaque chose, quiconque la trouve en sait autant qu'on peut savoir ; et que, par exemple, un enfant instruit en l'arithmétique, ayant fait une addition suivant ses règles, se peut assurer d'avoir trouvé, touchant la somme qu'il examinait, tout ce que l'esprit humain saurait trouver. Car enfin la méthode qui enseigne à suivre le vrai ordre, et à dénombrer exactement toutes les circonstances de ce qu'on cherche, contient tout ce qui donne de la certitude aux règles d'arithmétique[70].

Mais ce qui me contentait le plus de cette méthode était que, par elle, j'étais assuré d'user en tout de ma raison, sinon parfaitement, au moins le mieux qu'il fût en mon pouvoir ; outre que je sentais, en la pratiquant, que mon esprit s'accoutumait peu à peu à concevoir plus nettement et plus distinctement ses objets, et que, ne l'ayant point assujettie à aucune matière particulière, je me promettais de l'appliquer aussi utilement aux difficultés des autres sciences que j'avais fait à celles de l'algèbre. Non que, pour cela, j'osasse entreprendre d'abord d'examiner toutes celles qui se présenteraient ; car cela même eût été contraire à l'ordre qu'elle prescrit. Mais, ayant pris garde que leurs principes devaient tous être empruntés de la philosophie, en laquelle je n'en trouvais point encore de certains, je pensai qu'il fallait avant tout que je tâchasse d'y en établir ; et que, cela étant la chose du monde la plus importante, et où la précipitation et la prévention étaient le plus à craindre, je ne devais point entreprendre d'en venir à bout que je n'eusse atteint un âge bien plus mûr que celui de vingt-trois ans que j'avais alors[71] ; et que je n'eusse auparavant employé beaucoup de temps à m'y préparer, tant en déracinant de mon esprit toutes les mauvaises opinions que j'y avais reçues avant ce temps-là, qu'en faisant amas de plusieurs expériences, pour être après la matière de mes raisonnements, et en m'exerçant toujours en la méthode que je m'étais prescrite, afin de m'y affermir de plus en plus.

Notes de la deuxième partie

32. Descartes revenait de Francfort, où Ferdinand II, de Bohême, fut couronné empereur l'été 1619, et s'apprêtait à rejoindre l'armée d'un allié de l'Empereur, le duc de Bavière.

33. Pièce chauffée par un poêle.

34. Descartes reprendra cette expression au début de la 3e *méditation* : « et ainsi m'entretenant seulement moi-même ».

35. Parmi les premières pensées que nous avons de Descartes, on trouve la suivante :

« La plupart des livres, quand on en a lu quelques lignes et regardé quelques figures, sont entièrement connus ; le reste n'est mis là que pour remplir le papier » (Al. I, 45-46).

Dans la lettre à Mersenne du 15 avril 1630, il note, à deux reprises, qu'il s'instruit *lui-même*, et remarque : « J'étudie maintenant en Chimie et en Anatomie tout ensemble, et apprends tous les jours quelque chose que je ne trouve pas dedans les livres. »

Il faut dire plus : cet apprentissage lui est *bonheur* — « ...je passe si doucement le temps en m'instruisant moi-même... » (Al. I, 255). Ainsi en va-t-il avec ce qui « soudain, à la façon de la lumière qui jaillit d'une étincelle qui bondit, se produit dans l'âme et s'accroît désormais tout seul » (Platon, Lettre VII, G.F. 193).

36. On pense, bien sûr, au § 1 de la première partie du *Discours* ; mais il faut aussi se référer à la lettre à

Villebressieu de l'été 1631, préservée par Baillet, où il est question de « sa Règle universelle, qu'il appelait souvent sa Méthode naturelle », à laquelle Descartes opposait « les règles et les maximes établies par le caprice de plusieurs hommes de cabinet, dont les principes imaginaires ne produisent point de fruit... » (Al. I, 293-294) — ce qui annonçait les « raisonnements » d'un « homme de lettres dans son cabinet, touchant des spéculations qui ne produisent aucun effet » du § 14, Ire partie.

37. Cette ouverture du bon sens aux « choses qui se présentent » et cette proximité du jugement à la « vérité » sont des points décisifs, qui, déjà, faisaient l'objet de la règle 1 : « L'objet des études doit être de diriger l'esprit jusqu'à le rendre capable d'énoncer des jugements solides et vrais sur tout ce qui se présente à lui » (Al. I, 77).

38. Sur ce thème des préjugés de notre enfance, voir les « confessions » de Descartes, vers la fin des 6e *Réponses aux objections* (Al. II, 883-890), l'exposé plus systématique des *Principes* (I, § 71-73), et la lettre à Reneri pour Pollot d'avril ou mai 1638.

39. Que ce ne serait vraiment pas raisonnable.

40. Plus tard, touchant la « vie civile », Descartes insistera sur le rôle de l'expérience et de la nature humaine ; il pensera, comme Elisabeth, « qu'il vaut mieux se régler en cela sur l'expérience que sur la raison, pour ce qu'on a rarement à traiter avec des personnes parfaitement raisonnables, ainsi que tous les hommes devraient être, afin qu'on pût juger ce qu'ils feront, par la seule considération de ce qu'ils devraient faire » (à Elisabeth, mai 1646, G.F., p. 170).

41. « Une fois en sa vie », dit Descartes dans la règle 8, et dans les *Principes*, I, § 1 ; une « bonne fois », dans *La Recherche de la vérité*. A propos de cet « examen », on trouve une allusion à ce passage, lorsque Descartes répond très concrètement aux objections du P. Bourdin (7e *Réponses*) : « ce qui est la même chose

que si j'avais dit que, pour prendre garde que dans un panier plein de pommes il n'y en ait quelques-unes qui soient gâtées, il les faut toutes vider du commencement, et n'y en laisser pas une, et puis n'y remettre que celles qu'on aurait reconnues être tout à fait saines, ou n'y en mettre point d'autres » (Al. II, 1018).

42. Sur tous ces points, voir les précisions ajoutées par Descartes dans le § 6 de la IIIe partie du *Discours*, écrite plus tard ; et sur Descartes « architecte », le long développement dans les 7e Réponses (Al. II, 1044-1073).

Ici, la comparaison de la « raison » au « niveau » dont se sert le maçon, pour vérifier l'aplomb de la pierre, indique bien le caractère « universel » de cet « instrument » qu'elle devient avec Descartes.

43. « Difficultés » qui feront que Descartes écrira sa « morale » pour empêcher qu'on le blâmât de ces lignes, « car apparemment on m'eût objecté que ce doute si universel peut produire une grande irrésolution et un grand dérèglement dans les mœurs » (AT, II, 35). Voir le § suivant.

44. Cette expression, amplifiée plus loin (§ 7 et 8), reprend un thème essentiel, déployé dans la règle 10 : pour exercer la sagacité, Descartes propose d'examiner toutes les techniques qui « manifestent ou présupposent un ordre », « comme celles des artisans qui tissent des toiles et des tapis, ou celles des femmes qui piquent à l'aiguille, ou tricotent des fils pour en faire des tissus de structures infiniment variées » (Al. I, 126-127).

Dans son beau livre, *Un autre Descartes*, P.A. Cahné propose un commentaire intéressant de ce passage : « L'esprit réifié, c'est la navette du tisserand qui circule au milieu de l'étroit réseau des fils de chaîne, lance les fils de trame, en un jeu d'abscisses et d'ordonnées où se renouvellent toujours les figures apparues, mais selon des modèles toujours formellement identiques puisqu'ils peuvent être saisis par un même réseau analytique. Une grandiose image sous-jacente est annoncée dans ce texte des *Regulae* : les fils de chaîne figurent l'ordre nécessaire des raisons (*catena, catenatio*), tandis que les fils de trame dessinent librement l'intention du penseur (*ordo* dans son sens « disposition »)... sur le fond nécessaire de l'ordre du monde, la liberté tisse un ordre choisi » (pp. 165-166).

45. Dans la règle 3, Descartes disait : « ...lorsqu'il s'agit d'une question difficile, il est plus vraisemblable qu'il s'en soit trouvé peu, et non beaucoup, pour découvrir la vérité à son sujet » (Al. I, 86).

46. Pour « projet », Littré donne : « la première pensée, la première rédaction de quelque acte, de quelque écrit ». Descartes fera de cette première pensée le premier titre du *Discours* : *Projet d'une science universelle*.

47. Descartes reprend ici un passage de la règle 4 : « ce que j'entends maintenant par méthode, ce sont des règles certaines et faciles, par l'observation exacte desquelles on sera sûr de ne jamais prendre une erreur pour une vérité, et, sans y dépenser inutilement les forces de son esprit, mais en accroissant son savoir par un progrès continu, de parvenir à la connaissance vraie de tout ce dont on sera capable » (Al. I, 91).

48. La question de l'extension de la *capacité*, et des bornes de la connaissance, est traitée dans la règle 8.

49. Cette expression s'éclaire par la règle 4. D'après Descartes, certains Anciens auraient connu une « vraie mathématique », dont les « traces » « s'aperçoivent encore chez Pappus et chez Diophante », procédant par *analyse* d'une figure géométrique en ses composants ; mais ils auraient tenu cette méthode secrète, montrant à sa place « quelques vérités stériles démontrées déductivement » (Al. I, 95-99).

Descartes avait sans doute lu la traduction de Pappus par Commandino, parue en 1588.

50. D'après l'*Algèbre* de Clavius (1612), *algebra* vient de l'arabe *al-gabr* et signifie « rétablissement » (on va vers une égalité ou équation). Selon l'ouvrage de Simon Stevin sur l'*Arithmétique*..., réédité en 1625, l'algèbre est l'art du calcul sur les puissances.

51. A propos de ce terme, Descartes précise dans *L'Entretien avec Burman*: « Il s'agit là plutôt d'une dialectique, puisqu'elle nous enseigne à parler de toutes choses, que de la logique, qui permet d'atteindre dans toutes les questions à une vérité démontrée » (éd. Beyssade, 136).

52. Il faut donc transférer la « dialectique » « de la philosophie à la rhétorique » (règle 10 ; Al. I, 130).

53. L'*Ars Brevis* (1308) de R. Lulle est déjà critiqué par Descartes dans les lettres à Beeckman du 26 mars et du 29 avril 1619.

54. Il est remarquable que Descartes préfère ici parler de *préceptes,* plutôt que de règles.

55. Au XVIIIe siècle, on répétera qu'« à l'auberge de l'évidence, Descartes n'a pas mis d'enseigne ». A propos de ce premier précepte, voir, pour le début, les règles 2, 3, 9 et les *Principes*, I, § 45 ; et, pour la fin, qui ouvre sur la possibilité d'une effectuation métaphysique du doute, voir la IVe partie du *Discours. Clarté* et *distinction*: cf. *Principes*, I, § 45 et 46.

56. Pour approfondir le second précepte, étudier les règles 13 et 14 (Al. I, 158 sq.).

57. Selon la « lumière naturelle ». Sur l'ordre et la mise en séries, cf. les règles 5, 6, 8, 13 et 14.

L'esprit ne procède plus selon les genres d'êtres mais instaure un ordre à lui en opérant une mise en séries continues.

58. Après « dernier », la traduction latine du *Discours* ajoute: « tant dans la recherche des moyens termes que dans le parcours des parties des difficultés », qui condense les acquis des règles 3 (partie sur la déduction), 7 (sur l'énumération), 11 et 13.

59. Il faut aider la mémoire défaillante par un « mouvement continu et absolument ininterrompu » (Al. I, 108) de la pensée.

Dans la règle 7, Descartes opère une distinction entre dénombrement complet et dénombrement exhaustif.

60. Bien distinguer les chaînes qui entravent (*vin-*

culum, en latin) et les chaînes légitimes et fécondes *(catena)* ; cf. règle 7 (Al. I, 112).

Dans les premières pensées de Descartes, on trouve : « Les sciences sont maintenant masquées ; les masques enlevés, elles apparaîtraient dans toute leur beauté. A celui qui voit complètement la chaîne des sciences, il ne semblera pas plus difficile de les retenir dans son esprit que de retenir la série des nombres » (Al. I, 46).

Peu à peu, cette idée devient chez Descartes une manière de penser et d'écrire, une manière d'être : « et comme je ne trouve jamais rien que par une longue traînée de diverses considérations, il faut que je me donne tout à une matière, lorsque j'en veux examiner quelque partie » (à Mersenne, 8 octobre 1629 ; Al. I, 223).

61. Ce mot reprend, et développe, le thème de la *chance* glissé au début du § 3, Iʳᵉ partie.

62. A propos de cette phrase, Burman demande à Descartes si « en théologie également tout s'entresuit et s'enchaîne de la sorte ». Occasion que Descartes saisit pour préciser que « la théologie ne tombe pas sous notre prise » (*L'Entretien avec Burman*, éd. Beyssade, pp. 136-138).

63. Ici, l'emploi de ce terme signale le rapport aux *Regulae* (règle IV). L'« ordre » est l'objet de la *Mathesis*, la « science admirable » entrevue par Descartes (cf. Al. I, 49 : « en l'année 1620, j'ai commencé à comprendre le fondement de l'invention admirable »). *Cet « ordre » permet une autre pensée de l'objet.*

64. A cet endroit, en revanche, il ne s'agit pas de la science de l'ordre, mais de l'*analyse* nouvelle dont Descartes dit, plus bas, qu'elle emprunterait « tout le meilleur de l'analyse géométrique et de l'algèbre ». Il ne faut pas confondre la *Mathesis* et l'*analyse.*

65. Descartes commente cette phrase dans *L'Entretien avec Burman* (*op. cit.*, pp. 140-144) et oppose la mathématique courante et la « *Science mathématique* ».

66. Descartes fait une distinction entre les mathéma-

tiques de l'Ecole qui pouvaient être « l'astronomie, la musique, l'optique, la mécanique et beaucoup d'autres sciences » (règle 4 ; Al. I, 98), et la mathématique vue comme « une science générale qui explique tout ce qu'il est possible de rechercher touchant l'ordre et la mesure, sans assignation à quelque matière particulière que ce soit » (*ibid.*).

C'est à partir de cette « science générale » qu'il élabore, peu à peu, la nouvelle *analyse* dont il nous entretient dans le passage qui commence ici et finit à « corrigerais tous les défauts de l'une par l'autre ».

67. Le père Clavius disait dans son *Algèbre* : « La proportion est une certaine habitude d'un nombre envers un autre nombre. »

Descartes rapporte ici son invention d'une nouvelle « géométrie », qui était publiée, à la suite du *Discours*, comme « essai » de la « méthode ». Comme le *Discours* est une préface destinée à un large public, Descartes expose plutôt le résultat que ce qui a permis de l'obtenir (la « science générale »). D'où la structure complexe de notre paragraphe où Descartes, après avoir *rapidement* évoqué la science de l'ordre (garder toujours « l'ordre qu'il faut ») — laquelle est pourtant essentielle — se met à raconter la genèse de l'analyse nouvelle dont il présente au public un échantillon.

D'où aussi des confusions possibles ; quand il dit : « les divers rapports ou proportions », il ne faut pas comprendre : l'ordre et la mesure, *c'est-à-dire* les rapports ou proportions.

Car la théorie des rapports ou proportions a affaire à la seule quantité.

Or, Descartes entend par *mathesis* non plus une mathématique universelle, c'est-à-dire fournissant leurs principes aux mathématiques particulières, et donc limitée à la seule quantité, mais une science universelle qui pourra faire abstraction de la quantité par l'ordre. Sur ces points, voir *Les Etudes Philosophiques*, oct.-déc. 1976 : « L'ontologie de l'ordre », pp. 475-494.

68. Symboles.

69. Descartes insiste beaucoup sur ce point dans la règle 8 (Al. I, 114-123). La méthode permet de déterminer avec certitude « de quelles connaissances la raison humaine est capable ». On aboutit à une définition *positive* de l'ignorance.

70. Cette phrase est très importante : l'essentiel est donc de connaître, non les mathématiques, mais ce qui leur « donne de la certitude », à savoir la science du « vrai ordre ».

La méthode ne provient donc pas des mathématiques ; mais c'est l'inverse : un remaniement de fond touchant l'essence même du savoir (pensé par Descartes comme « certitude ») va modifier l'« esprit mathématique ».

Cette phrase implique de savoir, pour toute proposition certaine, « en quoi consiste cette certitude », comme Descartes le dira un peu plus loin, dans la IVe partie, qui est ici, donc, annoncée.

Il s'agit là du noyau le plus profond de la révolution philosophique cartésienne, caché sous le voile des nombres et des figures (« *larvatus prodeo* » — « je m'avance masqué »).

71. C'est cette révolution que Descartes médite donc, dans son « poêle », en 1619.

TROISIÈME PARTIE

Et enfin, comme ce n'est pas assez, avant de commencer à rebâtir le logis où on demeure, que de l'abattre et de faire provision de matériaux et d'architectes, ou s'exercer soi-même à l'architecture, et outre cela d'en avoir soigneusement tracé le dessin, mais qu'il faut aussi s'être pourvu de quelque autre où l'on puisse être logé commodément pendant le temps qu'on y travaillera; ainsi, afin que je ne demeurasse point irrésolu en mes actions, pendant que la raison m'obligerait de l'être en mes jugements, et que je ne laissasse pas de vivre dès lors le plus heureusement que je pourrais, je me formai une morale par provision[72], qui ne consistait qu'en trois ou quatre maximes dont je veux bien vous faire part[73].

La première était d'obéir aux lois et aux coutumes de mon pays, retenant constamment[74] la religion en laquelle Dieu m'a fait la grâce d'être instruit dès mon enfance, et me gouvernant en toute autre chose suivant les opinions les plus modérées et les plus éloignées de l'excès, qui fussent communément reçues en pratique par les mieux sensés de ceux avec lesquels j'aurais à vivre. Car, commençant dès lors à ne compter pour rien les miennes propres, à cause que je les voulais remettre toutes à l'examen, j'étais assuré de ne pouvoir mieux que de suivre celles des mieux sensés. Et encore qu'il y en ait peut-être d'aussi bien sensés parmi les Perses ou les Chinois que parmi nous, il me semblait que le plus utile était de me régler selon ceux avec lesquels j'aurais à vivre ; et que, pour savoir quelles étaient véritablement leurs opinions, je devais plutôt prendre garde à ce qu'ils pratiquaient qu'à ce qu'ils disaient ; non seulement à cause qu'en la corruption de nos mœurs il y a peu de gens qui veuillent dire tout ce qu'ils croient, mais aussi à cause que plusieurs l'ignorent eux-mêmes ; car l'action de la pensée par laquelle on croit une chose, étant différente de celle par laquelle on connaît qu'on la croit, elles sont souvent l'une sans l'autre. Et, entre plusieurs opinions également reçues, je ne choisissais que les plus modérées, tant à cause que ce sont toujours les plus commodes pour la pratique, et vraisemblablement les meilleures, tout excès ayant coutume d'être mauvais[75] ; comme aussi afin de me détourner moins du vrai chemin, en cas que je faillisse, que si, ayant choisi l'un des extrêmes, c'eût été l'autre qu'il eût fallu suivre. Et, particulièrement, je mettais entre les excès toutes les promesses par lesquelles on retranche quelque chose de sa liberté[76]. Non que je désapprouvasse les lois qui, pour remédier à l'inconstance des esprits faibles, permettent, lorsqu'on a quelque bon dessein, ou même pour la sûreté du commerce, quelque dessein qui n'est qu'indifférent, qu'on fasse des vœux ou des contrats qui obligent à y persévérer ; mais à cause que je ne voyais au monde aucune chose qui demeurât toujours en même état, et que, pour mon particulier, je me promettais de perfectionner de plus en plus mes jugements, et non point de les rendre pires, j'eusse pensé commettre une grande faute contre le bon sens, si, pour ce que j'approuvais alors quelque chose, je me fusse obligé de la prendre pour bonne encore après, lorsqu'elle aurait peut-être cessé de l'être, ou que j'aurais cessé de l'estimer telle.

Ma seconde maxime était d'être le plus ferme et le plus résolu[77] en mes actions que je pourrais, et de ne suivre pas moins constamment les opinions les plus douteuses, lorsque je m'y serais une fois déterminé, que si elles eussent été très assurées[78]. Imitant en ceci les voyageurs qui, se trouvant égarés en quelque forêt, ne doivent pas errer en tournoyant tantôt d'un côté, tantôt d'un autre, ni encore moins s'arrêter en une place, mais marcher toujours le plus droit qu'ils peuvent vers un même côté, et ne le changer point pour de faibles raisons, encore que ce n'ait peut-être été au commencement que le hasard seul qui les ait déterminés à le choisir ; car, par ce moyen, s'ils ne vont justement où ils désirent, ils arriveront au moins à la fin quelque part où vraisemblablement ils seront mieux que dans le milieu d'une forêt[79]. Et ainsi, les actions de la vie ne souffrant souvent aucun délai, c'est une vérité très certaine que, lorsqu'il n'est pas en notre pouvoir de discerner les plus vraies opinions, nous devons suivre les plus probables ; et même qu'encore que nous ne remarquions point davantage de probabilité aux unes qu'aux autres, nous devons néanmoins nous déterminer à quelques-unes, et les considérer après, non plus comme douteuses en tant qu'elles se rapportent à la pratique, mais comme très vraies et très certaines, à cause que la raison qui nous y a fait déterminer se trouve telle. Et ceci fut capable dès lors de me délivrer de tous les repentirs et les remords qui ont coutume d'agiter les consciences de ces esprits faibles et chancelants, qui se laissent aller inconstamment à pratiquer comme bonnes les choses qu'ils jugent après être mauvaises.

Ma troisième maxime était de tâcher toujours plutôt à me vaincre que la fortune[80], et à changer mes désirs que l'ordre du monde ; et généralement de m'accoutumer à croire qu'il n'y a rien qui soit entièrement en notre pouvoir que nos pensées[81], en sorte qu'après que nous avons fait notre mieux touchant les choses qui nous sont extérieures, tout ce qui manque de nous réussir est au regard de nous absolument impossible. Et ceci seul me semblait être suffisant pour m'empêcher de rien désirer à l'avenir que je n'acquisse, et ainsi pour me rendre content : car notre volonté ne se portant naturellement à désirer que les choses que notre entendement lui représente en quelque façon comme possibles[82], il est certain

que si nous considérons tous les biens qui sont hors de
nous comme également éloignés de notre pouvoir, nous
n'aurons pas plus de regret de manquer de ceux qui
semblent être dus à notre naissance, lorsque nous en
serons privés sans notre faute, que nous avons de ne
posséder pas les royaumes de la Chine ou de Mexique ;
et que faisant, comme on dit, de nécessité vertu, nous ne
désirerons pas davantage d'être sains étant malades, ou
d'être libres étant en prison, que nous faisons maintenant d'avoir des corps d'une matière aussi peu corrup-
tible que les diamants, ou des ailes pour voler comme les
oiseaux. Mais j'avoue qu'il est besoin d'un long exercice
et d'une méditation souvent réitérée pour s'accoutumer
à regarder de ce biais toutes les choses[83] ; et je crois que
c'est principalement en ceci que consistait le secret de
ces philosophes, qui ont pu autrefois se soustraire à
l'empire de la fortune, et, malgré les douleurs et la
pauvreté, disputer de la félicité avec leurs dieux. Car,
s'occupant sans cesse à considérer les bornes qui leur
étaient prescrites par la nature, ils se persuadaient si
parfaitement que rien n'était en leur pouvoir que leurs
pensées, que cela seul était suffisant pour les empêcher
d'avoir aucune affection pour d'autres choses[84] ; et ils
disposaient d'elles si absolument, qu'ils avaient en cela
quelque raison de s'estimer plus riches, et plus puissants,
et plus libres, et plus heureux qu'aucun des autres
hommes, qui, n'ayant point cette philosophie, tant favorisés de la nature et de la fortune qu'ils puissent être, ne
disposent jamais ainsi de tout ce qu'ils veulent.

Enfin, pour conclusion de cette morale, je m'avisai de
faire[85] une revue sur les diverses occupations qu'ont les
hommes en cette vie, pour tâcher à faire choix de la
meilleure ; et, sans que je veuille rien dire de celles des
autres, je pensai que je ne pouvais mieux que de continuer en celle-là même où je me trouvais, c'est-à-dire que
d'employer toute ma vie à cultiver ma raison, et m'avancer autant que je pourrais en la connaissance de la vérité,
suivant la méthode que je m'étais prescrite. J'avais

éprouvé de si extrêmes contentements depuis que j'avais
commencé à me servir de cette méthode, que je ne
croyais pas qu'on en pût recevoir de plus doux ni de plus
innocents en cette vie ; et découvrant tous les jours, par
son moyen, quelques vérités qui me semblaient assez
importantes, et communément ignorées des autres
hommes, la satisfaction que j'en avais remplissait tellement mon esprit, que tout le reste ne me touchait point.
Outre que les trois maximes précédentes n'étaient fondées que sur le dessein que j'avais de continuer à m'instruire ; car Dieu nous ayant donné à chacun quelque
lumière pour discerner le vrai d'avec le faux, je n'eusse
pas cru me devoir contenter des opinions d'autrui un seul
moment, si je ne me fusse proposé d'employer mon
propre jugement à les examiner lorsqu'il serait temps ; et
je n'eusse su m'exempter de scrupule, en les suivant, si je
n'eusse espéré de ne perdre pour cela aucune occasion
d'en trouver de meilleures en cas qu'il y en eût. Et enfin
je n'eusse su borner mes désirs, ni être content, si je
n'eusse suivi un chemin par lequel, pensant être assuré
de l'acquisition de toutes les connaissances dont je serais
capable, je le pensais être par même moyen de celle de
tous les vrais biens qui seraient jamais en mon pouvoir ;
d'autant que, notre volonté ne se portant à suivre ni à
fuir aucune chose, que selon que notre entendement la
lui représente bonne ou mauvaise, il suffit de bien juger
pour bien faire[86], et de juger le mieux qu'on puisse pour
faire aussi tout son mieux, c'est-à-dire pour acquérir
toutes les vertus[87], et ensemble tous les autres biens
qu'on puisse acquérir ; et, lorsqu'on est certain que cela
est, on ne saurait manquer d'être content[88].

　　Après m'être ainsi assuré de ces maximes, et les avoir
mises à part avec les vérités de la foi, qui ont toujours été
les premières en ma créance[89], je jugeai que, pour tout le
reste de mes opinions, je pouvais librement entreprendre de m'en défaire. Et d'autant que j'espérais en
pouvoir mieux venir à bout en conversant avec les
hommes, qu'en demeurant plus longtemps renfermé

dans le poêle où j'avais eu toutes ces pensées, l'hiver
n'était pas encore bien achevé que je me remis à voyager. Et en toutes les neuf années suivantes, je ne fis autre
chose que rouler çà et là dans le monde, tâchant d'y être
spectateur[90] plutôt qu'acteur en toutes les comédies
qui s'y jouent ; et, faisant particulièrement réflexion,
en chaque matière, sur ce qui la pouvait rendre
suspecte et nous donner occasion de nous méprendre, je
déracinais cependant de mon esprit toutes les erreurs qui
s'y étaient pu glisser auparavant. Non que j'imitasse
pour cela les sceptiques, qui ne doutent que pour douter
et affectent d'être toujours irrésolus, car, au contraire,
tout mon dessein ne tendait qu'à m'assurer et à rejeter la
terre mouvante et le sable pour trouver le roc ou
l'argile[91]. Ce qui me réussissait, ce me semble, assez
bien, d'autant que, tâchant à découvrir la fausseté ou
l'incertitude des propositions que j'examinais, non par
de faibles conjectures[92], mais par des raisonnements
clairs et assurés, je n'en rencontrais point de si douteuse
que je n'en tirasse toujours quelque conclusion assez
certaine, quand ce n'eût été que cela même qu'elle ne
contenait rien de certain. Et, comme en abattant un
vieux logis, on en réserve ordinairement les démolitions
pour servir à en bâtir un nouveau, ainsi, en détruisant
toutes celles de mes opinions que je jugeais être mal
fondées, je faisais diverses observations et acquérais
plusieurs expériences, qui m'ont servi depuis à en établir
de plus certaines. Et de plus, je continuais à m'exercer
en la méthode que je m'étais prescrite ; car, outre que
j'avais soin de conduire généralement toutes mes pensées selon ses règles, je me réservais de temps en temps
quelques heures, que j'employais particulièrement à la
pratiquer en des difficultés de mathématique, ou même
aussi en quelques autres que je pouvais rendre quasi
semblables à celles des mathématiques, en les détachant
de tous les principes des autres sciences, que je ne
trouvais pas assez fermes, comme vous verrez que j'ai
fait en plusieurs qui sont expliquées en ce volume[93]. Et

ainsi, sans vivre d'autre façon en apparence que ceux qui, n'ayant aucun emploi qu'à passer une vie douce et innocente[94], s'étudient à séparer les plaisirs des vices, et qui, pour jouir de leurs loisirs sans s'ennuyer, usent de tous les divertissements qui sont honnêtes[95], je ne laissais pas de poursuivre en mon dessein, et de profiter en la connaissance de la vérité, peut-être plus que si je n'eusse fait que lire des livres ou fréquenter des gens de lettres.

Toutefois ces neuf années s'écoulèrent avant que j'eusse pris aucun parti touchant les difficultés qui ont coutume d'être disputées entre les doctes, ni commencé à chercher les fondements d'aucune philosophie plus certaine que la vulgaire[96]. Et l'exemple de plusieurs excellents esprits qui, en ayant eu ci-devant le dessein, me semblaient n'y avoir pas réussi, m'y faisait imaginer tant de difficultés que je n'eusse peut-être pas encore si tôt osé l'entreprendre, si je n'eusse vu que quelques-uns faisaient déjà courre le bruit que j'en étais venu à bout. Je ne saurais pas dire sur quoi ils fondaient cette opinion ; et, si j'y ai contribué quelque chose par mes discours, ce doit avoir été en confessant plus ingénument ce que j'ignorais que n'ont coutume de faire ceux qui ont un peu étudié, et peut-être aussi en faisant voir les raisons que j'avais de douter de beaucoup de choses que les autres estiment certaines, plutôt qu'en me vantant d'aucune doctrine[97]. Mais, ayant le cœur assez bon pour ne vouloir point qu'on me prît pour autre que je n'étais, je pensais qu'il fallait que je tâchasse par tous moyens à me rendre digne de la réputation qu'on me donnait, et il y a justement huit ans[98] que ce désir me fit résoudre à m'éloigner de tous les lieux où je pouvais avoir des connaissances, et à me retirer ici, en un pays où la longue durée de la guerre a fait établir de tels ordres[99] que les armées qu'on y entretient ne semblent servir qu'à faire qu'on y jouisse des fruits de la paix avec d'autant plus de sûreté, et où, parmi la foule d'un grand peuple fort actif et plus soigneux de ses propres affaires que curieux de celles d'autrui, sans manquer d'aucune des commodités qui sont dans les villes les plus fréquentées, j'ai pu vivre aussi solitaire et retiré que dans les déserts les plus écartés[100].

Notes de la troisième partie

72. « En attendant et par précaution », dit Littré. Il ne faudrait pas confondre « par provision » et « provisoire » au sens de « momentané, de courte durée ».

Car Descartes reprendra les maximes de sa morale huit ans plus tard, dans la lettre à Elisabeth du 4 août 1645 ; et, en 1647, dans la lettre-préface des *Principes,* il parle « d'une morale imparfaite, qu'on peut suivre par provision pendant qu'on n'en sait point encore de meilleure » (Al. IV, 78a).

Pas de variation donc de Descartes sur la morale « par provision ». Le texte des *Principes* permet d'ailleurs de bien faire la distinction entre ce qu'il appelle « une morale qui puisse suffire pour régler les actions de sa vie, à cause que cela ne souffre point de délai, et que nous devons surtout tâcher de bien vivre » et *la* morale, sommet de l'« arbre » philosophique, « j'entends la plus haute et la plus parfaite morale, qui présupposant une entière connaissance des autres sciences, est le dernier degré de la sagesse » (Al. III, 778 et 780).

73. A propos de cette formulation, Descartes précise à Burman que sa morale a été *ajoutée à son écrit* par *contrainte*: « ... Les Régents et autres pédants l'ont contraint d'ajouter à son écrit ces règles parce que, autrement, ils prétendraient qu'il n'a ni religion ni foi, et que, par le biais de sa méthode, il veut les renverser (*ibid.*, 144).

D'où la première maxime. « Trois ou quatre » parce

que, comme il l'expliquera en août 1641 à Hyperaspites, il n'y a pas « autant de certitude de la vie, qu'il en est requis pour acquérir la science ».

74. Résolument

75. Sur ce point, Descartes sera encore plus précis dans la lettre à Elisabeth du 3 novembre 1645, « en distinguant deux sortes d'excès, l'un qui, changeant la nature de la chose, et de bonne la rendant mauvaise, empêche qu'elle ne demeure soumise à la raison ; l'autre qui en augmente seulement la mesure, et ne fait que de bonne la rendre meilleure. Ainsi la hardiesse n'a pour excès la témérité, que lorsqu'elle va au-delà des limites de la raison ; mais pendant qu'elle ne les passe point, elle peut encore avoir un autre excès, qui consiste à n'être accompagnée d'aucune irrésolution ni d'aucune crainte » (Al. III, 626).

Ainsi, les passions « toutes bonnes » sont « d'autant plus utiles qu'elles penchent plus vers l'excès » (*ibid.*, 625).

On mesure le chemin accompli depuis la maxime encore « stoïcienne » du *Discours*, et la profondeur du dialogue engagé par Descartes avec l'*Ethique à Nicomaque* d'Aristote.

76. Sur la liberté de la volonté, qui implique le pouvoir d'en *changer*, voir les *Réponses* 6e § 6, et les lettres au P. Mesland des 2/5/1644 et 9/2/1645.

77. On trouvait dans la IIe partie, à propos des « préceptes » de sa méthode : « ferme et constante résolution ». Descartes, jeune, avait déjà l'intuition d'une vertu « *une* », comme la sagesse humaine : « Or la vertu est une : c'est la fermeté de l'âme pour exécuter les indications droites de l'entendement qui montre le meilleur » (in Rodis-Lewis, *Descartes*, 569).

Cette *fermeté*, parallèlement à la « méthode » en laquelle Descartes s'« affermit », est l'élément originairement unifiant qui rendra possible l'action de la *volonté*.

D'où, beaucoup plus tard encore : « C'est la fermeté

de cette résolution, que je crois devoir être prise pour la vertu, bien que je ne sache point que personne l'ait jamais ainsi expliquée » (à Elisabeth, 4 août 1645).

78. Descartes cite ce texte dans les *secondes Réponses* et insiste sur son originalité, en même temps que sur la « très grande distinction entre l'usage de la vie et la contemplation de la vérité ». Ce qu'il dit ici ne vaut pas pour la « vérité ».

79. Ce thème du cheminement est repris dans la lettre-préface des *Principes*, avec une variation (prendre le droit chemin permet d'aller plus vite au but) ; cf. Al. III, 775.

80. Ce terme, ici, paraît impliquer l'idée de fatalité, alors que, plus tard, dans le *Traité des Passions* (articles 145-146), Descartes opposera « *fortune* » et « *fatalité* » (ou « *Providence divine* »).

81. A l'objection de Pollot disant qu'il s'agit là d'une « fiction pour se flatter et se tromper », Descartes répond par une explication de texte, et revient sur les mots « *entièrement* » et « *absolument* impossible » : « je n'ai point voulu dire, pour cela, que les choses extérieures ne fussent point du tout en notre pouvoir, mais seulement qu'elles n'y sont qu'en tant qu'elles peuvent suivre de nos pensées, et non pas *absolument* ni *entièrement*, à cause qu'il y a d'autres puissances hors de nous, qui peuvent empêcher les effets de nos desseins. » Il insiste ensuite sur l'influence de nos appétits, contre laquelle il faut lutter par l'*accoutumance* « à croire etc... » (Al. II, 52). Sur ces thèmes, voir le *Traité des Passions*, § 144 à 146, et la lettre à Christine de Suède du 20 novembre 1647.

82. Dans la lettre du 2 mai 1644 au père Mesland, Descartes soutient encore que « d'une grande lumière dans l'entendement suit une grande inclination dans la volonté ; en sorte que, voyant très clairement qu'une chose neuve est propre, il est très malaisé, et même, comme je crois, impossible, pendant qu'on demeure en cette pensée, d'arrêter le cours de notre désir » ; mais il

en résulte que des variations dans l'attention entraînent des changements dans la volonté (Al. III, 72).

83. La méthode consiste à exercer la « lumière naturelle » de manière à « regarder » d'un certain « biais » : importance de la répétition d'un « mouvement continu de la pensée » qui à la fois regarde chaque chose et ensemble passe aux autres (cf. règles 11 et 9).

84. Plus tard, Descartes verra les choses selon un autre « biais », celui de l'interaction âme-corps : à Elisabeth, 21 mai 1643 et 28 juin 1643 ; et *Traité des Passions*, articles 44-45.

85. Ici commence un développement (jusqu'à : « ...que tout le reste ne me touchait point ») cité par Nietzsche en guise de préface à *Humain, trop humain* (à partir de la traduction latine de 1644).

A la conception du bonheur forgée par les philosophes anciens « s'occupant sans cesse à considérer les bornes qui leur étaient prescrites par la nature », Descartes oppose l'*extrême contentement* résultant d'une méthode qui accroît *sans cesse* « la connaissance de la vérité ». C'est cet élargissement du bonheur qui emporte le « choix » : « *continuer* » à s'instruire.

La règle 1 évoquait la « contemplation de la vérité... qui en cette vie est presque le seul bonheur qui soit pur et qu'aucune douleur ne trouble » (Al. I, 79).

86. Dans une lettre à Mersenne de mai 1637, Descartes relie cette remarque à la doctrine de l'Ecole : « la volonté ne se porte pas vers le mal, sinon en tant que l'entendement le lui représente sous quelque raison de bien » et il ajoute : « en sorte que, si jamais l'entendement ne représentait rien à la volonté comme bien, qui ne le fût, elle ne pourrait manquer en son élection », et, plus loin : « le bien faire dont je parle ne se peut entendre en termes de Théologie, où il est parlé de la Grâce, mais seulement de Philosophie morale et naturelle » (Al. I, 534-535).

Plus tard, Descartes parlera du « souverain bien » de chacun qui « ne consiste qu'en une ferme volonté de bien faire » (à Christine, 20 novembre 1647 ; Al. III, 746). D'août à octobre 1645, Descartes approfondit la question de l'estimation des « biens » avec Elisabeth.

87. Cette question sera réglée par la correspondance entre la « générosité », « clef de toutes les autres vertus », et la méditation réitérée de « ce que c'est que le libre arbitre », dont Descartes traite dans le *Traité des Passions* (art. 161).

88. Satisfait. Sur le thème de la béatitude, cf. à Elisabeth, 4 août 1645.

89. Renforcement du § 2, pour faire contrepoint au mouvement du doute, ici annoncé, puis « dosé » avec prudence par Descartes, opposé au doute « sceptique », et présenté sous le « biais » d'une expérience mentale de *certitude* — cf. plus loin : « je faisais diverses observations et acquérais plusieurs expériences qui m'ont servi depuis à en établir de plus certaines. »

Descartes *prépare*, « à pas de colombe », sa quatrième partie...

90. On trouvait déjà, dans les *Préambules,* la fameuse pensée : « ...au moment de monter sur ce théâtre du monde où, jusqu'ici, je n'ai été que spectateur, je m'avance masqué » (Al. I, 45).

Curieusement, quand, à peu près seize ans plus tard, Descartes fait un effort pour retrouver « le temps perdu », c'est la métaphore du « spectateur » qui sert d'appui à l'expérience mentale qu'il est en train de construire — mais, cette fois, sans restriction, sans regret : assumant le spectacle et la *représentation.*

Descartes, cet « œil de philosophe », qui nous offre son *Discours*, « comme un tableau » !

91. A peu près la même expression dans *La Recherche de la vérité,* où Descartes critique ceux qui, « s'étant imaginé qu'au-delà des choses sensibles, il n'y avait rien de plus ferme sur quoi appuyer leur créance... ont bâti sur ce sable, au lieu de creuser plus avant, pour trouver du roc ou de l'argile » (Al. II, 1120).

Toutes ces métaphores, comme des peintures

muettes, silencieusement, font signe vers l'idée de fondement solide, de point fixe, ferme et assuré.

Peu à peu, nous sommes tirés « au-delà » du sensible
— vers le « métaphysique ».

Un peu plus tard, Descartes dira de Galilée qu'il « a
bâti sans fondement » (11 octobre 1638 ; Al. II, 380).

92. Dans la règle 3, Descartes parle de « conjectures
probables », et il critique le probable dans la règle 2.

93. Annonce de la *Dioptrique* et des *Météores*.

94. Même expression un peu plus haut (§ 5). Renforcement : à nouveau, Descartes relie l'accroissement
de la connaissance et l'intensité d'un bonheur qui ne
peut *s'inscrire* nulle part (« ...peut-être plus que si je
n'eusse fait que lire des livres »).

95. Sur l'amour de la vie, voir la lettre du 13 octobre
1642, et celle du 28 juin 1643, à Elisabeth : « je n'ai
jamais employé que fort peu d'heures, par jour, aux
pensées qui occupent l'imagination, et fort peu d'heures,
par an, à celles qui occupent l'entendement seul, et... j'ai
donné tout le reste de mon temps au relâche des sens et
au repos de l'esprit » (Al. III, 45-46).

A propos des « divertissements... honnêtes », voir
l'article 94 du *Traité des Passions* (sur le rapport entre le
théâtre et le « chatouillement »).

96. Ordinaire.

97. Allusion à la fameuse réunion chez le nonce du
pape à Paris, à l'automne 1627 (d'après G. Rodis-
Lewis), où Descartes parla de sa méthode. Peu après, le
cardinal de Bérulle invita Descartes à se consacrer à la
philosophie.

98. Descartes est arrivé en Hollande en septembre
1628. Il y demeurera jusqu'en 1649.

99. Règlements.

100. Descartes développe ce thème très poétique-
ment dans la lettre à Guez de Balzac du 5 mai 1631
(Al. I, 292-293).

QUATRIÈME PARTIE

Je ne sais si je dois vous entretenir des premières méditations[101] que j'y[102] ai faites ; car elles sont si métaphysiques et si peu communes[103], qu'elles ne seront peut-être pas au goût de tout le monde. Et, toutefois, afin qu'on puisse juger si les fondements que j'ai pris sont assez fermes, je me trouve en quelque façon contraint[104] d'en parler. J'avais dès longtemps remarqué que, pour les mœurs, il est besoin quelquefois de suivre des opinions qu'on sait être fort incertaines, tout de même que si elles étaient indubitables, ainsi qu'il a été dit ci-dessus ; mais pour ce qu'alors je désirais vaquer seulement à la recherche de la vérité, je pensai qu'il fallait que je fisse tout le contraire, et que je rejetasse comme absolument faux tout ce en quoi je pourrais imaginer le moindre doute[105], afin de voir s'il ne resterait point, après cela, quelque chose en ma créance qui fût entièrement indubitable[106]. Ainsi, à cause que nos sens nous trompent quelquefois, je voulus supposer qu'il n'y avait aucune chose qui fût telle qu'ils nous la font imaginer. Et, parce qu'il y a des hommes qui se méprennent en raisonnant, même touchant les plus simples matières de géométrie, et y font des paralogismes[107], jugeant que j'étais sujet à faillir autant qu'aucun autre, je rejetai comme fausses toutes les raisons que j'avais prises auparavant pour démonstrations[108]. Et enfin, considérant que toutes les mêmes pensées que nous avons étant éveillés, nous peuvent aussi venir quand nous dormons, sans qu'il y en ait aucune pour lors qui soit vraie, je me résolus de feindre que toutes les choses qui m'étaient jamais entrées en l'esprit n'étaient non plus vraies que les illusions de mes songes[109]. Mais, aussitôt après, je pris garde que, pendant que je voulais ainsi penser que tout était faux, il fallait nécessairement que moi, qui le pensais, fusse quelque chose[110]. Et remarquant que cette vérité : *Je pense, donc je suis*, était si ferme et si assurée que toutes les plus extravagantes suppositions des sceptiques n'étaient pas capables de l'ébranler[111], je jugeai que je pouvais la recevoir sans scrupule pour le premier principe[112] de la philosophie que je cherchais.

Puis, examinant avec attention ce que[113] j'étais, et voyant que je pouvais feindre que je n'avais aucun corps, et qu'il n'y avait aucun monde ni aucun lieu où je fusse ; mais que je ne pouvais pas feindre pour cela que je n'étais point ; et qu'au contraire, de cela même que je pensais à douter de la vérité des autres choses, il suivait très évidemment et très certainement que j'étais ; au lieu que, si j'eusse seulement cessé de penser, encore que tout le reste de ce que j'avais imaginé eût été vrai, je n'avais aucune raison de croire que j'eusse été ; je connus de là que j'étais une substance[114] dont toute l'essence ou la nature n'est que de penser[115], et qui, pour être, n'a besoin d'aucun lieu, ni ne dépend d'aucune chose matérielle. En sorte que ce moi, c'est-à-dire l'âme, par laquelle je suis ce que je suis, est entièrement distincte du corps, et même qu'elle est plus aisée à connaître que lui, et qu'encore qu'il ne fût point, elle ne laisserait point d'être tout ce qu'elle est.

Après cela, je considérai en général ce qui est requis à une proposition pour être vraie et certaine ; car puisque je venais d'en trouver une que je savais être telle, je pensai que je devais aussi savoir en quoi consiste cette certitude. Et ayant remarqué qu'il n'y a rien du tout en ceci : *je pense, donc je suis*, qui m'assure que je dis la vérité, sinon que je vois très clairement que, pour pen-

ser, il faut être[116], je jugeai que je pouvais prendre pour
règle générale[117], que les choses que nous concevons fort
clairement et fort distinctement sont toutes vraies, mais
qu'il y a seulement quelque difficulté à bien remarquer
quelles sont celles que nous concevons distinctement.

En suite de quoi, faisant réflexion sur ce que je
doutais, et que, par conséquent, mon être n'était pas
tout parfait[118], car je voyais clairement que c'était une
plus grande perfection de connaître que de douter[119], je
m'avisai de chercher d'où j'avais appris à penser à
quelque chose de plus parfait que je n'étais ; et je connus
évidemment que ce devait être de quelque nature[120] qui
fût en effet[121] plus parfaite. Pour ce qui est des pensées
que j'avais de plusieurs autres choses hors de moi[122],
comme du ciel, de la terre, de la lumière, de la chaleur et
de mille autres, je n'étais point tant en peine de savoir
d'où elles venaient, à cause que, ne remarquant rien en
elles qui me semblât les rendre supérieures à moi, je
pouvais croire que, si elles étaient vraies, c'étaient des
dépendances[123] de ma nature, en tant qu'elle avait
quelque perfection ; et si elles ne l'étaient pas, que je les
tenais du néant, c'est-à-dire qu'elles étaient en moi pour
ce que j'avais du défaut. Mais ce ne pouvait être le même
de l'idée d'un être plus parfait que le mien ; car, de la
tenir du néant, c'était chose manifestement impossible ;
et pour ce qu'il n'y a pas moins de répugnance[124] que le
plus parfait soit une suite et une dépendance du moins
parfait, qu'il y en a que de rien procède quelque chose,
je ne la pouvais tenir non plus de moi-même[125]. De façon
qu'il restait qu'elle eût été mise en moi par une nature
qui fût véritablement plus parfaite que je n'étais, et
même qui eût en soi toutes les perfections dont je
pouvais avoir quelque idée, c'est-à-dire, pour m'expliquer en un mot, qui fût Dieu. A quoi j'ajoutai que[126],
puisque je connaissais quelques perfections que je
n'avais point, je n'étais pas le seul être qui existât
(j'userai, s'il vous plaît, ici librement des mots de
l'Ecole) ; mais qu'il fallait de nécessité qu'il y en eût

quelque autre plus parfait, duquel je dépendisse, et
duquel j'eusse acquis tout ce que j'avais. Car si j'eusse
été seul et indépendant de tout autre, en sorte que
j'eusse eu de moi-même tout ce peu que je participais[127]
de l'Etre parfait, j'eusse pu avoir de moi, par même
raison, tout le surplus que je connaissais me manquer, et
ainsi être moi-même infini[128], éternel, immuable, tout-
connaissant, tout-puissant, et enfin avoir toutes les perfections que je pouvais remarquer être en Dieu. Car
suivant les raisonnements que je viens de faire, pour
connaître la nature de Dieu autant que la mienne en était
capable, je n'avais qu'à considérer, de toutes les choses
dont je trouvais en moi quelque idée, si c'était perfection
ou non de les posséder, et j'étais assuré qu'aucune de
celles qui marquaient quelque imperfection n'était en
lui, mais que toutes les autres y étaient. Comme je voyais
que le doute, l'inconstance, la tristesse et choses semblables n'y pouvaient être, vu que j'eusse été moi-même
bien aise d'en être exempt. Puis, outre cela, j'avais des
idées de plusieurs choses sensibles et corporelles ; car,
quoique je supposasse que je rêvais et que tout ce que je
voyais ou imaginais était faux, je ne pouvais nier toutefois que les idées n'en fussent véritablement en ma
pensée ; mais, pour ce que j'avais déjà connu en moi très
clairement que la nature intelligente est distincte de la
corporelle, considérant que toute composition témoigne
de la dépendance, et que la dépendance est manifestement un défaut, je jugeais de là que ce ne pouvait être
une perfection en Dieu d'être composé de ces deux
natures, et que, par conséquent, il ne l'était pas ; mais
que s'il y avait quelques corps dans le monde, ou bien
quelques intelligences ou autres natures qui ne fussent
point toutes parfaites, leur être devrait dépendre de sa
puissance, en telle sorte qu'elles ne pouvaient subsister
sans lui un seul moment[129].

[5] Je voulus chercher, après cela, d'autres vérités[130], et
m'étant proposé l'objet des géomètres, que je concevais
comme un corps continu, ou un espace indéfiniment[131]

étendu en longueur, largeur, et hauteur ou profondeur, divisible en diverses parties qui pouvaient avoir diverses figures et grandeurs, et être mues ou transposées en toutes sortes, car les géomètres supposent tout cela en leur objet, je parcourus quelques-unes de leurs plus simples démonstrations. Et, ayant pris garde que cette grande certitude que tout le monde leur attribue n'est fondée que sur ce qu'on les conçoit évidemment, suivant la règle que j'ai tantôt dite[132], je pris garde aussi qu'il n'y avait rien du tout en elles qui m'assurât de l'existence de leur objet. Car, par exemple, je voyais bien que, supposant un triangle, il fallait que ses trois angles fussent égaux à deux droits ; mais je ne voyais rien pour cela qui m'assurât qu'il y eût au monde aucun triangle. Au lieu que, revenant à examiner l'idée que j'avais d'un Etre parfait, je trouvais que l'existence y était comprise en même façon qu'il est compris en celle d'un triangle que ses trois angles sont égaux à deux droits, ou en celle d'une sphère que toutes ses parties sont également distantes de son centre, ou même encore plus évidemment ; et que, par conséquent il est pour le moins aussi certain[133] que Dieu, qui est cet Etre parfait, est ou existe[134], qu'aucune démonstration de géométrie le saurait être[135].

Mais ce qui fait qu'il y en a plusieurs qui se persuadent qu'il y a de la difficulté à le connaître, et même aussi à connaître ce que c'est que leur âme, c'est qu'ils n'élèvent jamais leur esprit au-delà des choses sensibles[136], et qu'ils sont tellement accoutumés à ne rien considérer qu'en l'imaginant[137], qui est une façon de penser particulière pour les choses matérielles, que tout ce qui n'est pas imaginable leur semble n'être pas intelligible. Ce qui est assez manifeste de ce que même les philosophes tiennent pour maxime, dans les écoles, qu'il n'y a rien dans l'entendement qui n'ait premièrement été dans le sens, où toutefois il est certain que les idées de Dieu et de l'âme n'ont jamais été. Et il me semble que ceux qui veulent user de leur imagination pour les comprendre

font tout de même que si, pour ouïr les sons ou sentir les
odeurs, ils se voulaient servir de leurs yeux ; sinon qu'il y
a encore cette différence, que le sens de la vue ne nous
assure pas moins de la vérité de ces objets que font ceux
de l'odorat ou de l'ouïe ; au lieu que ni notre imagination, ni nos sens ne nous sauraient jamais assurer
d'aucune chose, si notre entendement n'y intervient[138].

Enfin, s'il y a encore des hommes qui ne soient pas
assez persuadés de l'existence de Dieu et de leur âme par
les raisons que j'ai apportées, je veux bien qu'ils sachent
que toutes les autres choses, dont ils se pensent peut-être
plus assurés, comme d'avoir un corps, et qu'il y a des
astres et une terre, et choses semblables, sont moins
certaines. Car, encore qu'on ait une assurance morale de
ces choses, qui est telle qu'il semble qu'à moins que
d'être extravagant on n'en peut douter, toutefois aussi, à
moins que d'être déraisonnable, lorsqu'il est question
d'une certitude métaphysique[139], on ne peut nier que ce
ne soit assez de sujet, pour n'en être pas entièrement
assuré, que d'avoir pris garde qu'on peut en même façon
s'imaginer, étant endormi, qu'on a un autre corps, et
qu'on voit d'autres astres et une autre terre, sans qu'il en
soit rien. Car d'où sait-on que les pensées qui viennent
en songe sont plutôt fausses que les autres, vu que
souvent elles ne sont pas moins vives et expresses ? Et
que les meilleurs esprits y étudient tant qu'il leur plaira,
je ne crois pas qu'ils puissent donner aucune raison qui
soit suffisante pour ôter ce doute, s'ils ne présupposent
l'existence de Dieu. Car, premièrement, cela même que
j'ai tantôt pris pour une règle, à savoir, que les choses
que nous concevons très clairement et très distinctement
sont toutes vraies, n'est assuré qu'à cause que Dieu est
ou existe, et qu'il est un être parfait, et que tout ce qui
est en nous vient de lui. D'où il suit que nos idées ou
notions, étant des choses réelles, et qui viennent de Dieu
en tout ce en quoi elles sont claires et distinctes, ne
peuvent en cela être que vraies[140]. En sorte que, si nous
en avons assez souvent qui contiennent de la fausseté, ce

ne peut être que celles qui ont quelque chose de confus et obscur, à cause qu'en cela elles participent du néant, c'est-à-dire qu'elles ne sont en nous ainsi confuses qu'à cause que nous ne sommes pas tout parfaits. Et il est évident qu'il n'y a pas moins de répugnance que la fausseté ou l'imperfection procède de Dieu en tant que telle, qu'il y en a que la vérité ou la perfection procède du néant. Mais si nous ne savions point[141] que tout ce qui est en nous de réel et de vrai vient d'un être parfait et infini, pour claires et distinctes que fussent nos idées, nous n'aurions aucune raison qui nous assurât[142] qu'elles eussent la perfection d'être vraies.

[8] Or, après que la connaissance de Dieu et de l'âme nous a ainsi rendus certains de cette règle, il est bien aisé à connaître que les rêveries que nous imaginons étant endormis ne doivent aucunement nous faire douter de la vérité des pensées que nous avons étant éveillés. Car, s'il arrivait même en dormant qu'on eût quelque idée fort distincte, comme, par exemple, qu'un géomètre inventât quelque nouvelle démonstration, son sommeil ne l'empêcherait pas d'être vraie. Et pour l'erreur la plus ordinaire de nos songes, qui consiste en ce qu'ils nous représentent divers objets en même façon que font nos sens extérieurs, n'importe pas qu'elle nous donne occasion de nous défier de la vérité de telles idées, à cause qu'elles peuvent aussi nous tromper assez souvent sans que nous dormions ; comme lorsque ceux qui ont la jaunisse voient tout de couleur jaune, ou que les astres ou autres corps fort éloignés nous paraissent beaucoup plus petits qu'ils ne sont. Car enfin, soit que nous veillions, soit que nous dormions, nous ne nous devons jamais laisser persuader qu'à l'évidence de notre raison[143]. Et il est à remarquer que je dis de notre raison, et non point de notre imagination ni de nos sens. Comme, encore que nous voyions le soleil très clairement, nous ne devons pas juger pour cela qu'il ne soit que de la grandeur que nous le voyons ; et nous pouvons bien imaginer distinctement une tête de lion entée sur le corps

d'une chèvre, sans qu'il faille conclure pour cela qu'il y
ait au monde une Chimère ; car la raison ne nous dicte
point que ce que nous voyons ou imaginons ainsi soit
véritable, mais elle nous dicte[144] bien que toutes nos
idées ou notions doivent avoir quelque fondement de
vérité ; car il ne serait pas possible que Dieu, qui est tout
parfait et tout véritable, les eût mises en nous sans cela.
Et, pour ce que nos raisonnements ne sont jamais si
évidents ni si entiers pendant le sommeil que pendant la
veille, bien que quelquefois nos imaginations soient
alors autant ou plus vives et expresses, elle nous dicte
aussi que nos pensées ne pouvant être toutes vraies, à
cause que nous ne sommes pas tout parfaits, ce qu'elles
ont de vérité doit infailliblement se rencontrer en celles
que nous avons étant éveillés, plutôt qu'en nos songes.

Notes de la quatrième partie

101. A la fin des *secondes Réponses*, Descartes préci-
sera l'originalité de cette expérience de pensée et justi-
fiera l'écriture des *Méditations métaphysiques* « ... j'ai
plutôt écrit des Méditations que des disputes ou des
questions, comme font les philosophes, ou bien des
théorèmes ou des problèmes, comme les géomètres, afin
de témoigner par là que je n'ai écrit que pour ceux qui se
voudront donner la peine de méditer avec moi sérieusement et considérer les choses avec attention » (G.F.,
255).

Ni « philosophe », ni « géomètre », Descartes suit,
dans la *méditation*, non l'ordre de la synthèse, mais celui
de l'*analyse*, qui « montre la vraie voie par laquelle une
chose a été méthodiquement inventée, et fait voir comment les effets dépendent des causes » (*ibid.*, 253).

102. Après son arrivée en Hollande, Descartes a

commencé en 1629, un petit traité de métaphysique (perdu). D'où l'intérêt de cette quatrième partie, avant le texte des *Méditations*.

103. Le titre de l'ouvrage de 1641 dira : *Meditationes de prima philosophia...*, rendu par : *Les Méditations métaphysiques touchant la première philosophie...* « Métaphysiques » renvoie à la *philosophie première* ; « si peu communes » évoque le côté abstrait, et « extravagant » de la démarche suivie, comme Descartes l'exprimera, en 1647, dans l'Avis du *Libraire au Lecteur* précédant les *Méditations* : « ... Ce livre contenant des méditations fort libres, et qui peuvent même sembler extravagantes à ceux qui ne sont pas accoutumés aux spéculations de la métaphysique... » (G.F., *Méditations*, 59).

104. Descartes expliquera que la métaphysique aide à trouver les fondements de la physique.

La *contrainte* dont il parle provient de ce que l'évidence peut mystifier le vrai ; c'est cette idée d'un divorce possible entre la certitude et la vérité qui produit chez Descartes un sentiment d'*étrangeté*, au sein même d'une exigence d'ordre métaphysique. Ce qu'il ressent comme une sorte d'*intensification* de la métaphysique provient d'une nécessité de *fonder autrement*.

105. Le passage du présent (début du paragraphe) à l'imparfait et au passé simple est à remarquer : le côté *rétrospectif* du doute est essentiel. Pour Descartes, on ne peut douter de ce qu'on conçoit clairement et distinctement *au moment où* on le conçoit (cf. lettre à Regius du 24 mai 1640).

106. Dans le doute, il y a deux aspects, bien décrits dans *La Recherche de la vérité* : d'une part, un travail de « démolition » propre à *renverser* les doctrines (Al. II, 1118, 1120, 1121) ; d'autre part, l'inverse : le point fixe : « de ce doute universel, comme d'un point fixe et immobile, je veux faire dériver la connaissance de Dieu, celle de vous-même, et enfin celle de toutes les choses qui existent dans la nature » (Al. II, 1122).

107. Des raisonnements erronés.

108. Ici, Descartes va plus loin que dans la règle 2 : il démolit « toutes les raisons » — même mathématiques, donc, et logiques.

109. Assez long développement sur ce thème dans *La Recherche de la vérité* : « N'avez-vous jamais ouï ce mot d'étonnement dedans les comédies : *Veillé-je, ou si je dors ?* Comment pouvez-vous être certain que votre vie n'est pas un songe continuel... » (Al. II, 1119).

Dans le *Discours*, Descartes n'utilise pas l'argument du « malin génie », comme il le fera dans la première méditation — peut-être par prudence. Mais l'argument du rêve, pour être plus commun, est-il moins puissant ? Ce sont bien « toutes les choses... entrées en l'esprit » qui sont « démolies » — pas moins !

110. Le danger est de rester dans des doutes trop « généraux » ; on approche alors « l'ignorance de Socrate, ou... l'incertitude des pyrrhoniens » (Al. II, 1119) ; mais, si l'on *effectue* vraiment le doute, alors il se révèle un passage, un « gué » : « J'avoue qu'il y aurait du danger, pour ceux qui ne connaissent pas le gué, de s'y hasarder sans conduite, et que plusieurs s'y sont perdus ; mais vous ne devez pas craindre d'y passer après moi » (*ibid.*, 1120).

111. Le « gué » est présenté ainsi : « Vous qui doutez vous existez, et cela est si vrai que vous n'en pouvez pas douter davantage... Vous existez donc, et vous savez que vous existez, vous le savez parce que vous doutez... » Et, plus loin : « *Je doute, donc j'existe* ; ou, ce qui est la même chose : *Je pense, donc j'existe* » (*ibid.* 1122-1123 ; 1135). On trouve dans la 2ᵉ *méditation* : « je suis, j'existe. »

Et, dans les *Principes*, I, 10, Descartes renvoie à la formulation du *Discours* : « Je pense, donc je suis. »

112. En particulier, par différence avec le *principe de contradiction*, comme il ressort de ce passage de *La Recherche de la vérité* : « vous devez commencer à voir qu'en sachant se servir convenablement de son doute on

peut en déduire des connaissances très certaines, et même plus certaines et plus utiles que toutes celles que nous appuyons ordinairement sur ce grand principe, dont nous faisons la base de toutes les connaissances et le centre auquel toutes se ramènent et aboutissent : il est impossible que dans le même instant une seule et même chose soit et ne soit pas » (Al. II, 1133).

En même temps, Descartes propose aussi le « premier *principe* », c'est-à-dire *fondement*, d'une autre philosophie : le « je pense, donc je suis », en tant que « vérité » *se produisant elle-même*, est principe *premier*, c'est-à-dire commencement. Il contient un principe d'autoproduction : *simultanément, je doute* produit *je pense* et *je suis*.

On peut donc tenir ces trois expressions pour équivalentes en tant que « fil conducteur ». Ce que fait Descartes.

113. Déjà, ici, le mouvement de la 2ᵉ *méditation* : passage du « *que* moi, qui le pensais, fusse quelque chose » à « *ce que* j'étais » ; c'est-à-dire passage du *quod* au *quid*, de l'*existence* à l'*essence* (ou « nature »).

114. Cf. *Principes*, I, § 5 : « Lorsque nous concevons la substance, nous concevons seulement une chose qui existe en telle façon qu'elle n'a besoin que de soi-même pour exister », et le titre du § 53 : « que chaque substance a un attribut principal, et que celui de l'âme est la pensée, comme l'extension est celui du corps. »

L'important est ce lien entre la substance et le « besoin » d'autoproduction.

115. La vérité qui s'exprime *simultanément* comme je doute = je pense = je suis, étant principe, ne peut être que l'acte d'une « substance », c'est-à-dire d'une chose qui s'autoproduit, dont l'essence n'est donc que la pensée. Descartes dira dans les 3ᵉ *Réponses* : « Il est certain que la pensée ne peut pas être sans une chose qui pense, et en général aucun accident ou aucun acte ne peut être sans une substance de laquelle il soit l'acte » (G.F., *Méditations*, 273).

Comme la pointe (« *acies mentis* ») qui rassemble, et recueille la simultanéité — se la rendant *présente* — constitue le « Je », ce « Je » est, par conséquent, *substance* : il est donc, comme Descartes dit, plus bas, un « moi » (l'âme). Et ce moi est « entièrement distinct du corps » (le doute m'a séparé du corps).

En 1641, dans la *Préface de l'Auteur au Lecteur* des *Méditations,* Descartes, évoquant une objection à propos de cette phrase, précise nettement que, pour l'esprit humain, se *connaître* n'être qu'une chose qui pense, *c'est en effet* n'être qu'une chose qui pense (*ibid.*, 54). « Selon l'ordre de ma pensée », comme il dit, se produit, dans l'immanence, ce renvoi du *je pense* au *je suis*, et du *je suis* au *je pense*. Ce renvoi est la substance, en tant qu'elle *se* pose.

116. Descartes explicite ici ce renvoi immanent qui se produit dans l'intériorité de l'*ego cogito* méditant.

Dans les *secondes Réponses,* il précise : « cette majeure : *tout ce qui pense est ou existe*... lui est enseignée de ce qu'il sent en lui-même, qu'il ne se peut pas faire qu'il pense, s'il n'existe » (*ibid.*, 242). Dans les *Principes*, Descartes en fait une « vérité éternelle » ou « notion commune » : « celui qui pense ne peut manquer d'être ou d'exister pendant qu'il pense » et il souligne que « ce sont seulement des vérités, et non pas des choses qui soient hors de notre pensée » (c'est pourquoi nous parlions d'immanence).

117. Le même mouvement (l'immanence pure du *je pense* comme sphère de vérité présentée comme « règle fondamentale ») est repris, plus tard, au § 2 de la 3e *méditation*, avec la même formulation.

Mais, dans notre texte, un peu plus loin, à la fin du § 7, l'évidence sera bien mise en question, et soumise à l'*assurance* divine, après que son rôle a été confirmé et analysé au § 5.

118. Commence ici un itinéraire de l'esprit vers Dieu ; d'abord, à partir de l'idée d'un être plus parfait ; puis à partir de ma « dépendance » (on parle d'une « preuve

de Dieu *a posteriori* » : mais faut-il ainsi *recouvrir* le texte ?).

A ce propos, Descartes précise dans *L'Entretien avec Burman* : « Cette partie du *Discours* renferme un abrégé des *Méditations* et c'est par elles qu'on doit l'éclaircir » (éd. Beyssade, 44). Dans cette phrase, aucune allusion au texte (perdu) de 1629, sur le « commencement de métaphysique ».

119. Burman cite ce passage et note, subtilement : « Voilà donc une connaissance qu'il a acquise indépendamment de toute considération de l'être parfait, et sa connaissance de Dieu n'a pas précédé la connaissance de soi » : l'idée de la perfection plus grande ne proviendrait donc pas, en dernière analyse, de Dieu. *Pourrait-on, en somme, se passer de la présupposition divine ?*

Descartes répond par une intéressante distinction entre l'*explicite* et l'*implicite*, et maintient que « c'est par la perfection de Dieu qu'il a connu sa propre imperfection — quoique, explicitement, il n'en soit rien, implicitement, c'est bien ainsi qu'il a procédé. Explicitement en effet, nous pouvons connaître notre imperfection avant la perfection de Dieu, puisque nous pouvons tourner notre attention vers nous avant de la tourner vers Dieu et conclure que nous sommes finis avant de conclure qu'il est infini. Mais, implicitement, la connaissance de Dieu et de ses perfections doit toujours précéder la connaissance de nous-mêmes et de nos imperfections... » (*ibid.*, 44 et 18).

120. Nature ou essence.

121. En réalité.

122. Pour ce qui est de leur origine, les idées des « choses hors de moi » sont des idées « adventices » (il y a aussi les idées « factices » et les idées « innées » — Cf. 3e *méditation*, début).

123. Descartes va parler de « dépendance », là où, dans les *Méditations* et *Réponses*, il parlera d'« effet », et de « cause ». Il n'y a pas, dans le *Discours*, de « preuve » de Dieu par la « causalité », comme dans la

3e *méditation* (et la proposition seconde dans l'exposé *more geometrico* qui suit les *secondes Réponses*).

124. Contradiction.

125. Descartes dit donc que l'idée d'un être plus parfait que le mien ne peut être « factice » (de *facere*, faire), c'est-à-dire fabriquée par moi-même (à partir de moi-même). L'argument n'a de sens qu'en tant que l'« idée » est prise dans sa fonction de renvoi et de représentation des choses, qu'en tant qu'on a égard à ce que Descartes nommera, dans la 3e *méditation*, la « réalité objective » de l'idée (c'est-à-dire à l'objet de l'idée en tant que, par représentation, il se trouve dans l'idée) — par différence avec l'idée comme « mode » de la « pensée ».

Pour tout ce passage, voir la *Préface de l'Auteur au Lecteur* des *Méditations* (G.F., 54). Si cette idée n'est ni « adventice », ni « factice », elle est donc « innée » — pour nous servir des termes de l'« éclaircissement » que sont les *Méditations*. Et *le fait* que j'aie en moi l'idée d'un être plus parfait que le mien prouve, par là même, que cet être existe.

126. Début d'un second cheminement vers Dieu, à partir de ma « dépendance ». Tout à l'heure, Descartes partait de « la plus grande perfection » qu'il connaissait ; maintenant, il part de perfections qu'il n'a « point » (ce qui présuppose la référence à la toute-perfection).

127. Car je ne suis pas *par essence*, comme Dieu, étant créé par lui.

128. On voit qu'en 1637 le concept *d'infini* n'est pas dégagé de celui de *perfection* (comme il le sera en 1641). De même, le principe de *causalité* n'est pas thématisé.

Ce passage fait transition pour aller vers la considération de la « nature », c'est-à-dire de l'essence, de Dieu (à partir de l'évocation de ces attributs) — et cela, depuis la connaissance de ma nature.

129. Descartes montre qu'en tant que dépendant, je suis d'une nature imparfaite (« indépendant », j'eusse été Dieu). Il y a donc une nature parfaite dont je dépends.

Et *s'il y a* dans le monde une nature imparfaite, alors, par là même, le lien de dépendance est rendu manifeste par le fait que pas « un seul moment » la nature imparfaite ne pourrait *subsister* sans être reliée à la *puissance*. Dépendre veut donc dire : dépendre de la puissance ; et en dépendre à chaque moment.

Le mouvement est donc : de l'existence à l'essence, puis à la puissance. Le cheminement de Descartes suit le chemin de l'*accomplissement* de la *perfection*.

130. Bon exemple de *cogitatio* au sens de « déduction » : « nous entendons par là tout ce qui se conclut nécessairement de certaines autres choses connues avec certitude... par un mouvement continu et ininterrompu de la pensée, qui prend de chaque terme une intuition claire » (règle 3 ; Al. I, 89).

131. « Indéfiniment » : Descartes fait une distinction originale entre *indéfini* et *infini* : « ...il n'y a rien que je nomme proprement infini, sinon ce en quoi de toutes parts je ne rencontre point de limite, auquel sens Dieu seul est infini. Mais les choses auxquelles sous quelque considération seulement je ne vois point de fin, comme l'étendue des espaces imaginaires... je les appelle *indéfinies* et non pas *infinies*, parce que de toutes parts elles ne sont pas sans fin ni sans limites » (*Méditations, premières Réponses*, G.F., 218).

132. Cf. note 117.

133. Le triangle ne suppose pas la nécessité de l'existence parmi ses propriétés ; mais, dans l'idée de Dieu, et de Dieu seul, il y a l'existence nécessaire. Donc l'existence de Dieu, en moi, ou hors moi, est « pour le moins aussi certaine... qu'aucune démonstration de géométrie le saurait être ».

Ici, les commentateurs parlent en général d'une « preuve *a priori* », et d'une reprise de l'« argument ontologique » ; mais l'important n'est-il pas l'originalité de Descartes, et la complexité toute pure de son texte ?

Il se passe quelque chose d'étrange dans ce nouveau cheminement vers Dieu : d'abord, Descartes arrive à

Dieu en partant des mathématiques (« l'objet des géomètres ») et en constatant comme un manque dans l'essence des êtres mathématiques (« je pris garde aussi qu'il n'y avait rien du tout en elles qui m'assurât de l'existence de leur objet ») ; ensuite, Descartes glisse deux expressions surprenantes : « pour le moins aussi certain », et, une ligne avant, « ou même encore plus évidemment » — deux expressions qui, en fait, sont là pour *préparer* ce qui va se passer à la fin du § 7 (l'appel à Dieu pour *assurer* la vérité de l'évidence).

Le plan de l'évidence commence à se dédoubler. Qu'est-ce que cette évidence « plus » évidente ? Y aurait-il une mystification dans l'évidence mathématique qui est pourtant *évidente* — tant qu'on suit « la règle... tantôt dite » — et qui nous porte à Dieu ? Y aurait-il un divorce possible entre la certitude et l'évidence vraie (cf. note 104) ?

134. A propos de ce doublet, P.A. Cahné, dans *Un autre Descartes*, explique que *est* dit la présence mentale, et que *existe* est un intensif indiquant qu'à l'idée de la chose correspond hors de moi la chose même. Le mot *exister*, chez Descartes, est proche du sens latin : sortir de, s'avancer (sur la scène) ; être élevé au-dessus de.

135. Pour ce passage, voir l'éclaircissement que fournissent la 5e *méditation* et les 5e *Réponses* aux objections contre la 5e *méditation*, § 2 : « ...l'existence nécessaire est vraiment en Dieu une propriété prise dans le sens le moins étendu, parce qu'elle convient à lui seul, et qu'il n'y a qu'en lui qu'elle fasse partie de l'essence » et, plus loin : « ...la démonstration qui prouve l'existence en Dieu est beaucoup plus simple et plus évidente que l'autre » (touchant le triangle et ses propriétés) *Méditations*, G.F., 370-371).

A l'arrière-plan de la menace qui plane sur l'évidence mathématique, il y a cette conséquence, selon Descartes, que, pour un athée, les mathématiques ne seraient pas une science certaine : « Or, *qu'un athée puisse connaître clairement que les trois angles d'un triangle sont égaux à deux droits*, je ne le nie pas ; mais je maintiens seulement qu'il ne le connaît pas par une vraie et certaine science... et jamais il ne sera hors du danger... si premièrement il ne reconnaît un Dieu » (*ibid.*, 242-243).

136. Descartes revient sur cette expression dans une lettre à Mersenne du 27 février 1637, à propos de ce qui rendrait sa « démonstration touchant l'existence de Dieu malaisée à entendre » ; il soutient qu'une explication plus complète aurait pu ne pas être entendue par les « esprits faibles » qui auraient d'abord embrassé « avidement les doutes », et auraient donc risqué d'y demeurer attachés. Quant à ses raisons, il les prétend « plus claires en elles-mêmes qu'aucune des démonstrations des géomètres ; en sorte qu'elles ne me semblent obscures qu'au regard de ceux qui ne savent pas *abducere mentem a sensibus* » (Al. I, 522, 523).

Même expression dans l'abrégé de la 1re *méditation*, et au début de la 4e *méditation*.

137. Sur ce thème capital, on peut relire les confessions de Descartes à la fin des 6e *Réponses* et les conseils de lecture des *Méditations*, « à cause que nous n'avons eu jusques ici aucune idée des choses qui appartiennent à l'esprit qui n'aient été très confuses et mêlées avec les idées des choses sensibles... » (2e *Réponses*, G.F., 235-236). La philosophie est ainsi une sorte de *contre-accoutumance*.

138. Travail de l'entendement opposé, comme dans la règle 3, à l'imagination et aux sens (cf. Al. I, 87).

139. A la fin des *Principes*, on retrouvera, amplifiée, la distinction entre deux sortes de *certitudes* : « La première est appelée morale, c'est-à-dire suffisante pour régler nos mœurs, ou aussi grande que celle des choses dont nous n'avons point coutume de douter touchant la conduite de la vie, bien que nous sachions qu'il se peut faire, absolument parlant, qu'elles soient fausses...

... L'autre sorte de certitude est lorsque nous pensons qu'il n'est aucunement possible que la chose soit autre que nous la jugeons » (*Principes*, IV, § 205-206 ; Al. III, 522-523).

140. Ici, comme disait magnifiquement Alain, « la Méthode se montre comme le poème de la foi » (*Eléments de philosophie*). Ce n'est pas que Descartes parle de religion ; c'est qu'il ait besoin d'une *certitude* digne de foi.

Nous assistons à une sorte de renversement : l'évidence a mené à la certitude ; mais c'est la certitude (que Dieu « est ou existe ») qui « assure » la « règle » que nous suivions.

Dieu est donc le maître absolu de la vérité ; l'erreur ne vient que de notre imperfection.

Descartes étend à toutes « nos idées ou notions » ce qu'il disait à Mersenne le 15 avril 1630 à propos des « vérités mathématiques » ou « vérités éternelles », à savoir qu'elles ont été créées par Dieu « et en dépendent entièrement, aussi bien que tout le reste des créatures ». Donc, Dieu peut les changer, car « sa puissance est incompréhensible ; et généralement nous pouvons bien assurer que Dieu peut faire tout ce que nous pouvons comprendre, mais non pas qu'il ne peut faire ce que nous ne pouvons pas comprendre » (Al. I, 259-261).

Cette extraordinaire accentuation de la liberté divine, qui, d'après Sartre, passera ensuite entièrement dans la théorie de la liberté humaine brossée dans les lettres au P. Mesland de 1644 et 1645, fera très peur aux « cartésiens » (à Spinoza, à Leibniz).

Descartes reparlera peu de la création des « vérités éternelles », en dehors des lettres des 6 et 27 mai 1630, mais l'idée de fond restera acquise : Dieu ne crée pas seulement les existences, mais les essences : « Je sais que Dieu est auteur de toutes choses, et que les vérités sont quelque chose, et par conséquent qu'il en est l'auteur. Je dis que je le sais, et non pas que je le conçois ni que je le comprends… car comprendre c'est embrasser de la pensée, mais pour savoir une chose, il suffit de la toucher de la pensée » (Al. I, 267).

141. A l'arrière-plan de cette phrase, il y a les questions du temps, et de la mémoire, comme le montre la glose de Descartes sur ce passage dans *L'Entretien avec Burman* : « Si en effet nous ignorions que toute vérité vient de Dieu, pour claires que fussent nos idées, nous ne saurions pas qu'elles sont vraies et qu'elles ne nous trompent pas, cela bien sûr lorsque nous ne nous tournerions pas vers elles et quand nous nous souviendrions seulement de les avoir clairement et distinctement perçues » (éd. Beyssade, p. 146).

142. Pour Descartes, c'est Dieu qui décide de la nature de la vérité ; mais nous sommes *assurés* qu'une fois fixée, il ne la changera pas. Cette thèse de l'*assurance* procurée par Dieu est énoncée, dans le *Discours*, remarque Jean Beaufret (*op. cit.*, II, 28), « après la démonstration de l'existence de Dieu et non pas avant ». N'est-ce pas pour éviter l'objection (qui lui sera faite après les *Méditations* où l'hypothèse d'un Dieu trompeur précède la démonstration de son existence) du "cercle vicieux" ? » (Cf. notre Dossier, sur ce point.)

143. Expression qui reprend celle d'« ajuster au niveau de la raison ». Descartes fait confiance à la lumière naturelle quand elle éclaire une évidence présente ; mais cette lumière est l'éclairage de la raison.

Il dira, dans la 3e *méditation* : « ... je ne saurais rien révoquer en doute de ce que la lumière naturelle me fait voir être vrai, ainsi qu'elle m'a tantôt fait voir que, de ce que je doutais, je pouvais conclure que j'étais » (G.F., 105). Cf. aussi *Principes*, I, § 43.

144. Ce qui compte, ce n'est pas la vivacité de l'impression (très forte dans le rêve) mais le travail d'éclaircissement qui porte le sensible à la transparence (au clair *et* au distinct).

L'évidence, donc, après une mise en question, est ajustée ici « au niveau de la raison » qui nous « dicte » comme nous « devons » être dans la vérité (le mot « dicter » est répété à trois reprises) qu'il s'agisse de la

sphère intellectuelle (démonstrations mathématiques)
ou *sensible*. Comme le dit bien J.-M. Beyssade, ici, la
raison épelle ce qui fait la lumière interne du sensible.
Elle nous met *vraiment* au monde.

CINQUIÈME PARTIE

Je serais bien aise de poursuivre, et de faire voir ici toute la chaîne des autres vérités que j'ai déduites de ces premières[145]. Mais, à cause que pour cet effet il serait maintenant besoin que je parlasse de plusieurs questions qui sont en controverse entre les doctes[146], avec lesquels je ne désire point me brouiller, je crois qu'il sera mieux que je m'en abstienne, et que je dise seulement en général quelles elles sont, afin de laisser juger aux plus sages s'il serait utile que le public[147] en fût plus particulièrement informé. Je suis toujours demeuré ferme en la résolution que j'avais prise de ne supposer aucun autre principe que celui dont je viens de me servir pour démontrer l'existence de Dieu et de l'âme, et de ne recevoir aucune chose pour vraie qui ne me semblât plus claire et plus certaine que n'avaient fait auparavant les démonstrations des géomètres. Et néanmoins j'ose dire que non seulement j'ai trouvé moyen de me satisfaire en peu de temps touchant toutes les principales difficultés dont on a coutume de traiter en la philosophie, mais aussi que j'ai remarqué certaines lois[148] que Dieu a tellement établies en la nature[149], et dont il a imprimé de telles notions en nos âmes[150], qu'après y avoir fait assez de réflexion nous ne saurions douter qu'elles ne soient exactement observées en tout ce qui est ou ce qui se fait dans le monde. Puis, en considérant la suite de ces lois, il me semble avoir découvert plusieurs vérités plus utiles et plus importantes que tout ce que j'avais appris auparavant ou même espéré d'apprendre.

Mais pour ce que j'ai tâché d'en expliquer les principales dans un traité[151] que quelques considérations m'empêchent de publier[152], je ne le saurais mieux faire connaître qu'en disant ici sommairement ce qu'il contient. J'ai eu dessein d'y comprendre tout ce que je pensais savoir, avant que de l'écrire, touchant la nature des choses matérielles. Mais, tout de même que les peintres, ne pouvant également bien représenter dans un tableau plat toutes les diverses faces d'un corps solide[153], en choisissent une des principales, qu'ils mettent seule vers le jour, et, ombrageant les autres, ne les font paraître qu'autant qu'on les peut voir en la regardant ; ainsi, craignant de ne pouvoir mettre en mon discours tout ce que j'avais en la pensée, j'entrepris seulement d'y exposer bien amplement ce que je concevais de la lumière[154] ; puis, à son occasion, d'y ajouter quelque chose du soleil et des étoiles fixes, à cause qu'elle en procède presque toute ; des cieux, à cause qu'ils la transmettent ; des planètes, des comètes et de la terre, à cause qu'elles la font réfléchir ; et en particulier de tous les corps qui sont sur la terre, à cause qu'ils sont ou colorés ou transparents ou lumineux ; et enfin de l'homme, à cause qu'il en est le spectateur. Même, pour ombrager un peu toutes ces choses, et pouvoir dire plus librement ce que j'en jugeais, sans être obligé de suivre ni de réfuter les opinions qui sont reçues entre les doctes, je me résolus de laisser tout ce monde ici à leurs disputes, et de parler seulement de ce qui arriverait dans un nouveau[155], si Dieu créait maintenant quelque part, dans les espaces imaginaires, assez de matière pour le composer, et qu'il agitât diversement et sans ordre les diverses parties de cette matière, en sorte qu'il en composât un chaos aussi confus que les poètes en puissent feindre[156], et que par après il ne fît autre chose que prêter son concours ordinaire à la nature, et la laisser agir suivant les lois qu'il a établies[157]. Ainsi, premièrement, je décrivis cette matière, et tâchai de la représenter telle qu'il n'y a rien au monde, ce me

semble, de plus clair ni plus intelligible, excepté ce qui a
tantôt été dit de Dieu et de l'âme[158] ; car même je
supposai expressément qu'il n'y avait en elle aucune de
ces formes ou qualités dont on dispute dans les écoles, ni
généralement aucune chose, dont la connaissance ne fût
si naturelle à nos âmes, qu'on ne pût pas même feindre
de l'ignorer. De plus, je fis voir quelles étaient les lois de
la nature ; et, sans appuyer mes raisons sur aucun autre
principe que sur les perfections infinies de Dieu[159], je
tâchai à démontrer toutes celles dont on eût pu avoir
quelque doute, et à faire voir qu'elles sont telles
qu'encore que Dieu aurait créé plusieurs mondes, il n'y
en saurait avoir aucun où elles manquassent d'être
observées. Après cela je montrai comment la plus
grande part de la matière de ce chaos devait, en suite de
ces lois, se disposer et s'arranger d'une certaine façon[160]
qui la rendait semblable à nos cieux ; comment cependant quelques-unes de ses parties devaient composer
une terre, et quelques-unes des planètes et des comètes,
et quelques autres un soleil et des étoiles fixes. Et ici,
m'étendant sur le sujet de la lumière, j'expliquai bien au
long quelle était celle qui se devait trouver dans le soleil
et les étoiles, et comment de là elle traversait en un
instant les immenses espaces des cieux, et comment elle
se réfléchissait des planètes et des comètes vers la terre.
J'y ajoutai aussi plusieurs choses touchant la substance,
la situation, les mouvements et toutes les diverses qualités de ces cieux et de ces astres ; en sorte que je pensais
en dire assez pour faire connaître qu'il ne se remarque
rien en ceux de ce monde, qui ne dût, ou du moins qui ne
pût[161], paraître tout semblable en ceux du monde que je
décrivais. De là je vins à parler particulièrement de la
terre[162] : comment, encore que j'eusse expressément
supposé que Dieu n'avait mis aucune pesanteur en la
matière dont elle était composée, toutes ses parties ne
laissaient pas de tendre exactement vers son centre[163] ;
comment, y ayant de l'eau et de l'air sur sa superficie, la
disposition des cieux et des astres, principalement de la

lune, y devait causer un flux et reflux qui fût semblable
en toutes ses circonstances à celui qui se remarque dans
nos mers ; et outre cela un certain cours, tant de l'eau
que de l'air, du levant vers le couchant, tel qu'on le
remarque aussi entre les tropiques ; comment les montagnes, les mers, les fontaines et les rivières pouvaient
naturellement s'y former, et les métaux y venir dans les
mines, et les plantes y croître dans les campagnes, et
généralement tous les corps qu'on nomme mêlés ou
composés s'y engendrer. Et entre autres choses, à cause
qu'après les astres je ne connais rien au monde que le feu
qui produise de la lumière, je m'étudiai à faire entendre
bien clairement tout ce qui appartient à sa nature,
comment il se fait, comment il se nourrit, comment il n'a
quelquefois que de la chaleur sans lumière, et quelquefois que de la lumière sans chaleur ; comment il peut
introduire diverses couleurs en divers corps, et diverses
autres qualités ; comment il en fond quelques-uns et en
durcit d'autres ; comment il les peut consumer presque
tous ou convertir en cendres ou en fumée ; et enfin
comment de ces cendres, par la seule violence de son
action, il forme du verre ; car cette transmutation de
cendres en verre me semblant être aussi admirable
qu'aucune autre qui se fasse en la nature, je pris particulièrement plaisir à la décrire.

Toutefois je ne voulais pas inférer de toutes ces choses
que ce monde ait été créé en la façon que je proposais ;
car il est bien plus vraisemblable que, dès le commencement, Dieu l'a rendu tel qu'il devait être[164]. Mais il est
certain, et c'est une opinion communément reçue entre
les théologiens, que l'action par laquelle maintenant il le
conserve est toute la même que celle par laquelle il l'a
créé ; de façon qu'encore qu'il ne lui aurait point donné,
au commencement, d'autre forme que celle du chaos[165],
pourvu qu'ayant établi les lois de la nature il lui prêtât
son concours pour agir ainsi qu'elle a coutume[166], on
peut croire, sans faire tort au miracle de la création, que
par cela seul toutes les choses qui sont purement maté-

rielles auraient pu, avec le temps[167], s'y rendre telles que nous les voyons à présent. Et leur nature est bien plus aisée à concevoir lorsqu'on les voit naître peu à peu[168] en cette sorte, que lorsqu'on ne les considère que toutes faites.

De la description des corps inanimés et des plantes je passai à celle des animaux, et particulièrement à celle des hommes[169]. Mais pour ce que je n'en avais pas encore assez de connaissance pour en parler du même style que du reste, c'est-à-dire en démontrant les effets par les causes[170], et faisant voir de quelles semences et en quelle façon la nature les doit produire, je me contentai de supposer que Dieu formât le corps d'un homme[171] entièrement semblable à l'un des nôtres, tant en la figure extérieure de ses membres qu'en la conformation intérieure de ses organes, sans le composer d'autre matière que de celle que j'avais décrite, et sans mettre en lui au commencement aucune âme raisonnable, ni aucune autre chose pour y servir d'âme végétante ou sensitive, sinon qu'il excitât en son cœur un de ces feux sans lumière[172] que j'avais déjà expliqués, et que je ne concevais point d'autre nature que celui qui échauffe le foin lorsqu'on l'a refermé avant qu'il fût sec, ou qui fait bouillir les vins nouveaux lorsqu'on les laisse cuver sur la râpe. Car, examinant les fonctions qui pouvaient en suite de cela être dans ce corps, j'y trouvais exactement toutes celles qui peuvent être en nous sans que nous y pensions, ni par conséquent que notre âme, c'est-à-dire cette partie distincte du corps dont il a été dit ci-dessus que la nature n'est que de penser, y contribue, et qui sont toutes les mêmes en quoi on peut dire que les animaux sans raison nous ressemblent, sans que j'y en pusse pour cela trouver aucune de celles qui, étant dépendantes de la pensée, sont les seules qui nous appartiennent en tant qu'hommes, au lieu que je les y trouvais toutes par après, ayant supposé que Dieu créât une âme raisonnable, et qu'il la joignît à ce corps en certaine façon que je décrivais[173].

Mais afin qu'on puisse voir en quelle sorte j'y traitais cette matière, je veux mettre ici l'explication du mouvement du cœur et des artères, qui étant le premier et le plus général qu'on observe dans les animaux, on jugera facilement de lui ce qu'on doit penser de tous les autres[174]. Et, afin qu'on ait moins de difficulté à entendre ce que j'en dirai, je voudrais que ceux qui ne sont point versés en l'anatomie prissent la peine, avant que de lire ceci, de faire couper devant eux le cœur de quelque grand animal qui ait des poumons, car il est en tout assez semblable à celui de l'homme, et qu'ils se fissent montrer les deux chambres ou concavités[175] qui y sont. Premièrement celle qui est dans son côté droit, à laquelle répondent deux tuyaux fort larges, à savoir: la veine cave, qui est le principal réceptacle du sang, et comme le tronc de l'arbre dont toutes les autres veines du corps sont les branches; et la veine artérieuse[176], qui a été ainsi mal nommée, pour ce que c'est en effet une artère, laquelle, prenant son origine du cœur, se divise, après en être sortie, en plusieurs branches qui vont se répandre partout dans les poumons. Puis celle qui est dans son côté gauche, à laquelle répondent en même façon deux tuyaux qui sont autant ou plus larges que les précédents, à savoir: l'artère veineuse[177], qui a été aussi mal nommée, à cause qu'elle n'est autre chose qu'une veine, laquelle vient des poumons, où elle est divisée en plusieurs branches entrelacées avec celles de la veine artérieuse; et celles de ce conduit qu'on nomme le sifflet[178] par où entre l'air de la respiration; et la grande artère[179] qui, sortant du cœur, envoie ses branches par tout le corps. Je voudrais aussi qu'on leur montrât soigneusement les onze petites peaux[180] qui, comme autant de petites portes, ouvrent et ferment les quatre ouvertures qui sont en ces deux concavités, à savoir: trois à l'entrée de la veine cave, où elles sont tellement disposées qu'elles ne peuvent aucunement empêcher que le sang qu'elles contiennent ne coule dans la concavité droite du cœur, et toutefois empêchent exactement

qu'il n'en puisse sortir ; trois à l'entrée de la veine
artérieuse, qui, étant disposées tout au contraire, permettent bien au sang qui est dans cette concavité de
passer dans les poumons, mais non pas à celui qui est
dans les poumons d'y retourner ; et ainsi deux autres à
l'entrée de l'artère veineuse, qui laissent couler le sang
des poumons vers la concavité gauche du cœur, mais
s'opposent à son retour ; et trois à l'entrée de la grande
artère, qui lui permettent de sortir du cœur, mais
l'empêchent d'y retourner. Et il n'est pas besoin de
chercher d'autre raison du nombre de ces peaux, sinon
que l'ouverture de l'artère veineuse étant en ovale, à
cause du lieu où elle se rencontre, peut être commodément fermée avec deux, au lieu que les autres, étant
rondes, le peuvent mieux être avec trois. De plus, je
voudrais qu'on leur fît considérer que la grande artère et
la veine artérieuse sont d'une composition beaucoup
plus dure et plus ferme que ne sont l'artère veineuse et la
veine cave ; et que ces deux dernières s'élargissent avant
que d'entrer dans le cœur, et y font comme deux
bourses, nommées les oreilles du cœur[181], qui sont
composées d'une chair semblable à la sienne ; et qu'il y a
toujours plus de chaleur dans le cœur qu'en un autre
endroit du corps ; et enfin que cette chaleur est capable
de faire que s'il entre quelque goutte de sang en ses
concavités, il s'enfle promptement et se dilate, ainsi que
font généralement toutes les liqueurs lorsqu'on les laisse
tomber goutte à goutte en quelque vaisseau[182] qui est
fort chaud.

Car, après cela, je n'ai besoin de dire autre chose pour
expliquer le mouvement du cœur, sinon que lorsque ses
concavités ne sont pas pleines de sang, il y en coule
nécessairement de la veine cave dans la droite et de
l'artère veineuse dans la gauche ; d'autant que ces deux
vaisseaux en sont toujours pleins, et que leurs ouvertures, qui regardent vers le cœur, ne peuvent alors être
bouchées ; mais que sitôt qu'il est entré ainsi deux
gouttes de sang, une en chacune de ses concavités, ces

gouttes, qui ne peuvent être que fort grosses, à cause que
les ouvertures par où elles entrent sont fort larges, et les
vaisseaux d'où elles viennent fort pleins de sang, se
raréfient et se dilatent à cause de la chaleur qu'elles y
trouvent ; au moyen de quoi, faisant enfler tout le cœur,
elles poussent et ferment les cinq petites portes[183] qui
sont aux entrées des deux vaisseaux d'où elles viennent,
empêchant ainsi qu'il ne descende davantage de sang
dans le cœur, et, continuant à se raréfier de plus en plus,
elles poussent et ouvrent les six autres petites portes qui
sont aux entrées des deux autres vaisseaux par où
elles sortent, faisant enfler[184] par ce moyen toutes les
branches de la veine artérieuse et de la grande artère,
quasi au même instant que le cœur, lequel incontinent
après se désenfle, comme font aussi ces artères à cause
que le sang qui y est entré s'y refroidit ; et leurs six
petites portes se referment, et les cinq de la veine cave et
de l'artère veineuse se rouvrent, et donnent passage à
deux autres gouttes de sang qui font derechef enfler le
cœur et les artères, tout de même que les précédentes.
Et pour ce que le sang, qui entre ainsi dans le cœur,
passe par ces deux bourses qu'on nomme ses oreilles, de
là vient que leur mouvement est contraire au sien, et
qu'elles se désenflent lorsqu'il s'enfle. Au reste, afin que
ceux qui ne connaissent pas la force des démonstrations
mathématiques, et ne sont pas accoutumés à distinguer
les vraies raisons des vraisemblables, ne se hasardent pas
de nier ceci sans l'examiner, je les veux avertir que ce
mouvement que je viens d'expliquer suit aussi nécessairement de la seule disposition des organes qu'on peut
voir à l'œil dans le cœur, et de la chaleur qu'on y peut
sentir avec les doigts, et de la nature du sang qu'on peut
connaître par expérience, que fait celui d'une horloge,
de la force, de la situation et de la figure de ses contre-
poids et de ses roues[185].

Mais si on demande comment le sang des veines ne
s'épuise point, en coulant ainsi continuellement dans le
cœur, et comment les artères n'en sont point trop rem-

plies, puisque tout celui qui passe par le cœur s'y va
rendre, je n'ai pas besoin d'y répondre autre chose que
ce qui a déjà été écrit par un médecin d'Angleterre,
auquel il faut donner la louange d'avoir rompu la glace
en cet endroit[186], et d'être le premier qui a enseigné qu'il
y a plusieurs petits passages aux extrémités des artères,
par où le sang qu'elles reçoivent du cœur entre dans les
petites branches des veines, d'où il va se rendre derechef
vers le cœur ; en sorte que son cours n'est autre chose
qu'une circulation perpétuelle. Ce qu'il prouve fort bien
par l'expérience ordinaire des chirurgiens, qui, ayant lié
le bras médiocrement fort, au-dessus de l'endroit où ils
ouvrent la veine, font que le sang en sort plus abondam-
ment que s'ils ne l'avaient point lié. Et il arriverait tout le
contraire s'ils le liaient au-dessous entre la main et
l'ouverture, ou bien qu'ils le liassent très fort au-dessus.
Car il est manifeste que le lien, médiocrement serré,
pouvant empêcher que le sang qui est déjà dans le bras
ne retourne vers le cœur par les veines, n'empêche pas
pour cela qu'il n'y en vienne toujours de nouveau par les
artères, à cause qu'elles sont situées au-dessous des
veines, et que leurs peaux, étant plus dures, sont moins
aisées à presser, et aussi que le sang qui vient du cœur
tend avec plus de force à passer par elles vers la main
qu'il ne fait à retourner de là vers le cœur par les veines.
Et puisque ce sang sort du bras par l'ouverture qui est en
l'une des veines, il doit nécessairement y avoir quelque
passage au-dessous du lien, c'est-à-dire vers les extrémités du bras, par où il y puisse venir des artères. Il prouve
aussi fort bien ce qu'il dit du cours du sang, par certaines
petites peaux qui sont tellement disposées en divers lieux
le long des veines, qu'elles ne lui permettent point d'y
passer du milieu du corps vers les extrémités, mais
seulement de retourner des extrémités vers le cœur ; et
de plus, par l'expérience qui montre que tout celui qui
est dans le corps en peut sortir en fort peu de temps par
une seule artère lorsqu'elle est coupée, encore même
qu'elle fût étroitement liée, fort proche du cœur, et

coupée entre lui et le lien, en sorte qu'on n'eût aucun sujet d'imaginer que le sang qui en sortirait vînt d'ailleurs.

Mais il y a plusieurs autres choses qui témoignent que la vraie cause de ce mouvement du sang est celle que j'ai dite. Comme, premièrement, la différence qu'on remarque entre celui qui sort des veines et celui qui sort des artères ne peut procéder que de ce qu'étant raréfié et comme distillé en passant par le cœur, il est plus subtil[187] et vif, et plus chaud incontinent après qu'il en est sorti, c'est-à-dire étant dans les artères, qu'il n'est un peu devant que d'y entrer, c'est-à-dire étant dans les veines. Et si on y prend garde, on trouvera que cette différence ne paraît bien que vers le cœur et non point tant aux lieux qui en sont les plus éloignés. Puis la dureté des peaux, dont la veine artérieuse et la grande artère sont composées, montre assez que le sang bat contre elles avec plus de force que contre les veines. Et pourquoi la concavité gauche du cœur et la grande artère seraient-elles plus amples et plus larges que la concavité droite et la veine artérieuse, si ce n'était que le sang de l'artère veineuse, n'ayant été que dans les poumons depuis qu'il a passé par le cœur, est plus subtil et se raréfie plus fort et plus aisément, que celui qui vient immédiatement de la veine cave ? Et qu'est-ce que les médecins peuvent deviner en tâtant le pouls, s'ils ne savent que, selon que le sang change de nature, il peut être raréfié par la chaleur du cœur plus ou moins fort et plus ou moins vite qu'auparavant ? Et si on examine comment cette chaleur se communique aux autres membres, ne faut-il pas avouer que c'est par le moyen du sang qui, passant par le cœur, s'y réchauffe et se répand de là par tout le corps ? D'où vient que si on ôte le sang de quelque partie, on en ôte par le même moyen la chaleur ; et encore que le cœur fût aussi ardent qu'un fer embrasé, il ne suffirait pas pour réchauffer les pieds et les mains tant qu'il fait s'il n'y envoyait continuellement de nouveau sang. Puis aussi on connaît de là, que le vrai usage de la respiration est d'apporter assez d'air frais dans le poumon, pour faire que le sang qui y vient de la concavité droite du cœur, où il a été raréfié et comme changé en vapeurs, s'y épaississe et convertisse en sang derechef, avant que de retomber dans la gauche, sans quoi il ne pourrait être propre à servir de nourriture au feu qui y est. Ce qui se confirme par ce qu'on voit que les animaux qui n'ont point de poumons n'ont aussi qu'une seule concavité dans le cœur, et que les enfants, qui n'en peuvent user pendant qu'ils sont renfermés au ventre de leurs mères, ont une ouverture par où il coule du sang de la veine cave en la concavité gauche du cœur, et un conduit par où il en vient de la veine artérieuse en la grande artère, sans passer par le poumon. Puis la coction[188], comment se ferait-elle en l'estomac, si le cœur n'y envoyait de la chaleur par les artères, et avec cela quelques-unes des plus coulantes parties du sang qui aident à dissoudre les viandes[189] qu'on y a mises ? Et l'action qui convertit le suc de ces viandes en sang n'est-elle pas aisée à connaître si on considère qu'il se distille en passant et repassant par le cœur peut-être plus de cent ou deux cents fois en chaque jour ? Et qu'a-t-on besoin d'autre chose pour expliquer la nutrition et la production des diverses humeurs qui sont dans le corps, sinon de dire que la force dont le sang en se raréfiant passe du cœur vers les extrémités des artères, fait que quelques-unes de ses parties s'arrêtent entre celles des membres où elles se trouvent, et y prennent la place de quelques autres qu'elles en chassent, et que, selon la situation, ou la figure, ou la petitesse des portes qu'elles rencontrent, les unes se vont rendre en certains lieux plutôt que les autres, en même façon que chacun peut avoir vu divers cribles qui, étant diversement percés, servent à séparer divers grains les uns des autres ? Et enfin, ce qu'il y a de plus remarquable en tout ceci, c'est la génération des esprits animaux[190], qui sont comme un vent très subtil, ou plutôt comme une flamme très pure et très vive, qui, montant continuellement en grande abondance du cœur dans le cerveau, se va rendre de là par les nerfs dans les muscles et donne le mouvement à tous les membres ; sans qu'il faille imaginer d'autre cause qui fasse que les parties du sang qui, étant les plus agitées et les plus pénétrantes, sont les plus propres à composer ces esprits, se vont rendre plutôt vers le cerveau que vers ailleurs, sinon que les artères qui les y portent sont celles qui viennent du cœur le plus en ligne droite de toutes, et que, selon les règles des mécaniques, qui sont les mêmes que celles de la nature, lorsque plusieurs choses tendent ensemble à se mouvoir vers un même côté où il n'y a pas assez de place pour toutes, ainsi que les parties du sang sortant de la concavité gauche du cœur tendent vers le cerveau, les plus faibles et moins agitées en doivent être détournées par les plus fortes qui, par ce moyen, s'y vont rendre seules.

J'avais expliqué assez particulièrement toutes ces choses dans le traité que j'avais eu ci-devant dessein de publier. Et ensuite j'y avais montré quelle doit être la fabrique[191] des nerfs des muscles du corps humain, pour faire que les esprits animaux étant dedans aient la force de mouvoir ses membres, ainsi qu'on voit que les têtes, un peu après avoir été coupées, se remuent encore et mordent la terre, nonobstant qu'elles ne soient plus animées ; quels changements se doivent faire dans le cerveau pour causer la veille, et le sommeil, et les songes ; comment la lumière, les sons, les odeurs, les goûts, la chaleur, et toutes les autres qualités des objets extérieurs y peuvent imprimer diverses idées par l'entremise des sens ; comment la faim, la soif, et les autres passions intérieures y peuvent aussi envoyer les leurs ; ce qui doit y être pris pour le sens commun[192] où ces idées sont reçues ; pour la mémoire qui les conserve ; et pour la fantaisie qui les peut diversement changer et en composer de nouvelles, et, par même moyen, distribuant les esprits animaux dans les muscles, faire mouvoir les membres de ce corps en autant de diverses façons, et autant à propos des objets qui se présentent à ses sens et des passions intérieures qui sont en lui, que les nôtres se puissent mouvoir sans que la volonté les conduise. Ce qui ne semblera nullement étrange à ceux qui, sachant combien de divers *automates*, ou machines mouvantes[193], l'industrie des hommes peut faire, sans y employer que fort peu de pièces, à comparaison de la grande multitude des os, des muscles, des nerfs, des artères, des veines, et de toutes les autres parties qui sont dans le corps de chaque animal, considéreront ce corps comme une machine qui, ayant été faite des mains de Dieu, est incomparablement mieux ordonnée et a en soi des mouvements plus admirables qu'aucune de celles qui peuvent être inventées par les hommes[194].

Et je m'étais ici particulièrement arrêté[195] à faire voir que, s'il y avait de telles machines qui eussent les organes et la figure d'un singe ou de quelque autre animal sans raison, nous n'aurions aucun moyen pour reconnaître qu'elles ne seraient pas en tout de même nature que ces animaux ; au lieu que, s'il y en avait qui eussent la ressemblance de nos corps, et imitassent autant nos actions que moralement[196] il serait possible, nous aurions toujours deux moyens très certains pour reconnaître qu'elles ne seraient point pour cela de vrais hommes[197]. Dont le premier est que jamais elles ne pourraient user de paroles ni d'autres signes en les composant, comme nous faisons pour déclarer aux autres nos pensées. Car on peut bien concevoir qu'une machine soit tellement faite qu'elle profère des paroles, et même qu'elle en profère quelques-unes à propos des actions corporelles qui causeront quelques changements en ses organes ; comme si on la touche en quelque endroit, qu'elle demande ce qu'on veut lui dire, si en un autre, qu'elle crie qu'on lui fait mal, et choses sem- blables ; mais non pas qu'elle les arrange diversement pour répondre au sens de tout ce qui se dira en sa présence, ainsi que les hommes les plus hébétés peuvent faire[198]. Et le second est que, bien qu'elles fissent plu- sieurs choses aussi bien ou peut-être mieux qu'aucun de

nous[199], elles manqueraient infailliblement en quelques
autres, par lesquelles on découvrirait qu'elles n'agiraient
pas par connaissance, mais seulement par la disposition
de leurs organes. Car, au lieu que la raison[200] est un
instrument universel qui peut servir en toutes sortes de
rencontres, ces organes ont besoin de quelque particulière disposition pour chaque action particulière ; d'où
vient qu'il est moralement impossible qu'il y en ait assez
de divers en une machine, pour la faire agir en toutes les
occurrences de la vie de même façon que notre raison
nous fait agir. Or, par ces deux mêmes moyens, on peut
aussi connaître la différence qui est entre les hommes et
les bêtes. Car c'est une chose bien remarquable qu'il n'y
a point d'hommes si hébétés et si stupides, sans en
excepter même les insensés, qu'ils ne soient capables
d'arranger ensemble diverses paroles, et d'en composer
un discours par lequel ils fassent entendre leurs pensées ;
et qu'au contraire il n'y a point d'autre animal, tant
parfait et tant heureusement né qu'il puisse être, qui
fasse le semblable[201]. Ce qui n'arrive pas de ce qu'ils ont
faute d'organes, car on voit que les pies et les perroquets
peuvent proférer des paroles ainsi que nous, et toutefois
ne peuvent parler ainsi que nous, c'est-à-dire en témoi-
gnant qu'ils pensent ce qu'ils disent[202] ; au lieu que les
hommes qui, étant nés sourds et muets, sont privés des
organes qui servent aux autres pour parler, autant ou
plus que les bêtes, ont coutume d'inventer d'eux-mêmes
quelques signes par lesquels ils se font entendre à ceux
qui étant ordinairement avec eux ont loisir d'apprendre
leur langue. Et ceci ne témoigne pas seulement que les
bêtes ont moins de raison que les hommes, mais qu'elles
n'en ont point du tout[203]. Car on voit qu'il n'en faut que
fort peu pour savoir parler ; et d'autant qu'on remarque
de l'inégalité entre les animaux d'une même espèce aussi
bien qu'entre les hommes, et que les uns sont plus aisés à
dresser que les autres, il n'est pas croyable qu'un singe
ou un perroquet qui serait des plus parfaits de son espèce
n'égalât en cela un enfant des plus stupides, ou du moins

un enfant qui aurait le cerveau troublé, si leur âme n'était d'une nature du tout différente de la nôtre. Et on ne doit pas confondre les paroles avec les mouvements naturels qui témoignent les passions, et peuvent être imités par des machines aussi bien que par des animaux ; ni penser, comme quelques anciens, que les bêtes parlent, bien que nous n'entendions pas leur langage. Car, s'il était vrai, puisqu'elles ont plusieurs organes qui se rapportent aux nôtres, elles pourraient aussi bien se faire entendre à nous qu'à leurs semblables. C'est aussi une chose fort remarquable que, bien qu'il y ait plusieurs animaux qui témoignent plus d'industrie que nous en quelques-unes de leurs actions, on voit toutefois que les mêmes n'en témoignent pas du tout en beaucoup d'autres : de façon que ce qu'ils font mieux que nous ne prouve pas qu'ils ont de l'esprit, car à ce compte ils en auraient plus qu'aucun de nous, et feraient mieux en toute autre chose ; mais plutôt qu'ils n'en ont point, et que c'est la nature qui agit en eux selon la disposition de leurs organes : ainsi qu'on voit qu'une horloge[204], qui n'est composée que de roues et de ressorts, peut compter les heures et mesurer le temps plus justement que nous avec toute notre prudence.

J'avais décrit, après cela, l'âme raisonnable[205], et fait voir qu'elle ne peut aucunement être tirée de la puissance de la matière, ainsi que les autres choses dont j'avais parlé, mais qu'elle doit expressément être créée, et comment il ne suffit pas qu'elle soit logée dans le corps humain, ainsi qu'un pilote en son navire, sinon peut-être pour mouvoir ses membres, mais qu'il est besoin qu'elle soit jointe et unie plus étroitement avec lui[206], pour avoir outre cela des sentiments et des appétits semblables aux nôtres[207], et ainsi composer un vrai homme[208]. Au reste, je me suis ici un peu étendu sur le sujet de l'âme à cause qu'il est des plus importants ; car, après l'erreur de ceux qui nient Dieu, laquelle je pense avoir ci-dessus assez réfutée, il n'y en a point qui éloigne plutôt les esprits faibles du droit chemin de la vertu que d'imaginer que l'âme des bêtes soit de même nature que la nôtre, et que par conséquent nous n'avons rien à craindre ni à espérer après cette vie, non plus que les mouches et les fourmis ; au lieu que, lorsqu'on sait combien elles diffèrent, on comprend beaucoup mieux les raisons qui prouvent que la nôtre est d'une nature entièrement indépendante du corps, et par conséquent qu'elle n'est point sujette à mourir avec lui ; puis, d'autant qu'on ne voit point d'autres causes qui la détruisent, on est porté naturellement à juger de là qu'elle est immortelle[209].

Notes de la cinquième partie

145. Donc la physique, dont il va être question, est bien fondée sur la métaphysique.

146. Les érudits, les savants (opposé ici à « les plus sages »).

147. Le peuple pris en général.

148. Descartes annonce le mouvement de ce qui va suivre : du « principe » à « certaines lois » (de la nature) ; des lois aux « vérités plus utiles et plus importantes ». Le plus important est la « résolution » de n'avoir comme principe que l'ajustement « au niveau de la raison » (cf. notes 142 et 144).

149. Au chapitre 7 du *Traité du Monde*, Descartes précise : « ...par la Nature je n'entends point ici quelque Déesse, ou quelque autre sorte de puissance imaginaire mais... je me sers de ce mot pour signifier la matière même en tant que je la considère avec toutes les qualités que je lui ai attribuées comprises toutes ensemble, et sous cette condition que Dieu continue de la conserver en la même façon qu'il l'a créée » (Al. I, 349-350). Et, un peu plus loin : « ... Dieu qui, comme chacun doit savoir, est immuable, agit toujours de même façon » (*ibid.*, 351).

150. Cette expression retrouve l'idée de l'extraordinaire lettre à Mersenne du 15 avril 1630 : « ... c'est Dieu qui a établi ces lois en la nature, ainsi qu'un roi établit des lois en son royaume.

Or il n'y en a aucune en particulier que nous ne puissions comprendre, si notre esprit se porte à la considérer, et elles sont toutes *innées en nos esprits* (en latin dans le texte), ainsi qu'un roi imprimerait ses lois dans le cœur de tous ses sujets, s'il en avait aussi bien le pouvoir » (Al. I, 260).

Plus tard, toujours à Mersenne, il dit, le 20 février 1639, que la « nature agit en tout suivant les lois exactes de la mécanique ».

La meilleure méthode est de déduire les lois physiques à partir des idées innées.

151. Allusion à un texte rédigé entre 1629 et 1633 dont il est resté *Le Monde* ou *Traité de la lumière* et, à la suite, le *Traité de l'Homme* (publié en 1662).

152. Descartes a appris la condamnation de Galilée par le Saint-Office, à propos de thèses touchant le mouvement de la Terre, en novembre 1633. Il écrit à Mersenne : « ...s'il est faux, tous les fondements de ma Philosophie le sont aussi, car il se démontre par eux évidemment. » Comme cette thèse est reliée au reste de son système, et est controversée, on risquerait alors de confondre une science *plus certaine* et les « opinions en Philosophie qui ont de l'apparence, et qui peuvent être soutenues en dispute ». En ce cas, dit-il, « je ne les veux jamais publier » (fin novembre 1633 ; Al. I, 488). Pourtant, Descartes tient à son texte, et espère : « ... Je ne perds pas tout à fait espérance... que mon Monde ne puisse voir le jour avec le temps » (avril 1634 ; *ibid.*, 497).

153. On pense, bien sûr, à l'expression de la première partie du *Discours* : « comme en un tableau ».

Curieusement, Descartes insiste sur une sorte d'insuffisance : « ne pouvant également bien représenter dans un tableau plat toutes les diverses faces d'un corps solide », laquelle va exiger un *choix*, qui entraînera une

opposition entre mettre « vers le jour » et « ombrager » ; ainsi la peinture (plutôt que la sculpture) permet-
elle d'approfondir la question des *conditions* de la représentation (à cause de ses limites).

A l'arrière-plan se trouve le problème de la ressemblance, sur lequel Descartes ouvrait son *Traité du
Monde* : « ...encore que chacun se persuade communément que les idées que nous avons en notre pensée sont
entièrement semblables aux objets dont elles procèdent,
je ne vois point toutefois de raison qui nous assure
que cela soit ; mais je remarque, au contraire, plusieurs expériences qui nous en doivent faire douter »
(Al. I, 315).

Il est très important de rompre avec ce préjugé sensible pour pouvoir comprendre le monde en l'ajustant à
« l'évidence de la raison ».

La peinture n'est donc pas vue par Descartes comme
un genre mimétique, mais comme une rupture avec la
nature telle qu'elle permette d'en produire une re-pré-
sentation — laquelle n'a pas besoin d'être ressemblante
pour être vraie, au contraire... (cf. *Dioptrique* IV, à
propos des gravures : « pour être plus parfaites en qualité d'images, et représenter mieux un objet, elles
doivent ne lui pas ressembler » ; Al. I, 685).

154. Il y a le tableau, la lumière, et « le spectateur »
— l'homme. Descartes justifie le titre du *Monde* : *Traité
de la lumière*.

La lumière n'est plus seulement ce qui rend visible ;
elle est modèle d'intelligibilité. Et le premier chapitre de
la *Dioptrique* explique ses propriétés par analogie...
avec le bâton de l'*aveugle* (tant il est vrai qu'il nous faut
parvenir à la comprendre par l'entendement seul) : « je
désire que vous pensiez que la lumière n'est autre chose,
dans les corps qu'on nomme lumineux, qu'un certain
mouvement, ou une action fort prompte et fort vive, qui
passe vers nos yeux, par l'entremise de l'air et des autres
corps transparents, en même façon que le mouvement
ou la résistance des corps, que rencontre cet aveugle,
passe vers sa main, par l'entremise de son bâton. »

Tout pourra s'expliquer mécaniquement, par figures et mouvements, les différences remarquées par l'aveugle n'étant « autre chose, en tous ces corps, que les diverses façons de mouvoir ou de résister aux mouvements de ce bâton ».

Tout s'éclairera dans l'évidence du simple : « votre esprit sera délivré de toutes ces petites images voltigeantes par l'air » (Al. I, 654-655).

Sur la lumière, voir encore *Le Monde*, chap. 13 et 14, et la lettre à Morin du 13 juillet 1638.

155. Descartes va nous proposer non une fable mythique, mais ce qui est, disait-il, au début de la première partie, « comme une fable » — la *fiction* que produit l'hypothèse mécaniste.

Pour éviter les « disputes » entre « doctes », mais surtout parce que l'*ego cogito* ne comprend *certainement* que ce qu'il reconstruit de lui-même sous la *dictée* de l'« évidence de la raison ». Pour expliquer le monde, il faut se le re-présenter, c'est-à-dire en *feindre* un nouveau : « parler seulement de ce qui arriverait dans un nouveau ».

Le 25 novembre 1630, il écrivait à Mersenne : « ...la fable de mon Monde me plaît trop pour manquer à la parachever » (Al. I, 285).

Voir *Le Monde*, chap. 6 : « Permettez donc pour un peu de temps à votre pensée de sortir hors de ce Monde pour en venir voir un autre tout nouveau que je ferai naître en sa présence dans les espaces imaginaires (Al. I, 343).

Et, déjà, à la fin du chapitre 7 : « ... Pour faire ici un tableau qui vous agrée, il est besoin que j'y emploie de l'ombre aussi bien que des couleurs claires. Si bien que je ne contenterai de poursuivre la description que j'ai commencée, comme n'ayant autre dessein que de vous raconter une fable » (*ibid.*, 364).

Dans notre texte, Descartes met en rapport « ombrager », « pouvoir dire plus librement » et feindre un monde « nouveau ».

Fiction et pensée libre.

Comme dit bien J.-L. Nancy : « Seule la création fictive d'un autre monde possible donne, selon la certitude, la science vraie de notre monde » (*op. cit.*, p. 81).

156. On pense au tableau peint par Weenix de Descartes tenant un livre où se détachent les mots : *Mundus est fabula* (le Monde est une fable).

Cf. à Mersenne, le 23 décembre 1630 : « Je vous dirai que je suis maintenant après à démêler le Chaos, pour en faire sortir de la lumière... » (Al. I, 287).

Ce que Descartes veut dire c'est que le Chaos produit par Dieu, à partir des lois de sa nature, engendrera de toute façon un ordre : la poésie la plus folle n'est qu'une manière (humaine) de dire cet ordre parfait : « Dieu a si merveilleusement établi ces Lois qu'encore que nous supposions qu'il ne crée rien de plus que ce que j'ai dit et même qu'il ne mette en ceci aucun ordre ni proportion, mais qu'il en compose un chaos le plus confus et le plus embrouillé que les Poètes puissent décrire : elles sont suffisantes pour faire que les parties de ce chaos se démêlent d'elles-mêmes et se disposent en si bon ordre qu'elles auront la forme d'un Monde très parfait... » (Al. I, 346-347).

157. Sur ces « lois », cf. *Le Monde*, chap. 7, et, plus tard, *Principes*, II, 36-42.

Dieu crée, c'est-à-dire « établit ses Lois », et, ensuite, ne prête qu'un concours « ordinaire » à la Nature qui suit les cours de cet *ordre* ; les choses « continuent par après leur mouvement suivant les lois ordinaires de la Nature ». Pour comprendre rationnellement, il faut bannir l'extraordinaire : « ...nous ajouterons, s'il vous plaît, à nos suppositions que Dieu n'y fera jamais aucun miracle et que les intelligences, ou les âmes raisonnables, que nous y pourrons supposer ci-après, n'y troubleront en aucune façon le cours ordinaire de la Nature » (*ibid.*, 346 ; et 363-364).

158. Déjà Galilée avait supposé la matière inaltérable, donc mathématisable. La matière « claire » et

« intelligible », la matière ajustée « au niveau de la raison », c'est la matière délivrée des « Eléments », des « qualités », de la « matière première des philosophes », « si bien dépouillée de toutes ses formes et qualités qu'il n'y est rien demeuré de reste, qui puisse être clairement entendu » ; c'est la matière selon la fiction du *je pense* qui veut être *certain* : « puisque nous prenons la liberté de feindre cette matière à notre fantaisie, attribuons-lui, s'il vous plaît, une nature en laquelle il n'y ait rien du tout que chacun ne puisse connaître aussi parfaitement qu'il est possible. »

Ce qui donne : « Concevons-la comme un vrai corps parfaitement solide qui remplit également toutes les longueurs, largeurs et profondeurs de ce grand espace... Ajoutons à cela que cette matière peut être divisée en toutes les parties et selon toutes les figures que nous pouvons imaginer ; et que chacune de ses parties est capable de recevoir en soi tous les mouvements que nous pouvons aussi concevoir. Et supposons de plus que Dieu la divise véritablement en plusieurs telles parties... » (c'est cela la « chiquenaude initiale », dont Pascal fera reproche à Descartes ; Al. I, 345-346).

159. Les lois du mouvement sont donc d'une évidence fondée sur Dieu. Pour un développement plus ample, voir *Principes*, II, § 36 à 40. « Nous connaissons aussi que c'est une perfection en Dieu, non seulement de ce qu'il est immuable en sa nature, mais encore de ce qu'il agit d'une façon qu'il ne change jamais » (§ 36).

160. Cf. *Principes*, III, § 47 : on part d'une proportion *égale* entre les parties de la matière divisées par le premier mouvement.

161. Descartes veut qu'on puisse prendre cela pour une *hypothèse :* cf. en 1644 : « je désire que ce que j'écrirai soit seulement pris pour une hypothèse, laquelle est peut-être fort éloignée de la vérité » (*Principes*, III, § 43 à 47 ; et IV, 202 à 207).

162. Descartes décrivait donc dans *Le Monde* ce qu'il appellera, dans les *Principes*, la « fabrique du ciel et de

la Terre » (IV, § 206): « J'ai décrit cette terre et généralement tout le monde visible, comme si c'était seulement une machine en laquelle il n'y eût rien du tout à
considérer que les figures et les mouvements de ses
parties » (*ibid.*, § 188).

163. Dans les *Principes*, III, § 30, Descartes parlera
d'un « tourbillon », « comme dans les détours des
rivières, où l'eau se replie en elle-même, et tournoyant
ainsi fait des cercles... » (Al. III, 238).

164. Descartes essaie d'accorder l'explication mécaniste et l'explication religieuse. Cf. *Principes*, III, § 45:
« je ne doute point que le monde n'ait été créé au
commencement avec autant de perfection qu'il en a. »
Mais on fera mieux *comprendre* les choses en imaginant
quelques principes « desquels nous fassions voir clairement... que tout ce monde visible aurait pu être produit
ainsi que de quelques semences (bien que nous sachions
qu'il n'a pas été produit en cette façon), que si nous le
décrivions seulement comme il est, ou bien comme nous
croyons qu'il a été créé » (*ibid.*).

Sur la façon dont Descartes comprend le récit de la
Genèse, cf. *L'Entretien avec Burman*, éd. Beyssade,
110-112.

165. Dans les *Principes*, Descartes montrera que
« cette confusion doit peu à peu revenir à l'ordre qui est
à présent dans le monde » (III, § 47).

166. « Coutume »: l'acte du Créateur est permanent
et toute partie en mouvement continue son mouvement si rien ne l'arrête (cf. *Principes*, II, 37-39); mais,
en même temps, chaque partie de la matière obéit à
une *inclination* (« leur action, c'est-à-dire l'inclination
qu'elles ont à se mouvoir » in *Le Monde*, 7, Al. I, 358)
qui est la « ligne droite » (fin du privilège du mouvement
circulaire). Il y a, dans la géométrie, quelque chose de
« métagéométrique ».

167. Ce quelque chose, qui ne se réduit pas à la simple
géométrie, se dissimule *dans* « *le temps* ». Descartes
exclue nettement les causes finales: « Nous ne nous

arrêterons pas à examiner les fins que Dieu s'est proposées en créant le monde, et nous rejetterons entièrement de notre philosophie la recherche des causes finales ; car nous ne devons pas tant présumer de nous-mêmes, que de croire que Dieu nous ait voulu faire part de ses conseils » (*Principes*, I, § 28). Mais la finalité de fait résulte du développement du mécanisme. Comme le dit bien G. Canguilhem : « Toute la téléologie possible est enfermée dans la technique de production. »

168. Descartes dira à Mersenne, le 20 février 1639 : « ... si j'étais à recommencer mon Monde, où j'ai supposé le corps d'un animal tout formé, et me suis contenté d'en montrer les fonctions, j'entreprendrais d'y mettre aussi les causes de sa formation et de sa naissance. » Ce second projet verra le jour plus tard : « je me suis aventuré (mais depuis huit ou dix jours seulement) d'y vouloir expliquer la façon dont se forme l'animal dès le commencement de son origine » (à Elisabeth, 31 janvier 1648).

169. L'exposé des sections entre les corps inanimés et l'homme n'a pas été écrit.

Dans les *Principes*, IV, § 188, Descartes parle d'une partie « traitant des êtres vivants, c'est-à-dire des animaux et des plantes », et d'une partie « traitant de l'homme ». On voit bien ici la coupure qu'il effectue entre la *vie* et la *pensée*.

170. Sur cette expression, voir la VIe partie du *Discours*, § 10 et la note y correspondant.

171. Voir le début du *Traité de l'Homme* : « Je suppose que le corps n'est autre chose qu'une statue ou machine de terre, que Dieu forme tout exprès, pour la rendre la plus semblable à nous qu'il est possible », machine qui « imite toutes celles de nos fonctions qui peuvent être imaginées procéder de la matière et ne dépendre que de la disposition des organes » (Al. I, 379).

172. Pour développer son explication, Descartes rejette donc le système scolastique (âme raisonnable,

âme sensitive, âme végétative), sépare la *pensée* et l'*animation* (la vie), puis rend raison de l'*animation* par le *mouvement* « mathématiquement » compris. Pour cela, il lui suffit de la « matière » (afin de comprendre la « figure extérieure des membres ») et d'« un de ces feux sans lumière », excité dans le cœur (pour entendre la « conformation intérieure » des organes), et analogue à une sorte de fermentation (cf. foin, ou raisins).

A propos des *comparaisons* — très importantes dans les « essais » scientifiques — qui introduisent en « contrebande » d'autres choses, cf. lettre à Morus d'août 1649 ; la règle 8, où Descartes parle d'une connaissance par *imitation*, et la règle 13.

173. Le texte du *Traité de l'Homme* s'interrompt avant que l'âme soit jointe au corps.

174. Il s'agit de montrer que si on ne confond pas l'âme (qui *pense*) et le corps, on peut rendre compte de la *vie* du corps par les principes du mécanisme : donc, emploi de la dissection ; anatomie ; puis, explication du *mouvement* du sang — et, à partir de là, des autres opérations de la vie — par la disposition des organes et la chaleur du cœur. On ne se sert d'« aucun autre principe de mouvement et de vie, que son sang et ses esprits agités par la chaleur du feu qui brûle continuellement dans son cœur et qui n'est point d'autre nature que tous les feux qui sont dans les corps inanimés » (Al. I, 480).

Le cœur, donc : lieu stratégique. D'où l'explication avec Harvey.

175. Les ventricules.

176. L'artère pulmonaire.

177. Les veines pulmonaires.

178. La trachée-artère.

179. L'aorte.

180. Les valvules.

181. Les oreillettes.

182. Vase.

183. « La chaleur est le grand ressort et le principe de tous les mouvements qui sont en la machine » (AT XI,

226). Descartes a étudié des automates hydrauliques :
« Ainsi que vous pouvez avoir vu, dans les grottes et les
fontaines qui sont aux jardins de nos Rois, que la seule
force dont l'eau se meut, en sortant de sa source, est
suffisante pour y mouvoir diverses machines, et même
pour les y faire jouer de quelques instruments, ou pro-
noncer quelques paroles, selon la diverse disposition des
tuyaux qui la conduisent » (Al. I, 390).

184. Pour Descartes, la diastole est la phase active de
dilatation ; la systole est la retombée passive du cœur
vide de sang, envoyé dans les « tuyaux ».

Pour Harvey, c'est l'inverse : la systole est la contraction active du cœur.

Descartes ne pense pas que c'est par cette contraction
que le sang est expulsé, mais par un échauffement qui
dilate le sang et le cœur.

185. Cette phrase est déjà presque textuellement à la
fin du *Traité de l'Homme* (Al. I, 479-480).

186. L'ouvrage de Harvey sur *Le Mouvement du cœur
et du sang* date de 1628. Harvey s'appuie sur la faculté
contractile du muscle que Descartes récuse. Descartes a
dit qu'il avait conçu son explication avant d'avoir lu
Harvey (lettres du 9 février 1632 et de novembre 1632).
Cf. aussi le *Traité des Passions*, § 7, et la *Description du
corps humain*.

Il préfère « la force des démonstrations mathématiques » à des facultés occultes.

187. A propos de ce terme, P.A. Cahné remarque : « derrière le mot "subtil" flottent tous les mystères simplement effleurés, prestement éludés » (*op.
cit.*, 125).

188. Cuisson ; digestion.

189. Aliments.

190. Ce sont les particules les plus ténues du sang,
produites par la chaleur du cœur : « une flamme très vive
et très pure » (Al. I, 388).

Pour Descartes, l'essentiel est de pouvoir tout déduire
d'une seule cause.

191. Structure, constitution.

192. Localisé dans « une certaine petite *glande*, située environ le milieu de la substance de ce cerveau » (*L'Homme*, *ibid.*). Plus tard, Descartes dira qu'il s'agit de « la glande nommée *conarium* » (ou *pinéale*, en forme de pomme de pin) — à Mersenne, 1er avril et 30 juillet 1640.

Pour le rôle de « cachet » du sens commun, voir la règle 12. Descartes y décrit le trajet de l'idée, le transport d'une figure vers une partie du corps.

A l'arrière-plan de la question de l'*impression* de l'idée, et de sa transformation, il y a la question de la ressemblance : l'idée de *signe* est utilisée par Descartes car le signe n'implique pas une ressemblance entre le signe et le sentiment éprouvé : cf. *Le Monde*, 1 : « les paroles, n'ayant aucune ressemblance avec les choses qu'elles signifient, ne laissent pas de nous les faire concevoir... pourquoi la Nature ne pourra-t-elle pas aussi avoir établi certain signe, qui nous fasse avoir le sentiment de la lumière, bien que ce signe n'ait rien en soi qui soit semblable à ces sentiments ? Et n'est-ce pas ainsi qu'elle a établi les ris et les larmes, pour nous faire lire la joie et la tristesse sur le visage des hommes ? » (Al. I, 316.)

En rompant avec l'idée de similitude, on peut arriver à comprendre le transport, la relation, et l'influence donc, sans qu'aucun être réel passe d'un point à un autre (relire de près, ici, la fameuse règle 12). Voir aussi *La Dioptrique* : on peut avoir le sentiment d'une couleur sans que l'objet soit coloré de cette couleur.

Les objets n'envoient pas jusqu'à l'âme, par les sens, un calque transmettant leur apparence.

On peut alors comprendre que ce que nous ressentons intérieurement soit le corrélat de mouvements hors de nous sans présupposer une quelconque affinité.

193. « Une machine qui se remue de soi-même » (au marquis de Newcastle, 23 novembre 1646).

194. A comparer avec *Principes*, IV, § 203.

195. On ne possède pas le texte correspondant à cette étude de détail.

196. Pratiquement.

197. Descartes va préciser la différence entre la vie et la pensée rationnelle, qui est le propre du « vrai homme ». La vie consiste « dans la seule chaleur du cœur » (à Morus, 5 février 1649), et donc tout animal est un vivant ; de plus, dit-il, « je ne lui refuse même pas la sensibilité, dans la mesure où elle dépend d'un organe corporel » (*ibid.*). Y a-t-il, à côté des « actions qui ne sont point conduites par notre pensée » (à Newcastle ; Al. III, 693), des arrangements propres à l'« âme raisonnable » ?

Dans le texte dont Descartes nous parle, il ne semblait pas traiter longuement de la sensibilité de l'animal, et paraissait ne pas vouloir entrer dans un débat à propos de la définition de la « pensée ».

Pour éviter d'avoir à approfondir ici sa conception de la *pensée* (qui, pour lui, est à la fois *conscience*, dans un sens très large — et alors, *sentir* sera penser — et travail de l'*entendement*), comme il fera dans les *Méditations* et les textes ultérieurs, Descartes utilise deux arguments : la parole comme expression intersubjective de la pensée ; et la raison comme « instrument universel » (par opposition à la spécificité particulière de l'instinct).

198. On peut comparer ce passage au texte plus tardif de la lettre à Newcastle : « ... Il n'y a aucune de nos actions extérieures, qui puisse assurer ceux qui les examinent, que notre corps n'est pas seulement une machine qui se remue de soi-même, mais qu'il y a aussi en lui une âme qui a des pensées, excepté les paroles, ou autres signes faits à propos des sujets qui se présentent, sans se rapporter à aucune passion » (Al. III, 694). Le critère est bien la fonction symbolique de la parole pour l'homme.

199. Dans les pensées du jeune Descartes, on trouve ceci : « L'extrême perfection que l'on remarque dans certaines actions des animaux nous fait soupçonner qu'ils ne possèdent pas le libre arbitre » (Al. I, 63).

L'extrême perfection du mécanisme révèle donc une sorte de lacune originaire.

200. C'est dans la mesure où elle peut *se détacher* de chaque contexte sensible et passionnel qu'elle peut, comme « instrument universel », « servir en toutes sortes de rencontres », c'est-à-dire répondre à ce qui *se présente* en ajustant tout au niveau d'elle-même.

201. A comparer avec la suite de la lettre à New-castle : « Je dis les paroles ou autres signes, parce que les muets se servent de signes en même façon que nous de la voix ; et que ces signes soient à propos, pour exclure le parler des perroquets, sans exclure celui des fous, qui ne laisse pas d'être à propos des sujets qui se présentent, bien qu'il ne suive pas la raison ; et j'ajoute que ces paroles ou signes ne se doivent rapporter à aucune passion, pour exclure non seulement les cris de joie ou de tristesse, et semblables, mais aussi tout ce qui peut être enseigné par artifice aux animaux » (*op. cit.*).

202. A la lumière de l'« évidence de la raison », la parole humaine se révèle donc être, avant tout, *témoignage* (que l'on pense ce que l'on dit). C'est-à-dire que lorsqu'on parle, entre humains, *l'autre est toujours sous-entendu* — et cela, même si l'on est seul, muet, ou fou (la raison, comme « instrument universel », n'« exclut » pas la folie).

Et, ce que l'homme communique, c'est toujours la langue elle-même, c'est-à-dire « le sens de ce que l'on dit » (*Traité des Passions*, art. 44).

203. Descartes précise, dans le *Traité des Passions*, art. 50, à propos des bêtes : « car encore qu'elles n'aient point de raison, ni peut-être aussi aucune pensée » (Al. III, 995). Et, dans la lettre à Newcastle : « On peut seulement dire que, bien que les bêtes ne fassent aucune action qui nous assure qu'elles pensent, toutefois, à cause que les organes de leurs corps ne sont pas fort différents des nôtres, on peut conjecturer qu'il y a quelque pensée jointe à ces organes, ainsi que nous expérimentons en nous, bien que la leur soit beaucoup moins parfaite » (Al. III, 695-696).

204. Descartes prend souvent l'horloge comme exemple d'automate car elle offre une *anatomie visible* (cf. aussi 6e *méditation*, G.F., 185 ; lettre à Newcastle, Al. III, 695).

205. Cette description ne figure pas dans le *Traité de l'Homme* que nous avons.

206. Sur le problème de l'union de l'âme et du corps, on peut voir les textes plus tardifs : la 6e *méditation* ; la correspondance avec Elisabeth ; la lettre à Mesland du 9 février 1645.

207. Voir *Principes*, IV, § 196, où Descartes explique que l'âme « ne sent qu'en tant qu'elle est dans le cerveau » (cf. l'exemple de la patiente qui continue à sentir une douleur à la main alors qu'on lui a coupé le bras) et l'article 30 du *Traité des Passions* : « que l'âme est unie à toutes les parties du corps conjointement » (où Descartes soutient qu'une âme indivisible se joint à l'unité fonctionnelle du corps — en sorte « qu'elle s'en sépare entièrement lorsqu'on dissout l'assemblage de ses organes »).

208. Au début du *Traité de l'Homme*, Descartes écrivait : « Il faut que je vous décrive, premièrement, le corps à part, puis après l'âme, aussi à part ; et enfin, que je vous montre comment ces deux natures doivent être jointes et unies, pour composer des hommes qui nous ressemblent » (Al. I, 379).

Ici, en donnant son plein sens à « un vrai homme », on peut comprendre que la vérité de l'homme, une vérité d'expérience, soit un modèle pour entendre l'union de l'âme et du corps — c'est-à-dire indique comment elle doit se faire.

Un homme n'est pas un esprit percevant son corps comme un objet ; mais il est, dira Descartes à Regius, en janvier 1642, un « véritable homme » : la perception *confuse* de la douleur, par exemple, prouve que l'âme est « réellement unie au corps » (Al. III, 915).

209. Sur ces problèmes, voir la 6e *méditation* ; les *secondes Réponses* (G.F., 252) ; l'*Abrégé des Méditations* (*ibid.*, 61-62) ; les *Principes*, I, § 60.

SIXIÈME PARTIE

Or, il y a maintenant trois ans[210] que j'étais parvenu à la fin du traité qui contient toutes ces choses, et que je commençais à le revoir afin de le mettre entre les mains d'un imprimeur, lorsque j'appris que des personnes à qui je défère, et dont l'autorité ne peut guère moins sur mes actions que ma propre raison sur mes pensées, avaient désapprouvé une opinion de physique publiée un peu auparavant par quelque autre, de laquelle je ne veux pas dire que je fusse, mais bien que je n'y avais rien remarqué, avant leur censure, que je pusse imaginer être préjudiciable ni à la religion ni à l'Etat, ni, par conséquent, qui m'eût empêché de l'écrire si la raison me l'eût persuadé ; et que cela me fit craindre qu'il ne s'en trouvât tout de même quelqu'une entre les miennes en laquelle je me fusse mépris, nonobstant le grand soin que j'ai toujours eu de n'en point recevoir de nouvelles en ma créance dont je n'eusse des démonstrations très certaines, et de n'en point écrire qui pussent tourner au désavantage de personne[211]. Ce qui a été suffisant pour m'obliger à changer la résolution que j'avais eue de les publier. Car, encore que les raisons pour lesquelles je l'avais prise auparavant fussent très fortes, mon inclination, qui m'a toujours fait haïr le métier de faire des livres, m'en fit incontinent trouver assez d'autres pour m'en excuser. Et ces raisons de part et d'autre sont telles, que non seulement j'ai ici quelque intérêt de les dire, mais peut-être aussi que le public en a de les savoir.

Je n'ai jamais fait beaucoup d'état de choses qui venaient de mon esprit ; et pendant que je n'ai recueilli d'autres fruits de la méthode dont je me sers, sinon que je me suis satisfait touchant quelques difficultés qui appartiennent aux sciences spéculatives, ou bien que j'ai tâché de régler mes mœurs par les raisons qu'elle m'enseignait, je n'ai point cru être obligé d'en rien écrire. Car, pour ce qui touche les mœurs, chacun abonde si fort en son sens, qu'il se pourrait trouver autant de réformateurs que de têtes[212], s'il était permis à d'autres qu'à ceux que Dieu a établis pour souverains sur ses peuples, ou bien auxquels il a donné assez de grâce et de zèle pour être prophètes[213], d'entreprendre d'y rien changer ; et bien que mes spéculations me plussent fort, j'ai cru que les autres en avaient aussi qui leur plaisaient peut-être davantage. Mais sitôt que j'ai eu acquis quelques notions générales touchant la physique, et que, commençant à les éprouver en diverses difficultés particulières, j'ai remarqué jusques où elles peuvent conduire et combien elles diffèrent des principes dont on s'est servi jusqu'à présent, j'ai cru que je ne pouvais les tenir cachées sans pécher grandement contre la loi qui nous oblige à procurer autant qu'il est en nous le bien général de tous les hommes[214]. Car elles m'ont fait voir qu'il est possible[215] de parvenir à des connaissances qui soient fort utiles à la vie, et qu'au lieu de cette philosophie spéculative qu'on enseigne dans les écoles, on en peut trouver une pratique[216], par laquelle, connaissant la force et les actions du feu, de l'eau, de l'air, des astres, des cieux et de tous les autres corps qui nous environnent, aussi distinctement que nous connaissons les divers métiers de nos artisans, nous les pourrions employer en même façon à tous les usages auxquels ils sont propres, et ainsi nous rendre comme[217] maîtres et possesseurs de la nature. Ce qui n'est pas seulement à désirer pour l'invention d'une infinité d'artifices qui feraient qu'on jouirait sans aucune peine des fruits de la terre et de toutes les commodités qui s'y trouvent, mais

principalement aussi pour la conservation de la santé,
laquelle est sans doute le premier bien et le fondement
de tous les autres biens de cette vie ; car même l'esprit
dépend si fort du tempérament et de la disposition des
organes du corps[218], que, s'il est possible de trouver
quelque moyen qui rende communément les hommes
plus sages et plus habiles qu'ils n'ont été jusqu'ici, je
crois que c'est dans la médecine qu'on doit le chercher[219]. Il est vrai que celle qui est maintenant en usage
contient peu de choses dont l'utilité soit si remarquable ;
mais, sans que j'aie aucun dessein de la mépriser, je
m'assure qu'il n'y a personne, même de ceux qui en font
profession, qui n'avoue que tout ce qu'on y sait n'est
presque rien à comparaison de ce qui reste à y savoir ; et
qu'on se pourrait exempter d'une infinité de maladies
tant du corps que de l'esprit[220], et même aussi peut-être
de l'affaiblissement de la vieillesse, si on avait assez de
connaissance de leurs causes et de tous les remèdes
dont la nature nous a pourvus[221]. Or, ayant dessein
d'employer toute ma vie à la recherche d'une science si
nécessaire, et ayant rencontré un chemin qui me semble
tel qu'on doit infailliblement la trouver en le suivant, si
ce n'est qu'on en soit empêché ou par la brièveté de la
vie ou par le défaut des expériences, je jugeais qu'il n'y
avait point de meilleur remède contre ces deux empê-
chements que de communiquer fidèlement au public
tout le peu que j'aurais trouvé, et de convier les bons
esprits à tâcher de passer plus outre, en contribuant,
chacun selon son inclination et son pouvoir, aux expériences qu'il faudrait faire, et communiquant aussi au
public toutes les choses qu'ils apprendraient, afin que,
les derniers commençant où les précédents auraient
achevé, et ainsi joignant les vies et les travaux de plusieurs, nous allassions tous ensemble beaucoup plus
loin[222] que chacun en particulier ne saurait faire.

Même je remarquais, touchant les expériences,
qu'elles sont d'autant plus nécessaires qu'on est plus
avancé en connaissance[223]. Car, pour le commence-

ment, il vaut mieux ne se servir que de celles qui se présentent d'elles-mêmes à nos sens, et que nous ne saurions ignorer, pourvu que nous y fassions tant soit peu de réflexion, que d'en chercher de plus rares et étudiées ; dont la raison est que ces plus rares trompent souvent, lorsqu'on ne sait pas encore les causes les plus communes, et que les circonstances dont elles dépendent sont quasi toujours si particulières et si petites, qu'il est très malaisé de les remarquer. Mais l'ordre que j'ai tenu en ceci a été tel. Premièrement, j'ai tâché de trouver en général les principes ou premières causes de tout ce qui est ou qui peut[224] être dans le monde, sans rien considérer pour cet effet que Dieu seul qui l'a créé, ni les tirer d'ailleurs que de certaines semences de vérité[225] qui sont naturellement en nos âmes. Après cela, j'ai examiné quels étaient les premiers et les plus ordinaires effets qu'on pouvait déduire de ces causes ; et il me semble que par là j'ai trouvé des cieux, des astres, une terre, et même sur la terre de l'eau, de l'air, du feu, des minéraux et quelques autres telles choses qui sont les plus communes de toutes et les plus simples, et par conséquent les plus aisées à connaître. Puis, lorsque j'ai voulu descendre à celles qui étaient plus particulières, il s'en est tant présenté à moi de diverses, que je n'ai pas cru qu'il fût possible à l'esprit humain de distinguer les formes ou espèces de corps qui sont sur la terre d'une infinité d'autres qui pourraient y être si c'eût été le vouloir de Dieu de les y mettre, ni par conséquent de les rapporter à notre usage, si ce n'est qu'on vienne au-devant des causes par les effets[226], et qu'on se serve de plusieurs expériences particulières[227]. En suite de quoi, repassant mon esprit sur tous les objets qui s'étaient jamais présentés à mes sens, j'ose bien dire que je n'y ai remarqué aucune chose que je ne pusse assez commodément expliquer par les principes que j'avais trouvés. Mais il faut aussi que j'avoue que la puissance de la nature est si simple et si vaste, et que ces principes sont si simples et si généraux, que je ne remarque quasi plus aucun effet particulier que d'abord je ne connaisse qu'il peut en être déduit en plusieurs diverses façons, et que ma plus grande difficulté est d'ordinaire de trouver en laquelle de ces façons il en dépend. Car à cela je ne sais point d'autre expédient que de chercher derechef quelques expériences, qui soient telles que leur événement ne soit pas le même si c'est en l'une de ces façons qu'on doit l'expliquer que si c'est en l'autre[228]. Au reste, j'en suis maintenant là, que je vois, ce me semble, assez bien de quel biais[229] on se doit prendre à faire la plupart de celles qui peuvent servir à cet effet : mais je vois aussi qu'elles sont telles, et en si grand nombre, que ni mes mains ni mon revenu, bien que j'en eusse mille fois plus que je n'en ai, ne sauraient suffire pour toutes ; en sorte que, selon que j'aurai désormais la commodité d'en faire plus ou moins, j'avancerai aussi plus ou moins en la connaissance de la nature. Ce que je me promettais de faire connaître par le traité que j'avais écrit[230], et d'y montrer si clairement l'utilité que le public en peut recevoir, que j'obligerais tous ceux qui désirent en général le bien des hommes, c'est-à-dire tous ceux qui sont en effet vertueux, et non point par faux-semblant[231], ni seulement par opinion, tant à me communiquer celles qu'ils ont déjà faites qu'à m'aider en la recherche de celles qui restent à faire.

Mais j'ai eu depuis ce temps-là d'autres raisons qui m'ont fait changer d'opinion, et penser que je devais véritablement continuer d'écrire[232] toutes les choses que je jugerais de quelque importance à mesure que j'en découvrirais la vérité, et y apporter le même soin que si je les voulais faire imprimer ; tant afin d'avoir d'autant plus d'occasion de les bien examiner, comme sans doute on regarde toujours de plus près à ce qu'on croit devoir être vu par plusieurs qu'à ce qu'on ne fait que pour soi-même, et souvent les choses qui m'ont semblé vraies lorsque j'ai commencé à les concevoir, m'ont paru fausses lorsque je les ai voulu mettre sur le papier ; qu'afin de ne perdre aucune occasion de profiter au

public, si j'en suis capable, et que, si mes écrits valent
quelque chose, ceux qui les auront après ma mort en
puissent user ainsi qu'il sera le plus à propos ; mais que je
ne devais aucunement consentir qu'ils fussent publiés
pendant ma vie[233], afin que ni les oppositions et controverses auxquelles ils seraient peut-être sujets, ni même la
réputation telle quelle qu'ils me pourraient acquérir, ne
me donnassent aucune occasion de perdre le temps que
j'ai dessein d'employer à m'instruire. Car, bien qu'il soit
vrai que chaque homme est obligé de procurer, autant
qu'il est en lui, le bien des autres, et que c'est proprement ne valoir rien que de n'être utile à personne,
toutefois il est vrai aussi que nos soins se doivent étendre
plus loin que le temps présent, et qu'il est bon d'omettre
les choses qui apporteraient peut-être quelque profit à
ceux qui vivent, lorsque c'est à dessein d'en faire
d'autres qui en apportent davantage à nos neveux.
Comme, en effet, je veux bien qu'on sache que le peu
que j'ai appris jusqu'ici n'est presque rien à comparaison
de ce que j'ignore et que je ne désespère pas de pouvoir apprendre ; car c'est quasi le même de ceux qui
découvrent peu à peu la vérité dans les sciences, que de
ceux qui, commençant à devenir riches, ont moins de
peine à faire de grandes acquisitions, qu'ils n'ont eu
auparavant, étant plus pauvres, à en faire de beaucoup
moindres[234]. Ou bien on peut les comparer aux chefs
d'armée, dont les forces ont coutume de croître à proportion de leurs victoires, et qui ont besoin de plus de
conduite pour se maintenir après la perte d'une bataille,
qu'ils n'ont, après l'avoir gagnée, à prendre des villes et
des provinces. Car c'est véritablement donner des
batailles, que de tâcher à vaincre toutes les difficultés et
les erreurs qui nous empêchent de parvenir à la connaissance de la vérité, et c'est en perdre une que de recevoir
quelque fausse opinion touchant une matière un peu
générale et importante ; il faut après beaucoup plus
d'adresse pour se remettre au même état qu'on était
auparavant, qu'il ne faut à faire de grands progrès

lorsqu'on a déjà des principes qui sont assurés. Pour moi, si j'ai ci-devant trouvé quelques vérités dans les sciences (et j'espère que les choses qui sont contenues en ce volume feront juger que j'en ai trouvé quelques-unes), je puis dire que ce ne sont que des suites et des dépendances de cinq ou six principales difficultés que j'ai surmontées, et que je compte pour autant de batailles[235] où j'ai eu l'heur de mon côté. Même je ne craindrai pas de dire que je pense n'avoir plus besoin d'en gagner que deux ou trois autres semblables pour venir entièrement à bout de mes desseins ; et que mon âge n'est point si avancé que, selon le cours ordinaire de la nature, je ne puisse encore avoir assez de loisir pour cet effet. Mais je crois être d'autant plus obligé à ménager le temps qui me reste, que j'ai plus d'espérance de le pouvoir bien employer ; et j'aurais sans doute plusieurs occasions de le perdre, si je publiais les fondements de ma physique. Car, encore qu'ils soient presque tous si évidents qu'il ne faut que les entendre pour les croire, et qu'il n'y en ait aucun dont je ne pense pouvoir donner des démonstrations, toutefois, à cause qu'il est impossible qu'ils soient accordants avec toutes les diverses opinions des autres hommes, je prévois que je serais souvent diverti par les oppositions qu'ils feraient naître.

On peut dire que ces oppositions seraient utiles, tant afin de me faire connaître mes fautes, qu'afin que, si j'avais quelque chose de bon, les autres en eussent par ce moyen plus d'intelligence, et comme plusieurs peuvent plus voir qu'un homme seul, que commençant dès maintenant à s'en servir, ils m'aidassent aussi de leurs inventions. Mais encore que je me reconnaisse extrêmement sujet à faillir, et que je ne me fie quasi jamais aux premières pensées qui me viennent, toutefois l'expérience que j'ai des objections qu'on me peut faire m'empêche d'en espérer aucun profit : car j'ai déjà souvent éprouvé les jugements tant de ceux que j'ai tenus pour mes amis, que de quelques autres à qui je pensais être indifférent, et même aussi de quelques-uns

dont je savais que la malignité et l'envie tâcheraient
assez à découvrir ce que l'affection cacherait à mes amis ;
mais il est rarement arrivé qu'on m'ait objecté quelque
chose que je n'eusse point du tout prévue, si ce n'est
qu'elle fût fort éloignée de mon sujet ; en sorte que je
n'ai quasi jamais rencontré aucun censeur de mes opinions, qui ne me semblât ou moins rigoureux, ou moins
équitable que moi-même. Et je n'ai jamais remarqué
non plus que par le moyen des disputes qui se pratiquent
dans les écoles on ait découvert aucune vérité qu'on
ignorât auparavant ; car pendant que chacun tâche de
vaincre, on s'exerce bien plus à faire valoir la vraisemblance qu'à peser les raisons de part et d'autre ; et ceux
qui ont été longtemps bons avocats ne sont pas pour cela
meilleurs juges.

Pour l'utilité que les autres recevraient de la communication de mes pensées, elle ne pourrait aussi être fort
grande ; d'autant que je ne les ai point encore conduites
si loin qu'il ne soit besoin d'y ajouter beaucoup de choses
avant que de les appliquer à l'usage. Et je pense pouvoir
dire sans vanité que s'il y a quelqu'un qui en soit capable,
ce doit être plutôt moi qu'aucun autre : non pas qu'il ne
puisse y avoir au monde plusieurs esprits incomparablement meilleurs que le mien ; mais pour ce qu'on ne
saurait si bien concevoir une chose et la rendre sienne,
lorsqu'on l'apprend de quelque autre, que lorsqu'on
l'invente soi-même. Ce qui est si véritable en cette
matière, que bien que j'aie souvent expliqué quelques-
unes de mes opinions à des personnes de très bon esprit,
et qui, pendant que je leur parlais, semblaient les
entendre fort distinctement, toutefois, lorsqu'ils les ont
redites, j'ai remarqué qu'ils les ont changées presque
toujours en telle sorte que je ne les pouvais plus avouer
pour miennes. A l'occasion de quoi je suis bien aise de
prier ici nos neveux de ne croire jamais que les choses
qu'on leur dira viennent de moi lorsque je ne les
aurais point moi-même divulguées. Et je ne m'étonne
aucunement des extravagances qu'on attribue à tous

ces anciens philosophes dont nous n'avons point les écrits[236], ni ne juge pas pour cela que leurs pensées aient été fort déraisonnables, vu qu'ils étaient des meilleurs esprits de leur temps, mais seulement qu'on nous les a mal rapportées. Comme on voit aussi que presque jamais il n'est arrivé qu'aucun de leurs sectateurs les ait surpassés ; et je m'assure que les plus passionnés de ceux qui suivent maintenant Aristote se croiraient heureux s'ils avaient autant de connaissance de la nature qu'il en a eu, encore même que ce fût à condition qu'ils n'en auraient jamais davantage. Ils sont comme le lierre, qui ne tend point à monter plus haut que les arbres qui le soutiennent, et même souvent qui redescend après qu'il est parvenu jusques à leur faîte ; car il me semble aussi que ceux-là redescendent, c'est-à-dire se rendent en quelque façon moins savants que s'ils s'abstenaient d'étudier, lesquels, non contents de savoir ce qui est intelligiblement expliqué dans leur auteur, veulent outre cela y trouver la solution de plusieurs difficultés dont il ne dit rien, et auxquelles il n'a peut-être jamais pensé. Toutefois, leur façon de philosopher est fort commode pour ceux qui n'ont que des esprits fort médiocres ; car l'obscurité des distinctions et des principes dont ils se servent est cause qu'ils peuvent parler de toutes choses aussi hardiment que s'ils les savaient, et soutenir tout ce qu'ils en disent contre les plus subtils et les plus habiles, sans qu'on ait moyen de les convaincre[237]. En quoi ils me semblent pareils à un aveugle qui, pour se battre sans désavantage contre un qui voit, l'aurait fait venir dans le fond de quelque cave fort obscure ; et je puis dire que ceux-ci ont intérêt que je m'abstienne de publier les principes de la philosophie dont je me sers ; car, étant très simples et très évidents, comme ils sont, je ferais quasi le même en les publiant que si j'ouvrais quelques fenêtres et faisais entrer du jour dans cette cave où ils sont descendus pour se battre. Mais même les meilleurs esprits n'ont pas occasion de souhaiter de les connaître : car, s'ils veulent savoir parler de toutes choses et acquérir la réputation d'être doctes, ils y parviendront plus aisément en se contentant de la vraisemblance, qui peut être trouvée sans grande peine en toutes sortes de matières, qu'en cherchant la vérité, qui ne se découvre que peu à peu en quelques-unes, et qui, lorsqu'il est question de parler des autres, oblige à confesser franchement qu'on les ignore. Que s'ils préfèrent la connaissance de quelque peu de vérité à la vanité de paraître n'ignorer rien, comme sans doute elle est bien préférable, et qu'ils veuillent suivre un dessein semblable au mien, ils n'ont pas besoin pour cela que je leur dise rien davantage que ce que j'ai déjà dit en ce discours. Car s'ils sont capables de passer plus outre que je n'ai fait, ils le seront aussi, à plus forte raison, de trouver d'eux-mêmes tout ce que je pense avoir trouvé. D'autant que, n'ayant jamais rien examiné que par ordre, il est certain que ce qui me reste encore à découvrir est de soi plus difficile et plus caché que ce que j'ai pu ci-devant rencontrer ; et ils auraient bien moins de plaisir à l'apprendre de moi que d'eux-mêmes ; outre que l'habitude[238] qu'ils acquerront, en cherchant premièrement des choses faciles, et passant peu à peu par degrés à d'autres plus difficiles, leur servira plus que toutes mes instructions ne sauraient faire. Comme, pour moi, je me persuade que si on m'eût enseigné dès ma jeunesse toutes les vérités dont j'ai cherché depuis les démonstrations, et que je n'eusse eu aucune peine à les apprendre, je n'en aurais peut-être jamais su aucunes autres, et du moins que jamais je n'aurais acquis l'habitude et la facilité, que je pense avoir, d'en trouver toujours de nouvelles à mesure que je m'applique à les chercher. Et en un mot, s'il y a au monde quelque ouvrage qui ne puisse être si bien achevé par aucun autre que par le même qui l'a commencé, c'est celui auquel je travaille.

Il est vrai que, pour ce qui est des expériences qui peuvent y servir, un homme seul ne saurait suffire à les faire toutes ; mais il n'y saurait aussi employer utilement d'autres mains que les siennes, sinon celles des artisans,

ou telles gens qu'il pourrait payer, et à qui l'espérance du
gain, qui est un moyen très efficace, ferait faire exactement toutes les choses qu'il leur prescrirait. Car, pour les
volontaires, qui, par curiosité ou désir d'apprendre,
s'offriraient peut-être de lui aider, outre qu'ils ont pour
l'ordinaire plus de promesses que d'effet, et qu'ils ne
font que de belles propositions dont aucune jamais ne
réussit, ils voudraient infailliblement être payés par
l'explication de quelques difficultés, ou du moins par des
compliments et des entretiens inutiles, qui ne lui sauraient coûter si peu de son temps qu'il n'y perdît. Et pour
les expériences que les autres ont déjà faites, quand bien
même ils les lui voudraient communiquer, ce que ceux
qui les nomment des secrets[239] ne feraient jamais, elles
sont pour la plupart composées de tant de circonstances
ou d'ingrédients superflus, qu'il lui serait très malaisé
d'en déchiffrer la vérité ; outre qu'il les trouverait
presque toutes si mal expliquées, ou même si fausses[240],
à cause que ceux qui les ont faites se sont efforcés de les
faire paraître conformes à leurs principes, que, s'il y en
avait quelques-unes qui lui servissent, elles ne pourraient derechef valoir le temps qu'il faudrait employer à
les choisir. De façon que, s'il y avait au monde quelqu'un
qu'on sût assurément être capable de trouver les plus
grandes choses et les plus utiles au public qui puissent
être, et que, pour cette cause, les autres hommes s'effor-
çassent par tous moyens de l'aider à venir à bout de ses
desseins, je ne vois pas qu'ils pussent autre chose pour
lui, sinon fournir aux frais des expériences dont il aurait
besoin, et du reste empêcher que son loisir ne lui fût ôté
par l'importunité de personne. Mais, outre que je ne
présume pas tant de moi-même que de vouloir rien
promettre d'extraordinaire, ni ne me repais point de
pensées si vaines que de m'imaginer que le public se
doive beaucoup intéresser en mes desseins, je n'ai pas
aussi l'âme si basse que je voulusse accepter de qui que
ce fût aucune faveur qu'on pût croire que je n'aurais pas
méritée.

Toutes ces considérations jointes ensemble furent cause, il y a trois ans[241], que je ne voulus point divulguer le traité que j'avais entre les mains, et même que je pris résolution de n'en faire voir aucun autre pendant ma vie qui fût si général, ni duquel on pût entendre les fondements de ma physique. Mais il y a eu depuis derechef deux autres raisons qui m'ont obligé à mettre ici quelques essais particuliers, et à rendre au public quelque compte de mes actions et de mes desseins. La première est que si j'y manquais, plusieurs, qui ont su l'intention que j'avais eue ci-devant de faire imprimer quelques écrits, pourraient s'imaginer que les causes pour lesquelles je m'en abstiens seraient plus à mon désavantage qu'elles ne sont. Car bien que je n'aime pas la gloire par excès, ou même si je l'ose dire, que je la haïsse en tant que je la juge contraire au repos, lequel j'estime sur toutes choses, toutefois aussi je n'ai jamais tâché de cacher mes actions comme des crimes[242], ni n'ai usé de beaucoup de précautions pour être inconnu, tant à cause que j'eusse cru me faire tort qu'à cause que cela m'aurait donné quelque espèce d'inquiétude qui eût derechef été contraire au parfait repos d'esprit que je cherche. Et pour ce que, m'étant toujours ainsi tenu indifférent entre le soin d'être connu ou de ne pas l'être, je n'ai pu empêcher que je n'acquisse quelque sorte de réputation, j'ai pensé que je devais faire mon mieux pour m'exempter au moins de l'avoir mauvaise. L'autre raison qui m'a obligé à écrire ceci est que, voyant tous les jours de plus en plus le retardement que souffre le dessein que j'ai de m'instruire, à cause d'une infinité d'expériences dont j'ai besoin, et qu'il est impossible que je fasse sans l'aide d'autrui, bien que je ne me flatte pas tant que d'espérer que le public prenne grande part en mes intérêts, toutefois je ne veux pas aussi me défaillir tant à moi-même, que de donner sujet à ceux qui me survivront de me reprocher quelque jour que j'eusse pu leur laisser plusieurs choses beaucoup meilleures que je n'aurai fait, si je n'eusse point trop négligé de leur faire entendre en quoi ils pouvaient contribuer à mes desseins.

Et j'ai pensé qu'il m'était aisé de choisir quelques matières qui, sans être sujettes à beaucoup de controverses, ni m'obliger à déclarer davantage de mes principes que je ne désire, ne laisseraient pas de faire voir assez clairement ce que je puis ou ne puis pas dans les sciences[243]. En quoi je ne saurais dire si j'ai réussi ; et je ne veux point prévenir les jugements de personne en parlant moi-même de mes écrits ; mais je serai bien aise qu'on les examine ; et, afin qu'on en ait d'autant plus d'occasion, je supplie tous ceux qui auront quelques objections à y faire, de prendre la peine de les envoyer à mon libraire, par lequel en étant averti, je tâcherai d'y joindre ma réponse en même temps ; et par ce moyen les lecteurs, voyant ensemble l'un et l'autre, jugeront d'autant plus aisément de la vérité. Car je ne promets pas d'y faire jamais de longues réponses, mais seulement d'avouer mes fautes fort franchement, si je les connais ; ou bien, si je ne les puis apercevoir, de dire simplement ce que je croirai être requis pour la défense des choses que j'ai écrites, sans y ajouter l'explication d'aucune nouvelle matière, afin de ne me pas engager sans fin de l'une en l'autre.

Que si quelques-unes de celles dont j'ai parlé, au commencement de la *Dioptrique* et des *Météores*, choquent d'abord, à cause que je les nomme des suppositions[244], qu'on ait la patience de lire le tout avec attention, et que je ne semble pas avoir envie de les prouver, et j'espère qu'on s'en trouvera satisfait. Car il me semble que les raisons s'y entresuivent en telle sorte que, comme les dernières sont démontrées par les premières qui sont leurs causes, ces premières le sont réciproquement par les dernières qui sont leurs effets. Et on ne doit pas imaginer que je commette en ceci la faute que les logiciens nomment un cercle ; car l'expérience rendant la plupart de ces effets très certains, les causes dont je les déduis ne servent pas tant à les prouver qu'à les expliquer ; mais tout au contraire ce sont elles qui sont prouvées par eux[245]. Et je ne les ai nommées des suppo-

sitions qu'afin qu'on sache que je pense les pouvoir
déduire de ces premières vérités que j'ai ci-dessus expliquées, mais que j'ai voulu expressément ne le pas
faire[246], pour empêcher que certains esprits, qui s'ima-
ginent qu'ils savent en un jour tout ce qu'un autre a
pensé en vingt années, sitôt qu'il leur en a seulement dit
deux ou trois mots, et qui sont d'autant plus sujets à
faillir et moins capables de la vérité qu'ils sont plus
pénétrants et plus vifs, ne puissent de là prendre occasion de bâtir quelque philosophie extravagante sur ce
qu'ils croiront être mes principes, et qu'on m'en attribue
la faute. Car pour les opinions qui sont toutes miennes,
je ne les excuse point comme nouvelles, d'autant que, si
on en considère bien les raisons, je m'assure qu'on les
trouvera si simples et si conformes au sens commun,
qu'elles sembleront moins extraordinaires et moins
étranges qu'aucunes autres qu'on puisse avoir sur
mêmes sujets. Et je ne me vante point aussi d'être le
premier inventeur d'aucunes, mais bien que je ne les ai
jamais reçues ni pour ce qu'elles avaient été dites par
d'autres, ni pour ce qu'elles ne l'avaient point été, mais
seulement pour ce que la raison me les a persuadées[247].

Que si les artisans ne peuvent sitôt exécuter l'invention qui est expliquée en la *Dioptrique*, je ne crois pas
qu'on puisse dire pour cela qu'elle soit mauvaise[248] ; car,
d'autant qu'il faut de l'adresse et de l'habitude pour faire
et pour ajuster les machines que j'ai décrites, sans qu'il y
manque aucune circonstance, je ne m'étonnerais pas
moins s'ils rencontraient du premier coup, que si
quelqu'un pouvait apprendre en un jour à jouer du luth
excellemment, par cela seul qu'on lui aurait donné de la
tablature[249] qui serait bonne. Et si j'écris en français, qui
est la langue de mon pays, plutôt qu'en latin, qui est celle
de mes précepteurs, c'est à cause que j'espère que ceux
qui ne se servent que de leur raison naturelle toute pure
jugeront mieux de mes opinions que ceux qui ne croient
qu'aux livres anciens. Et pour ceux qui joignent le bon
sens avec l'étude, lesquels seuls je souhaite pour mes

juges, ils ne seront point, je m'assure, si partiaux pour le latin, qu'ils refusent d'entendre mes raisons pour ce que je les explique en langue vulgaire.

Au reste, je ne veux point parler ici en particulier des progrès que j'ai espérance de faire à l'avenir dans les sciences, ni m'engager envers le public d'aucune promesse que je ne sois pas assuré d'accomplir ; mais je dirai seulement que j'ai résolu de n'employer le temps qui me reste à vivre à autre chose qu'à tâcher d'acquérir quelque connaissance de la nature, qui soit telle qu'on en puisse tirer des règles pour la médecine, plus assurées que celles qu'on a eues jusques à présent ; et que mon inclination m'éloigne si fort de toute sorte d'autres desseins, principalement de ceux qui ne sauraient être utiles aux uns qu'en nuisant aux autres, que si quelques occasions me contraignaient de m'y employer, je ne crois point que je fusse capable d'y réussir. De quoi je fais ici une déclaration que je sais bien ne pouvoir servir à me rendre considérable dans le monde, mais aussi n'ai-je aucunement envie de l'être ; et je me tiendrai toujours plus obligé à ceux par la faveur desquels je jouirai sans empêchement de mon loisir[250], que je ne serais à ceux qui m'offriraient les plus honorables emplois de la terre.

Notes de la sixième partie

210. *Le Monde* ayant été abandonné vers juillet 1633, cela signifie que Descartes aurait écrit la VIe partie du *Discours* vers juillet 1636.

D'après M. Gadoffre, cette partie constituerait le « noyau initial » du *Discours*, terminé en février 1636.

211. Pour l'affaire Galilée, voir les lettres à Mersenne de fin novembre 1633 et avril 1634. On connaît sa réserve à l'égard de Galilée, qui a « bâti sans fondement » Des-

cartes oppose nettement ici « une opinion » et « des démonstrations très certaines », comme il distingue entre « écrire » et « publier ». N'est-on pas obligé de *publier* ce qui est « très certain » ? La raison comme « instrument universel » ne se situe-t-elle pas dans un espace « public » ? Oui, mais si la raison est « publique », le « public », lui, n'est peut-être pas « au niveau de la raison » : en ce cas, plutôt que de ne rencontrer que des « oppositions » d'« opinions », n'est-il pas préférable d'écrire pour « nos neveux » ?

212. Cf. le § 1 du *Discours* (sur le « bon sens »).

213. A propos de ceux qui prophétisent qu'ils voient des vérités fort obscures comme dans une nuée, Descartes écrit, dans la règle 12 : « on ne doit pas penser qu'il puisse y avoir parmi les connaissances différents degrés d'obscurité, puisqu'elles sont toutes de même nature… » (Al. I, 155).

214. Plus tard, dans une lettre à Elisabeth : « …en se considérant comme une partie du public, on prend plaisir à faire du bien à tout le monde, et même on ne craint pas d'exposer sa vie pour le service d'autrui, lorsque l'occasion s'en présente ; voire on voudrait perdre son âme, s'il se pouvait, pour sauver les autres » (15 septembre 1645 ; Al. III, 607) ; cf. aussi la lettre à Chanut (sur l'amour) du 1er février 1647.

215. La méthode est la mesure certaine du « possible » : cf. *Dioptrique*, VII : se faire un nouveau corps est impossible, mais on peut améliorer la vision.

216. Voir la lettre à Mersenne du 27 février 1637, à propos de la méthode : « … je n'ai pas dessein de l'enseigner, mais seulement d'en parler. Car, comme on peut voir de ce que j'en dis, elle consiste plus en pratique qu'en théorie » (Al. I, 522).

Plus tard, Descartes expliquera, à la fin des *Principes,* que la science se fait apprécier par son utilité, sans requérir la pleine adhésion spéculative : « Je crois qu'il est aussi utile pour la vie, de connaître des causes ainsi imaginées, que si on avait la connaissance des vraies : car

la médecine, les mécaniques, et généralement tous les
arts à quoi la connaissance de la physique peut servir,
n'ont pour fin que d'appliquer tellement quelques corps
sensibles les uns aux autres, que, par la suite des causes
naturelles, quelques effets sensibles soient produits »
(IV, § 204 ; Al. III, 521-522).

217. Le plus souvent, chez Descartes, le « comme »
est à entendre au sens d'une restriction, d'une atténua-
tion (« pour ainsi dire »).

La phrase peut aussi s'entendre par rapport au destin
fixé aux hommes, dans la Genèse, de dominer la terre —
une terre dont ils ne sont justement pas les maîtres et
possesseurs.

218. Plus tard, à Elisabeth : « il y a une telle liaison
entre notre âme et notre corps, que les pensées qui ont
accompagné quelques mouvements du corps, dès le
commencement de notre vie, les accompagnent encore
à présent » (mai 1646, Al. III, 650). Et, déjà, en 1630,
à Mersenne : « ceux qui ont pris autrefois plaisir à danser lorsqu'on jouait un certain air, sitôt qu'ils en enten-
dent de semblable, l'envie de danser leur revient... »
(Al. I, 252).

219. Dans les années 1630, Descartes cherche une
médecine démontrée, mais aussi « quelque chose d'utile
en médecine » (25 novembre 1630), à Mersenne. Plus
tard, en 1645, il s'orientera vers une médecine « naturelle » ; et, en 1647, dans la *Lettre-Préface* des *Principes,*
la morale devient indépendante de la médecine, et
Descartes la présente comme la science ultime.

220. A propos des maladies, on pourrait penser à ce
texte plus tardif du *Traité des Passions,* art. 136, où
Descartes évoque « les étranges aversions de quelques-
uns qui les empêchent de souffrir l'odeur des roses ou la
présence d'un chat » (Al. III, 1051).

221. Descartes pense qu'il faut combiner une médecine scientifique, et un « régime de vie » ; il commente
ainsi ce passage dans *L'Entretien avec Burman* : « que la
vie humaine puisse être prolongée si nous en connais-

sions le mécanisme, il n'en faut pas douter ; puisque nous pouvons accroître et prolonger la vie des plantes, etc., grâce à notre connaissance de leur mécanisme, pourquoi donc ne le pourrions-nous pas aussi pour l'homme ? Mais la meilleure voie pour prolonger notre vie, et la règle du régime à suivre, c'est encore de vivre, de manger, et de remplir les fonctions de ce genre, à la manière des animaux, en suivant en tout notre agrément et notre goût, et sans jamais dépasser cette mesure. »

Au mécanisme, il faut donc joindre la détermination, morale, de la mesure.

222. Plus tard, Paul Valéry fera ainsi écho à ce « plus loin » : « L'humanité s'est engagée dans une aventure de portée, de durée incalculables, qui ne tend à rien moins qu'à *l'éloigner indéfiniment de ses conditions naturelles ou primitives d'existence.* Tout se passe comme si l'espèce humaine était douée d'un instinct paradoxal, tout opposé à l'allure de tous les autres instincts, qui tendent, au contraire, à ramener l'être vivant au même point ou au même état. C'est cet instinct étrange, et comme isolé entre tous les autres, cet *instinct de l'écart sans retour*, qui nous pousse à refaire, en quelque sorte, le milieu où nous vivons, à nous donner des soucis et des occupations parfois excessivement éloignés de ceux que nous imposent les besoins purs et simples de la vie animale » (*Vues*, 1948, pp. 102-103). C'est cet élan vers le « plus loin », cet effort pour « passer plus outre » que Descartes va déployer et scander dans le paragraphe suivant : « Premièrement... Après cela... Puis, lorsque j'ai voulu descendre... En suite de quoi... en sorte que... j'avancerai aussi plus ou moins en la connaissance de la nature. » C'est cet *élan* qu'il va appeler « l'ordre »! « L'ordre que j'ai tenu en ceci a été tel. »

Descartes va reprendre la démarche entamée dans *Le Monde,* en la décrivant sous l'angle de l'avancée *infaillible* d'une certitude qui veut s'assujettir l'univers infini des expériences.

223. Il faut bien noter le renversement : que Des-

cartes entend par « expérience » la constatation empirique des faits, le moment où « une conséquence logi-
quement déduite des principes coïncide avec un fait
empiriquement donné », ou l'expérience cruciale au
sens de Bacon, comme explique Gilson (*op. cit.*, 451) —
le plus important est que ce soit l'avancement de la
connaissance (au sens de science « nécessaire ») qui
suscite la nécessité de l'expérience (*et non l'inverse*).

Descartes va expliquer comment le champ de l'expérience est *entièrement normé* par des principes qui sont
« si simples et si généraux » qu'ils vont déterminer le
nouveau sens de l'expérience.

224. Ce rappel de la démarche suivie dans *Le Monde*
n'est pas une simple répétition de la Ve partie. M. Gadoffre tire argument de ce qu'il prend pour une répétition pour inférer de là que la VIe partie serait le noyau
du *Discours,* rédigé avant la Ve partie.

En fait, il s'agit plutôt d'un approfondissement. Dans
la Ve partie, Descartes insistait sur une méthode entièrement *a priori*, même en physique (cf. « sans appuyer mes
raisons sur aucun autre principe que sur les perfections
infinies de Dieu... ») ; ici, il montre comment la déduction, *en s'étendant* (« lorsque j'ai voulu descendre à
celles qui étaient plus particulières »), suscite un besoin
d'expériences toujours plus immense, lequel alimentera
l'élan de la connaissance qui s'accroîtra toujours plus, et
sera comme ce souverain bien que nous désirons obtenir
(cf. la fin du § : « ... j'obligerais tous ceux qui désirent en
général le bien des hommes, c'est-à-dire tous ceux qui
sont en effet vertueux... »).

Il n'y a donc pas ici d'opposition entre l'*a priori* et
l'expérience ; le sujet de ce paragraphe est l'extension de
la science infaillible — « j'avoue que la puissance de la
nature est si simple et si vaste, et que ces principes sont si
simples et si généraux » : comment mieux dire l'affinité
de correspondance entre la « puissance » de sa méthode
et celle de la nature ?

225. Sur cette phrase, cf. le commentaire de Charles
Péguy, in *Note conjointe*, N.R.F., p. 59.

Expression ancienne chez Descartes ; voir les règles 4
et 10, ainsi que les premières pensées : « Il y a en nous
des semences de science, comme en un silex (des
semences de feu) » (Al. I, 6). Ce serait une expression
d'origine à la fois stoïcienne, transitant par Juste Lipse,
et théologique, en passant par saint Augustin.

226. Pour cette expression, voir plus loin le § 10.

227. L'expérience intervient dans la mesure où il
s'agit de « rapporter » l'infinie particularité des corps « à
notre usage ». Ce rôle de l'*expérience* est à relier au
travail de l'imagination comme auxiliaire de l'entendement, et à l'idée d'un accroissement de la science provenant de la « succession de temps » : cf. lettre à Mersenne, 5 septembre 1632, où Descartes explique qu'il
« tâche d'ouvrir suffisamment le chemin, pour faire que
par succession de temps on les puisse connaître toutes,
en ajoutant l'expérience à la ratiocination » (Al. I, 298).

228. Il est clair que c'est l'extension même des principes « si simples et si généraux » qui accroît les possibi-
lités de déduction et que c'est le rapport à ce champ
toujours en extension qui va normer *a priori* la recherche
des expériences (cf. note 224).

Il y a donc une première intervention de l'expérience,
quand nous mettons tous les corps particuliers en relation avec « notre usage » ; puis, un appel à des « principes » de fond très généraux et très simples pour dominer cette multiplicité ; et, cette démarche même produit
une autre intervention de l'expérience (« chercher derechef quelques expériences »), dont le résultat est,
d'avance, pris dans une visée d'explication nécessaire
(« ... qui soient telles que leur événement ne soit pas le
même si c'est en l'une de ces façons qu'on *doit l'expliquer* que si c'est en l'autre »).

229. La façon dont la *méthode* va normer, d'avance,
le champ de l'expérience est ce que Descartes appelle le
« biais » ou l'« adresse » : ainsi, dans une lettre à Mersenne : « Je crois que la véritable adresse qu'on puisse
employer en l'examen des expériences, consiste à choisir

celles qui dépendent de moins de causes diverses, et desquelles on peut le plus aisément découvrir les vraies raisons » (20 avril 1646, AT IV, 392).

Sur l'expérience, cf. aussi règles 7, 8, 12 ; et, plus tard, *Principes,* III, § 42-47. Cf. « Ces choses ayant pu être ordonnées de Dieu en une infinité de diverses façons, c'est par la seule expérience et non par la force du raisonnement, qu'on peut savoir laquelle de toutes ces façons il a choisie » (§ 46), où on peut noter le parallélisme entre « qu'il peut en être déduit en plusieurs diverses façons » et « ayant pu être ordonnées de Dieu en une infinité de diverses façons ».

230. Rappel du *Traité du Monde,* auquel Descartes tient toujours beaucoup : cf. le 27 avril 1637 : « ... tout le dessein de ce que je fais imprimer à cette fois (le *Discours* et les *Essais*) n'est que de lui préparer le chemin, et sonder le gué. »

231. Est-ce pour cette raison que Descartes se décrivait, sept ans auparavant, comme « caché derrière le tableau pour écouter ce qu'on en dira » (lettre du 8 octobre 1629) ?

232. Descartes va développer la distinction entre « écrire » et « publier », annoncée dans le § 1.

233. Dans la lettre au P. Dinet écrite à l'occasion des *septièmes Objections,* Descartes cite ce passage et l'explique, tout comme l'anonymat du *Discours,* ainsi : « je fis tout ce que je pus pour me mettre à couvert de l'envie. »

234. Cf. IIIe partie, § 5 et 6.

235. Le 25 avril 1631, Guez de Balzac louait Descartes de marcher « à la conquête de la vérité », et, en 1628, déjà, il parlait, par anticipation, du plaisir « à lire vos diverses aventures dans la moyenne et dans la plus haute région de l'air, à considérer vos prouesses contre les Géants de l'Ecole ».

Leibniz, lui, dira que Descartes commence par une « rodomontade » (la solution du problème de Pappus, dans la *Géométrie*).

236. Allusion aux présocratiques (sur Démocrite, cf. à Huyghens, mars 1638).

237. Contre la scolastique, et contre les partisans de l'*Ars brevis* de R. Lulle ; cf. la fin de la règle 2 ; et la lettre à Beeckman du 29 avril 1619.

238. Il est important de comprendre la méthode comme une accoutumance et, par rapport aux « préjugés », comme une « contre »-accoutumance.

239. Expression propre aux alchimistes.

240. Descartes ne considère pas l'expérience, en tant que telle, comme une preuve ; cf. à Mersenne, en avril 1634 : « pour les expériences que vous me mandez de Galilée, je les nie toutes. »

241. Cf. le début du § 1.

242. A Mersenne, le 27 février 1637 (?) : « quoi que je fasse, je ne m'en cacherai point comme d'un crime, mais seulement pour éviter le bruit, et me retenir la même liberté que j'ai eue jusques ici » (Al. I, 523).

243. A Mersenne, 27 avril 1637 : « ... Je n'ai parlé comme j'ai fait de ma physique qu'afin de convier ceux qui la désireront à faire changer les causes qui m'empêchent de la publier. »

Et, pour les « essais » qui suivent le *Discours*, il précise, en décembre 1637 : « ... J'ai seulement tâché par la Dioptrique et par les Météores de persuader que ma méthode est meilleure que l'ordinaire, mais je prétends l'avoir démontré par ma Géométrie » (à Mersenne).

244. Descartes défend ici l'idée d'une explication qui ne prétend qu'à l'intelligibilité, sans toucher à la détermination de l'essence réelle de la chose en question. D'où la possibilité d'utiliser des modèles mécaniques, et mathématiques — comme, à propos de la lumière, Descartes met entre parenthèses la question de sa « nature » (*Dioptrique,* I), en invoquant les astronomes « qui, bien que leurs suppositions soient presque toutes fausses ou incertaines, toutefois, à cause qu'elles se rapportent à diverses observations qu'ils ont faites, ne

laissent pas d'en tirer plusieurs conséquences très vraies et très assurées » (Al. I, 654). Ce qui rejoint une remarque déjà faite dans la règle 12 (Al. I, 143), où Descartes, par ailleurs, présente cette manière de penser en relation au travail du mathématicien : « Libre à vous, si vous voulez, de ne pas croire qu'il en soit réellement ainsi ; mais qu'est-ce qui vous empêchera d'adopter les mêmes hypothèses, s'il se manifeste qu'elles ne retranchent rien à la vérité des choses, et qu'elles n'ont d'autre effet que de rendre tout beaucoup plus clair ? Vous vous y prenez de même lorsque vous faites sur une quantité, en géométrie, certaines hypothèses qui ne diminuent en rien la force des démonstrations... » (Al. I, 136).

245. Sur ce fameux passage, controversé par Morin, voir la remarquable lettre à Morin du 13 juillet 1638. Le jeu est complexe entre « démontrer », « prouver » et « expliquer ». De l'objection : « prouver des effets par une cause, puis prouver cette cause par les mêmes effets, est un cercle logique », Descartes se tire par une distinction entre *expliquer* et *prouver* : ce n'est pas un cercle « d'expliquer des effets par une cause, puis de la prouver par eux... A quoi j'ajoute qu'on peut user du mot *démontrer* pour signifier l'un et l'autre... J'ajoute aussi que ce n'est pas un cercle de prouver une cause par plusieurs effets qui sont connus d'ailleurs, puis réciproquement de prouver quelques autres effets par cette cause ». Et il renvoie à la phrase : « comme les dernières sont démontrées par les premières qui sont leurs causes, ces premières le sont réciproquement par les dernières qui sont leurs effets. »

246. Donc Descartes a bien décidé de ne pas livrer les *principes*, c'est-à-dire ce qu'il appelle « les fondements de sa physique », dans les *Essais* de la méthode.

247. Cf. la fin de la IVe partie : « évidence de la raison » et vérité du monde sensible.

248. Il s'agit d'une manière nouvelle de tailler les

verres, proposée in *Dioptrique,* X, que Descartes n'avait
pu réaliser en 1629 avec Ferrier.

249. Une partition.

250. Les dernières lignes cherchent à retrouver *l'ouverture* du *Discours* — sa note fondamentale.

DOSSIER

PREMIÈRE PARTIE

Pour permettre d'approfondir la démarche de Descartes dans cette partie, nous donnons cinq textes.

Le premier a été découvert récemment à Poitiers, par l'« équipe Descartes » (C.N.R.S.) : au dos d'une gravure de 1621, se trouvait le placard de licence en droit soutenue par Descartes le 21 décembre 1616. La dédicace du placard a été traduite du latin par J. R. Armogathe et Vincent Carraud, membres du Centre d'études cartésiennes, et publiée en 1987. Le désir de vérité de Descartes est déjà là tout entier, avec sa structure si particulière, où l'épreuve de la déception relance toujours plus haut l'« extrême désir ».

Le second, de F. Alquié, qui a publié les Œuvres philosophiques de Descartes chez Garnier, donne une idée du cours d'études dans un collège jésuite comme celui de La Flèche.

Le troisième présente des extraits des Prolégomènes aux disciplines mathématiques du P. Clavius, professeur à Rome, chargé par la Compagnie de former des maîtres de mathématiques. Descartes a consulté ces textes à La Flèche, et a beaucoup retenu du rapprochement entre les mathématiques et Platon.

Le quatrième jette une vive lumière sur le mode d'écriture adopté par Descartes dans le Discours. Marc Fumaroli, professeur au Collège de France, présente la Censura, un texte peu connu (AT I, 7-13) où l'on voit Descartes prendre parti dans la fameuse querelle suscitée par les Lettres *de son ami Guez de Balzac et préciser, en 1628, sa conception du discours. Comment écrire si l'on veut détruire le principe d'autorité et néanmoins convaincre un lecteur accoutumé de ne rien lire qui ne s'y réfère ? En reconstituant le contexte de la prise de position de Descartes, M. Fumaroli donne une nouvelle valeur à ce « Je » qui veut rejoindre un « nous ».*

Dans le dernier texte, le P. Costabel, auteur d'ouvrages érudits sur la science cartésienne, s'interroge sur le titre *du* Discours *et des* Essais *de la méthode.*

DESCARTES

(Texte 1)

Au très illustre René Brochard,
Seigneur des Fontaines et très intègre conseiller du roi
au présidial de Poitiers,
son très vénéré oncle maternel,
René Descartes, licencié en droit canon et civil, donne
salut et paix.

> « Il est bon d'atteindre des sources scellées
> Et d'y puiser, et il est bon de cueillir des fleurs
> [nouvelles[1*] »

En ayant recours à vous (MON ONCLE SI VÉNÉRÉ), je
pense avoir atteint la source même de l'intégrité[**], où je
ne serai pas seulement paré des fleurs si parfumées de
votre gloire, — *Sans que je ne fasse rien pour ma gloire
future[***]* —, mais où j'espère bien que ma jeunesse,

---

1. Les notes appelées par des astérisques proviennent de l'édition
d'origine.
*. « *Juvat integros accedere fontes. Atque haurire: juvatque novos
decerpere flores* », Lucrèce, *De natura rerum*, I, 927-928 et IV, 2 (où
Lucrèce reprend dix-sept vers du livre I).
** « *Integritatis fontem* » : a) en reprenant les *fontes* de l'épigraphe,
en filant la métaphore de la source (mot privilégié par la traduction) ou de
la fontaine et surtout en l'appliquant à son grand-oncle, Descartes joue
évidemment sur le mot, puisque René Brochard est « Seigneur des
Fontaines » ; b) *Integritas* reprend la dédicace, et surtout le distique de
Lucrèce : sources scellées, vierges, inviolées, intègres.
*** « *Sic ut nihil ipse futurae Laudis agam* », Juvénal, Satire VIII,
v. 75-76 ; le texte de Juvénal porte *agas* (deuxième personne) et non,
comme ici, *agam*.

fraîche et verte encore, puisse un jour fleurir, si les
sources si douces de votre vertu viennent à la baigner.
De même en effet que les tendres prairies se couvrent
d'un parterre de fleurs d'autant plus beau qu'elles
reçoivent des eaux plus fertiles, de même l'esprit de
l'homme porte d'autant plus de fleurs qu'il a davantage
puisé pour s'en abreuver aux douceurs des sciences et de
la vertu. C'est ce que, par une heureuse curiosité, j'ai
moi-même connu depuis peu : à la tendre sortie de l'âge
vagissant, j'ai appliqué mes lèvres encore humides de la
rosée laiteuse de ma nourrice aux sources délicieuses des
arts libéraux. Et d'abord, enchanté que j'étais par le
caressant murmure de l'onde qui bruit paisiblement, je
désirais puiser aux flots mellifues de la poésie ; mais
j'admirais bientôt le fracas plus grave des mots qui
dévalaient comme des torrents, et, avec un extrême
désir, j'avais soif des fleuves plus larges de l'éloquence.
Mais, comme ils donnent soif de savoir plus qu'ils ne
désaltèrent, ils ne purent me satisfaire en aucune façon.
Je parcourais enfin, avec une soigneuse application,
l'immense étendue des sciences et toutes les rivières qui
en tirent leur cours si abondant : ce n'était pas assurément quelque folle ambition qui m'avait emporté, sans
penser à la faiblesse de mes capacités, d'espérer parvenir à épuiser ne serait-ce que l'unique ruisseau de
quelqu'une des sciences, mais je voulais en choisir une
parmi les autres, dont la très douce rosée aurait pour
l'avenir apaisé la soif de mon esprit, et désirais les
distinguer toutes par l'expérience. Je ne m'étais jamais
lassé d'une curiosité si laborieuse, jusqu'à ce que j'aie vu
enfin jaillir, de vous, les sources si pures des vertus et du
savoir, qui ont commencé de me dégoûter des autres et
de me faire n'estimer et ne suivre que les vôtres, c'est-à-
dire (pour rendre mon langage moins brumeux) jusqu'à
ce que je vous aie fait l'unique modèle à admirer et à
imiter. Telle est en effet la pureté de votre vie, telle est
l'intégrité de vos mœurs, le charme de votre entretien, la
fécondité de vos enseignements, l'éclat de votre vertu,

qu'on ne peut souhaiter ajouter rien de plus à une source
si agréable. Que pourrait-on bien souhaiter, sinon
qu'elle bruisse paisiblement — *Et l'onde qui s'enfuit
s'efforce-t-elle de trembler dans son cours oblique*[*]? —
puisque même les esprits obliques des envieux sont
contraints de reconnaître les sources de votre vertu,
qu'entoure le bruit flatteur de votre renommée. Et
cependant ni le pur argent du flot abondant, ni la
splendeur dorée du sable opulent, n'ont pour moi autant
d'attraits. Mais ici une Nymphe d'une grande beauté
m'est apparue : ce n'était pas Artémis, telle que la vit
jadis le malheureux Actéon, mais Thémis, qui m'a moi
aussi métamorphosé, de tout autre façon, car elle ne m'a
pas changé en cerf, pour que j'évite à l'avenir, d'une
course craintive, la rencontre de celle qu'une fois j'ai
regardée, mais elle m'a domestiqué en serf, tout sauvage
que j'étais de ma liberté naturelle, pour qu'au long de
ma vie je m'attache à la suivre d'un ardent désir. Et
comme j'aspire désormais à ne pas passer pour indigne
de l'aimer et de l'adorer, c'est vers vous vraiment qu'il
m'a paru légitime de me tourner, puisqu'elle habite vos
sources pures comme son sanctuaire, afin que vous
daigniez me concilier la grâce et la bienveillance d'une
déesse si aimable.

[*] « *Et obliquo laboret Lympha fugax trepidare rivo?* », Horace,
Odes, livre II, ode III, v. 11-12. a) Toutes les éditions d'Horace (y
compris l'édition Lambin, Paris, 1604) donnent : « *Quid obliquo laborat* [...] » et non, comme Descartes, « *Et obliquo laboret* [...] », et les
nombreuses traductions sont fantaisistes ou lointaines. Le sens le plus
probable nous paraît être le suivant : « Pourquoi l'onde qui s'enfuit se
travaille-t-elle à trembler dans son cours oblique ? » Nous sommes
dans le contexte d'un jardin — donc une nature artificielle : on peut
penser que le ruisseau ne suit pas la plus grande pente, mais qu'il est
canalisé, à flanc de coteau, d'où cet « oblique », et surtout son effort
(« *laborat* ») ; b) La faute de Descartes n'est pas une faute de mémoire : elle se trouve dans le recueil de Pierre de la Brosse, PETRUS
BROSSAEUS, *Corpus omnium veterum poetarum latinorum...* (2 vol.,
1426 p. et 888 p., éd., à Lyon en 1603, rééd. à Genève en 1611), cité
par Descartes dans le rêve : le *Corpus poetarum* est ouvert à « *Quod
vitae sectabor iter ?* » (AT IX, 182-183 et note a). Descartes cite donc
non selon Horace lui-même, mais selon le manuel de ses études, et de
son troisième songe.

FERDINAND ALQUIÉ

(*Texte 2*)

...si, en dehors des écrits cartésiens, nous avons peu de renseignements sur ce qui advint à l'élève Descartes, nous possédons, en revanche, de nombreux documents sur ce qu'étaient, à cette époque, les études dans les collèges de jésuites. On y consacrait cinq ou six ans à l'étude des lettres : les trois premières années étaient réservées à la grammaire (c'est là que l'on apprenait ce que le *Discours* appelle *les langues*, à savoir le latin et le grec, ce pourquoi il déclare seulement qu'elles sont *nécessaires pour l'intelligence des livres anciens*), la quatrième aux humanités proprement dites, la cinquième à la rhétorique : c'est en ces deux dernières années que l'on étudiait l'éloquence (surtout dans les discours de Cicéron) et la poésie (surtout dans Virgile, Horace, Ovide et Sénèque le tragique). Puis venaient trois années de philosophie · la première était consacrée à la logique, la seconde à la physique et aux mathématiques, la troisième à la métaphysique et à la morale. Mais, en ces années de philosophie, l'enseignement était divisé entre plusieurs professeurs, et ne relevait pas du même esprit. Ainsi, les mathématiques étaient enseignées selon l'ordre de la démonstration, et le professeur insistait surtout sur les mathématiques appliquées. L'enseignement de la physique, au contraire, reposait tout entier sur le commentaire de textes d'Aristote. Les deux enseignements ayant lieu la même année, on comprend que Descartes ait pu être frappé par leur contraste, et

rêver d'une physique conçue selon la méthode mathématique.

Cependant ce n'est pas sur cette opposition qu'il
insiste dans le *Discours,* mais bien plutôt sur l'opposition
des mathématiques et de la morale. L'enseignement de
la morale, en effet, était confié à un professeur autre que
le professeur de philosophie : il procédait par exemples,
tirés en général des livres anciens, et gardait un caractère
littéraire. Telle est la source de la distinction entre les
mathématiques, démonstratives et vaines (vaines malgré
leurs applications techniques, puisqu'elles ne proposent
aucun but à l'homme) ; et les écrits des anciens païens,
fort superbes et fort magnifiques, mais *qui n'étaient bâtis
que sur du sable.*

CLAVIUS

(*Texte 3*)

DIGNITÉ ET EXCELLENCE DES SCIENCES
MATHÉMATIQUES

Puisque les disciplines mathématiques traitent de
choses que l'on considère indépendamment de toute
matière sensible, bien qu'elles soient en réalité plongées
dans la matière, on voit manifestement qu'elles tiennent
une place intermédiaire entre la métaphysique et la
science de la nature, si nous considérons leur objet,
comme Proclus a raison de le soutenir. L'objet de la
métaphysique est en effet séparé de toute matière, du
point de vue de la chose et du point de vue de la raison ;
l'objet de la physique, du point de vue de la chose et du
point de vue de la raison, est lié à la matière sensible.
Aussi, quand on considère l'objet des disciplines mathématiques en dehors de toute matière, bien qu'en réalité
il se rencontre en elle, il apparaît clairement qu'il est
intermédiaire entre les deux autres. Mais si l'on doit
juger de la dignité et de l'excellence d'une science
d'après la certitude des démonstrations dont elle fait
usage, les disciplines mathématiques auront sans aucun
doute la première place entre toutes. Elles démontrent
en effet tout ce dont elles entreprennent de discuter par
les raisons les plus fermes et l'établissent de telle sorte
qu'elles font naître dans l'esprit de l'élève une véritable
science et ôtent absolument tout doute ; ce que nous ne
pouvons guère reconnaître en d'autres sciences, puisque

la multitude des opinions et la diversité des avis dans le jugement porté sur la vérité des conclusions y laissent souvent l'esprit dans l'hésitation et l'incertitude. En font manifestement foi le si grand nombre des écoles péripatéticiennes (passons pour le moment sous silence les autres philosophes) qui se sont développées à partir d'Aristote comme autant de branches à partir d'un tronc, et qui présentent entre elles, et parfois par rapport à leur source même, Aristote, de telles différences qu'on ne sait absolument pas ce qu'a voulu dire Aristote et s'il a suscité une discussion plutôt sur les mots ou sur les choses. Ce qui fait que les uns prennent comme guides les commentateurs grecs, d'autres les latins, d'autres les arabes, d'autres les nominalistes, d'autres enfin les réalistes, comme on les appelle (qui tous, pourtant, prétendent être péripatéticiens). Comme on est loin alors des démonstrations mathématiques, cela, je pense, n'échappe à personne. En effet les théorèmes d'Euclide et de tous les autres mathématiciens conservent aujourd'hui dans les écoles, après tant d'années, la même pureté de vérité, la même certitude des objets, la même force et la même fermeté des démonstrations. A cela s'ajoute ce que Platon dit dans le *Philèbe*, ce dialogue consacré au souverain bien : qu'une science est d'autant plus digne et excellente qu'elle est plus attachée à la pureté et à la vérité. Et puisque les disciplines mathématiques recherchent, aiment et cultivent la vérité à tel point qu'elles n'admettent non seulement rien qui soit faux, mais même rien qui soit seulement probable, rien enfin à quoi elles ne donnent fermeté et force par les démonstrations les plus certaines, on ne peut douter que la première place entre toutes les sciences ne doive leur être accordée.

USAGES DIVERS DES DISCIPLINES MATHÉMATIQUES

Les disciplines mathématiques doivent être estimées non seulement utiles, mais même tout à fait nécessaires pour connaître parfaitement les autres arts, en parti-

culier pour fonder et administrer correctement même la
chose publique. En effet personne ne peut accéder à la
métaphysique, comme Proclus l'a remarquablement
montré, si ce n'est par l'entremise des disciplines mathématiques. Car si nous essayons, sans aucun intermédiaire, d'élever les forces et le regard de notre entendement des choses sensibles que considère le physicien vers
les choses détachées et séparées de toute matière sensible que contemple le métaphysicien, nous nous aveu-
glerons nous-mêmes, tout comme il arrive à celui que
l'on fait sortir d'une prison ténébreuse, où il est resté
longtemps caché, dans la lumière éclatante du soleil.
C'est pourquoi, avant que l'entendement ne s'élève des
choses physiques, qui dépendent des sens et sont liées à
la matière, vers les choses métaphysiques, qui en sont
tout à fait dépouillées, il faut nécessairement, pour
éviter qu'il soit offusqué par leur éclat, l'accoutumer
d'abord à des choses moins abstraites, comme celles que
considèrent les mathématiciens, et lui permettre ainsi de
les comprendre plus facilement. Et c'est à bon droit que
le divin Platon affirme que les disciplines mathématiques
élèvent l'âme et rendent le regard de l'esprit plus pénétrant pour la contemplation des choses divines. De
quelle utilité sont ces disciplines pour saisir et interpréter
correctement les livres sacrés, le bienheureux Augustin
nous l'expose brillamment au chapitre 16 du livre II de
La Doctrine chrétienne (...). [P. 6] Les mathématiques
contribuent aussi beaucoup à la parfaite possession de la
philosophie naturelle, de la philosophie morale, de la
dialectique et des autres arts et autres savoirs de ce
genre, comme Proclus le montre clairement. Ajoutons à
cela que tous les ouvrages des philosophes anciens,
surtout ceux d'Aristote et de Platon, que nous proposons à juste titre comme guides à suivre pour bien
philosopher, et de presque tous les commentateurs tant
latins que grecs, font référence à des exemples mathématiques, principalement parce que ce qui semblait être
sans cela embarrassé de nombreuses difficultés devient

plus clair et plus manifeste grâce à des exemples de ce genre, dont il est sûr qu'on ne pourra aucunement les faire saisir, si l'on n'a pas du tout expérience des sciences mathématiques. Et songeons que personne autrefois n'aurait osé fréquenter la très célèbre école du divin Platon sans s'être d'abord parfaitement assuré la possession des disciplines mathématiques. Aussi avait-il peint, dit-on, cette formule au fronton de l'Académie : « Que nul n'entre ici s'il n'est géomètre » (...). D'où sa recommandation dans le livre VII de *La République* : les disciplines mathématiques doivent être apprises avant toute autre, à cause de leurs usages multiples et variés (...). Au même endroit, en termes exprès, Platon affirme que les arithméticiens ont par nature plus d'aptitude et de dispositions que les autres pour tous les savoirs, à tel point que, même si les mathématiques ne nous étaient d'aucun autre usage (et nous en recueillons presque une infinité d'autres avantages), il faudrait pourtant, à son avis, mettre toute notre application à les apprendre, parce qu'elles rendent l'intelligence et l'esprit plus aptes à acquérir tous les autres arts, et plus pénétrants (...). A tous ces usages s'ajoutent le plaisir et le contentement les plus vifs dont l'esprit, à cultiver ces arts et à s'y exercer, est comblé.

ÉLOGE D'EUCLIDE ET DE LA GÉOMÉTRIE

(...) Le principal ouvrage d'Euclide fut ce volume des *Eléments de Géométrie*, [P. 7] dont on n'a jamais fait, de l'avis unanime, assez d'éloges, qu'il composa selon un ordre si admirable et avec un si grand savoir qu'aucun de ceux qui rédigèrent semblables Eléments (et, selon Proclus, il y en eut beaucoup) ne s'est montré son égal, encore moins son supérieur. Il est vrai que, s'il y fait preuve de la plus grande pénétration d'esprit, il n'a pourtant pas jugé bon de livrer au public tout ce qui relève de l'objet de la géométrie, mais de prouver par les

arguments et les raisons les plus fermes cela seulement
qui a paru nécessaire et utile à la pratique courante de
tous. Mais l'excellence et l'utilité de ces *Eléments de
Géométrie* d'Euclide, et par conséquent de la géométrie universelle, ce que nous venons d'écrire déjà, et
aussi ce que nous allons maintenant dire, permet de le
reconnaître clairement. Si en effet on les appelle éléments de géométrie, c'est parce que sans eux nous ne
pouvons aborder aucun ouvrage mathématique, à plus
forte raison en recueillir quelque fruit. Car tous les
auteurs, en mathématiques, comme Archimède, Apol-
lonius, Théodose, etc., usent dans leurs démonstrations
de ces éléments d'Euclide comme de principes depuis
longtemps universellement reconnus et démontrés.
Aussi, de même que celui qui veut lire commence par
apprendre les éléments que sont les lettres et, après une
répétition assidue, les emploie en prononçant tous les
mots, de même celui qui désire se rendre familières les
autres disciplines mathématiques doit nécessairement
commencer par être complètement et parfaitement
rompu à ces éléments de géométrie. C'est de ces éléments en effet que découlent, comme d'une source très
abondante, toute mesure et tout partage des largeurs,
longueurs, hauteurs, profondeurs, des champs, des montagnes, des îles, tout usage d'instruments pour observer
les astres dans le ciel, toute construction de cadrans
solaires, tout ce qui fait la force des machines, tout calcul
des poids, toute la variété des diverses apparences que
l'on voit dans les miroirs, les tableaux, les eaux et dans
l'air diversement éclairé. A partir de ces éléments,
dis-je, on a découvert le milieu de toute cette machine du
monde, son centre ; on a découvert les pôles autour
desquels elle tourne perpétuellement ; on a déterminé
enfin la figure et la grandeur de toute la sphère. On fait
voir et l'on démontre, par la seule vertu de cette science,
la révolution constante, le lever, le coucher, le départ, le
retour, les mouvements ascendant et descendant de
l'ensemble du ciel et des astres, la diversité du jour et de

la nuit, des saisons, au cours de l'année, selon la situation des pays et la latitude. Les diverses conjonctions des planètes, leurs oppositions, leurs apparitions, sont connues si aisément que leur position dans le ciel et les éclipses, c'est-à-dire les disparitions du Soleil et de la Lune, peuvent être avec la plus grande certitude, avant qu'elles se produisent, prédites par les mathématiciens pour tout le temps à venir. Bref, cet immense ouvrage de Dieu et de la Nature, le monde, dis-je, dans sa totalité, c'est la tâche et le bienfait de la géométrie que de le soumettre au regard de notre esprit, et de l'offrir à notre contemplation.

Ajoutons que la géométrie nous montre manifestement que sont croyables quantité de choses qui semblent être tout à fait incroyables et auxquelles personne ne parvient à ajouter foi : ainsi ce que l'histoire atteste concernant Archimède de Syracuse. Hiéron, roi de Syracuse, avait fait construire, pour l'envoyer à Ptolémée, roi d'Egypte, un navire si lourd que tous les Syracusains réunis ne pouvaient le déplacer si peu que ce soit ; Archimède, très habile géomètre, comptant sur les seules forces de la géométrie, promit au Roi qu'il ferait en sorte qu'à lui seul, le Roi, sans aucune peine, soulèverait le navire. Ce qui fut fait ; et l'on rapporte que le Roi stupéfait s'écria devant tous : « Désormais, quoi que dise Archimède, il faut le croire. » Du même ordre est, me semble-t-il, ce très bel exploit accompli aussi par Archimède à Syracuse, grâce à la géométrie, quand, sans fondre la couronne composée d'or et d'argent que le Roi avait fait fabriquer avec le plus grand soin, il trouva très ingénieusement les poids respectifs de l'or et de l'argent que l'orfèvre avait mélangés frauduleusement. Et l'on ne doit pas passer sous silence qu'Archimède s'est aussi souvent vanté de pouvoir, en se fondant sur la puissance et l'efficace des démonstrations mathématiques, s'il avait une autre terre où prendre appui, tirer de son lieu cette terre à nous, où nous vivons. De manière analogue, telles ou telles forces étant données, il pourrait mouvoir tel ou tel poids. Et l'on a gardé le souvenir d'autres faits de ce genre, accomplis non seulement par Archimède mais aussi par d'autres géomètres très célèbres (…).

Autre chose contribue à l'excellence et à l'utilité de la géométrie : les démonstrations géométriques étant les plus lumineuses, nul ne saisira bien sans elles ce qu'est l'essence des démonstrations, nul ne sera, s'il s'en dispense, un parfait expert en la méthode (…).

Voici enfin la plus grande gloire de la géométrie, qu'on doit par tous les moyens célébrer : elle n'est pas restée attachée à ces pauvres petites machines dont elle a tiré son origine, mais elle s'est élancée jusqu'au ciel, elle a fait revenir en ce lieu céleste l'esprit des hommes assujettis à la glèbe, elle a soumis à notre entendement la fabrique admirable, l'administration et le gouvernement de ce monde.

MARC FUMAROLI

(*Texte 4*)

Mais l'ironie « sublime » du style de Lipse, la *simulatio* de l'artiste sous le philosophe en action, ne pouvaient être goûtées que par des doctes, experts de l'histoire de la prose latine ; son air improvisé ne pouvait cacher à ces doctes les ressources de mémoire savante dont sa langue dépendait ; ses pointes étaient d'ailleurs d'autant plus délectables qu'elles jouaient sur la comparaison avec leurs modèles antiques, Sénèque, Tacite, les poètes. Le style de Lipse, au jugement même des savants auxquels il s'adressait, est très vite tombé sous le coup de la critique adressée par Quintilien aux sénéquistes de son temps : un « corps tout couvert d'yeux ». Le style de Montaigne n'aurait pas dû échapper à cette critique. Mais, dans une langue qui, vulgaire, peut se donner ironiquement comme incapable d'art savant, son éloquence consommée ne laisse rien voir, sous ce voile ostensiblement pauvre, des ressources de l'artiste, du rhéteur, voilées encore par le hardi dénudement d'un « je » qui ose être lui-même tout entier devant nous. Ainsi Montaigne a-t-il pu passer pour un modèle de naïveté, de simplicité, de naturel, quand Lipse n'échappait pas au soupçon de sophistique littéraire. La leçon joua en faveur du vulgaire, dès lors plus philosophique en puissance que le latin. Et en dépit des critiques qu'elle suscita, la prose française « cicéronienne » de Balzac ajouta un ultime voile de douceur polie à la fois sur les aspérités du « je » selon Montaigne, et sur l'art littéraire dont celui-ci ne souhaitait point se prévaloir.

Tout ceci pourrait bien paraître étranger au héros philosophique du *Cogito* si nous ne disposions d'un document qui atteste à quel point Descartes était attentif au tournant rhétorique pris par sa génération. Je veux parler de sa *Censura* adressée à Guez de Balzac, en 1628, au plus fort de la Querelle qu'avaient suscitée les *Lettres* de son ami. Descartes y prend la peine d'exposer, avec une compétence qu'il doit aux jésuites de La Flèche, la nature et les motifs de son adhésion au style contesté de l'*Unico Eloquente*. Toute la doctrine qu'il expose s'articule à la métaphore, chère à Cicéron et Quintilien, du discours comme « corps humain en pleine santé », *tanquam in humano corpore valetudo*. On ne peut plus nettement prendre ses distances avec le maniérisme néo-latin de Lipse, son style « coupé » tout en « pointes » ou *acumina*. Mais c'est aussi rejeter l'éloquence, française cette fois, des magistrats du XVIᵉ siècle, dont Montaigne est encore justiciable, et qui parsème le discours de citations latines et grecques, brisant son unité, sa continuité, sa vigueur. Descartes a bien vu que l'heureuse harmonie « cicéronienne », adoptée en français par Balzac, servait mieux l'autorité intérieure et la force du raisonnement du « je » adulte que l'expressionnisme latin de Lipse ou le pédantisme citateur des magistrats du Palais. Et cette *valetudo* est inséparable pour Descartes de la *venustas* et de l'*elegantia*, de la grâce et de la distinction, telles qu'elles apparaissent dans la beauté d'une femme bien faite : *tanquam in perfecte formosa muliere pulchritudo*. La métaphore du discours « comme corps » se poursuit donc : ce corps « sain » doit être désirable « comme » un corps féminin, ce qui suppose le recours à l'ornement des figures et à l'harmonie des périodes. Cela implique aussi que la magnanimité « virile », mais un peu ostentatoire et provocante, du « je » montaignien, par exemple, doit consentir à se voiler de douceur polie, d'essence féminine parce qu'accueillante pour autrui. Et Descartes, disciple ici de la critique littéraire du jésuite Nicolas

Caussin, énumère un certain nombre d'erreurs rhéto-
riques, autant de fautes morales contre la juste mesure
cicéronienne qu'il a d'abord définie. Chez les uns, dit-il,
la beauté extérieure se fait trop voir, révélant une
disproportion pénible entre le soin des mots et la vigueur
de la pensée. C'est, de toute évidence, le cas du « cicéronianisme » tel que l'avaient attaqué et condamné Politien, Erasme, Montaigne. Chez d'autres en revanche, on
a affaire à un excès du sens qui déborde la forme, trop
serrée et frôlant l'obscurité. Il pense ici à l'anticicéronia-
nisme d'un Juste Lipse et de ses imitateurs. Chez
d'autres, qui évitent ces deux extrêmes, la clarté régu-
lière manque d'attrait et ennuie. Il fait très certainement
allusion au style de la « communication » sans ornement
que pratiquaient les érudits de la *Respublica litterarum*
ennemis de Juste Lipse, hollandais et français. Enfin,
voulant éviter ce défaut, d'autres parsèment leur discours de traits d'esprit, d'ornements poétiques, ce qui
ôte toute gravité à la pensée. Descartes songe cette fois
aux « marguerites » en vogue à la cour, et que Guez de
Balzac, après Malherbe et avec l'Académie, a combat-
tues : la queue de comète en prose du pétrarquisme.

La *concordia rerum cum sermone*, que Descartes fait
honneur à Balzac de pratiquer dans ses *Lettres*, évite
ces diverses difformités : elle donne aux célèbres *Lettres*
la fraîcheur saine que Descartes, filant la métaphore,
compare à celle du teint d'une jeune fille se passant des
fards dont usent les vieilles coquettes. Il est difficile de
savoir si, dans cet éloge, l'ironie de Descartes ne prête
pas à Balzac son propre idéal littéraire, apparenté sans
doute à celui du célèbre écrivain, mais ajusté à un tout
autre *ingenium*. Il n'en demeure pas moins que son
sentiment de solidarité avec Balzac est sincère : dans des
ordres différents, ils mènent le même combat d'une
génération. Le naturel que Descartes prête au style de
Balzac ne va pas, dit-il, sans simplicité, mais dans la
grâce, l'élégance, le charme, autant de mouvements vers
autrui. Ce style est parfaitement accordé au genre épis-

tolaire, qui dispense l'écrivain de tous les effets voyants
et déclamatoires, dont ne peuvent se passer les discours
prononcés dans la salle de classe, à l'imitation du Forum.
Le genre-témoin de la tradition anticicéronienne, de
Politien à Lipse, la lettre, cousin du genre de l'essai,
apparaît ici dans son rôle traditionnel, asile de la
« parole intérieure », à l'opposé de la parole publique et
pompeuse de la chaire et des rostres. Mais Descartes le
conçoit autrement que Lipse et Montaigne, il accorde
cette « parole intérieure » jaillissant de source, aux
formes extérieures de l'attention, prudente ou généreuse, à autrui, à un cicéronianisme de l'urbanité. Et il se
livre à une brève histoire de l'éloquence, dont il ne
dissimule pas le caractère de « fable », mais où apparaît
cette volonté de réconciliation entre la recherche « anticicéronienne » d'un style « personnel » et la sociabilité
courtoise selon Castiglione et François de Sales. Le
philosophe distingue trois grands moments dans l'histoire de la parole : la naïveté primitive, où le cœur et la
langue allaient de concert, sans qu'il fût besoin d'un art ;
puis la corruption de cet « état de nature » par la
sophistique gréco-latine, art de masques vides et trom-
peurs ; et enfin l'apparition d'une synthèse supérieure,
dont la prose de Balzac est exemplaire, entre la candeur primitive, trempée dans l'épreuve en conscience
héroïque de soi, et l'art civilisé des formes, purifiées
toutefois de toute intention sophistique de duper et
d'abuser autrui. Cette « histoire » est moins une fable
que l'allégorie d'une situation de parole. Elle en dit plus
long encore sur Descartes que sur Balzac. La « candeur
primitive » est perdue ? Une sophistique perfide règne à
sa place ? La grandeur d'âme qui reste fidèle à la « candeur » perdue doit donc jouer serré pour se garder
intacte et s'exprimer sans s'exposer ni se trahir. La
parole de vérité ne peut plus se contenter de l'évidence
directe. Elle doit se voiler pour se faire jour sans péril, et
savoir user des ressources de l'art d'écrire pour se faire
reconnaître des esprits fraternels. Mais cet accommode-

ment à la dureté des temps et à la méchanceté des hommes déchus ne saurait être confondu avec les masques menteurs des sophistes. Descartes, célébrant Balzac et se méditant à travers celui-ci, prend soin de souligner que, protégé par son art d'écrire, l'épistolier est d'autant plus apte et audacieux à se montrer lui-même tel qu'il est pour qui sait le lire, et à ne rien cacher sur le vrai et le faux, le bien et le mal. La postérité saura discerner l'amour de la vérité, la magnanimité, l'esprit au-dessus des préjugés vulgaires et le degré sublime de vertu qui se manifestent sous le style admirable de Balzac. [...] Par-delà Montaigne, le maître de l'« honnesteté », Castiglione, avait le premier, parmi les modernes, traité en rhétoricien et en homme du monde un paradoxe alarmant : dire « je » sans se ruiner auprès de l'autre. [...] Parler de soi comme si on n'en parlait pas, joindre la *sprezzatura* à la modestie, c'est se rendre justice et marquer son point sans blesser autrui, c'est servir à la fois la contagion de la vérité et celle de la politesse.

Le témoignage rendu par Descartes à Balzac, que j'ai analysé plus haut, montre assez que, dès 1628, le philosophe a présent à l'esprit sinon le texte, du moins le problème posé par le texte de Castiglione, le rapport de la magnanimité — grandeur d'âme et force d'esprit — avec le langage, et donc avec la difficulté de se rendre manifeste à autrui sans mentir ni offenser. Montaigne l'avait résolue d'une façon à la fois abrupte et engageante. Balzac, plus profondément fidèle à Castiglione, à ses manières plus « urbaines », fait de son style même, de l'harmonie musicale de ses périodes, de l'ingéniosité plaisante de ses figures de pensée, une invitation courtoise envers autrui, un retrait modeste vis-à-vis de soi. Descartes, plus sobre dans l'ornement, n'en a pas moins adopté la même délicatesse prévenante. Dans un domaine, celui de la pensée, où ses lecteurs ont accoutumé de ne rien lire ni entendre qui ne s'appuie sur des autorités, il doit faire admettre qu'il est lui-même,

et son lecteur avec lui s'il sait le suivre, la seule autorité qui garantisse la vérité du bien penser, et qui rende
archaïques ou douteuses toutes les opinions reçues. Il
doit donc répéter, mais cette fois en lui conférant un
statut métaphysique stable, le coup d'éclat moral de
Montaigne, qui s'était pris pour sujet de ses propres
« Essais ». Encore Montaigne avait-il du moins multiplié
les citations, invoqué des exemples. Descartes se prive
même de ces béquilles : il écrit à la première personne
dans une prose lisse, sans couture, où ni citations antiques, ni exemples protecteurs ne viennent « couper » le
fil d'une méditation dont il est l'origine et le sujet. La
seule citation du *Discours* est une autocitation : « Je
pense, donc je suis », devise philosophique longtemps
mûrie à part soi. Pour faire admettre ce saut, magnanime
s'il en fut, de la pensée dérivée à la pensée assumée,
Descartes a suivi la règle du comte Gonzaga avec une
élégance digne du marquis de Spinola dans les *Lances* de
Velázquez. Les figures de modestie sont parsemées en
abondance dans son *Discours*, où la première personne
joue un rôle pourtant si central, si décisif. On n'y voit
même apparaître le « Je » qu'après un bref mais rassu-
rant séjour dans un « nous » de bonne compagnie, où le
« bon sens » est, par principe, « la chose du monde la
mieux partagée ». Et lorsque le « Je » se montre, il se
présente dans les formes les plus acceptables pour
l'amour propre du lecteur le plus soupçonneux : « Pour
moi, je n'ai jamais présumé que mon esprit fût en rien
plus parfait que ceux du commun. »

Il faudra attendre d'avoir reçu, chemin faisant, les
preuves les plus irréfutables de la *virtù* et de l'*ingegno* de
celui qui parle, pour que Descartes juge son lecteur en
état d'entendre sans sourciller cette affirmation d'orgueil
sans précédent : « Et je pense pouvoir dire sans vanité
que s'il y a quelqu'un qui en soit capable, ce doit être moi
plutôt qu'un autre. »

Cet éclair une fois échappé, Descartes rentre dans son
nuage et reprend, mais à un degré moindre d'effacement

toutefois, ses figures de modestie. La péroraison du
Discours (« Au reste, je ne veux point parler ici en
particulier des progrès que j'ai espérance de faire à
l'avenir... ») est un chef-d'œuvre de cette fierté franche,
mais sans forfanterie, dont Castiglione avait célébré les
vertus pour concilier les volontés d'autrui aux « grandes
âmes ». En garde de tous côtés, avec un humour rare
parmi les Français de tous les temps, Descartes sait
s'abaisser quand il le faut sans donner prise au moindre
soupçon de flatterie, et il sait s'élever sans éveiller la
moindre impression de défi. Les voiles d'exquise urbanité dont il enveloppe son « Je » doivent sans doute à la
prudence, à la politesse, mais ce ne sont pas les masques
d'un « amour propre » ordinaire. En dernière analyse,
ces voiles mêmes sont des préparations, dictées par une
sociabilité de bon aloi, au geste de sublime générosité
qui remplit la VIᵉ partie, et qui met en commun la source
de vérité qu'un seul croit avoir découvert. Si en effet le
« Je » cartésien avait commencé son récit par un mouvement de progressif éloignement du « nous » qui, avec
lui, était victime des préjugés traditionnels, si cette
séparation culmine dans la VIᵉ partie où est narrée la
révélation du « Je » transcendantal, c'est pour mieux
retrouver le « nous » à l'étage supérieur, et convier le
« public », dans la VIᵉ partie, à partager avec le philosophe la lumière de sa méthode :

> « Je jugeais, écrit Descartes, qu'il n'y avait point de
> meilleur remède [contre l'isolement du chercheur,
> ses moyens matériels limités, la brièveté de la vie
> individuelle] que de communiquer fidèlement au
> public tout le peu que j'aurais trouvé, et de convier
> les bons esprits à tâcher de passer plus outre, en
> contribuant, chacun selon son inclination et son
> pouvoir, aux expériences qu'il faudrait faire, et
> communiquant aussi au public toutes les choses qu'ils
> apprendraient, afin que, les derniers commençant où
> les précédents auraient achevé, et ainsi joignant les
> vies et les travaux de plusieurs, nous allassions tous
> ensemble beaucoup plus loin que chacun en parti-
> culier ne saurait faire. »

Dans sa traduction latine du *Discours*, en 1644,
Etienne de Courcelles traduira « public » dans ce passage par *Respublica litteraria*. Il était impossible en latin
d'éviter cet anachronisme. Mais il s'agit bien d'un anachronisme. Car du fait même de sa publication, le
Discours crée une communauté scientifique d'un type
nouveau, rompant en extension et en compréhension
avec l'ancienne *Respublica litterarum*, qui avait été le
milieu vital et nourricier où Descartes s'était développé,
et où il avait d'abord cherché son « chemin » : limitée
aux doctes s'exprimant en latin, cette « République »
avait pour bien commun les Lettres antiques, héritage
énorme et contradictoire riche en ferments féconds,
mais dont le poids était désormais ressenti comme un
obstacle aussi pour l'inventivité de l'*ingenium* moderne.
En étendant, par le choix de la langue vulgaire,
l'audience de ses traités aux « artisans » et du *Discours*
aux « honnestes gens », Descartes ne se contente pas de
parier, pour que sa pensée se diffuse et lui survive, sur
l'« universalité » qui se dessine alors à peine du français.
Il détermine l'aire d'une nouvelle République des
Lettres, englobant tous les « bons esprits » soucieux de
collaborer, à quelque titre que ce soit, au progrès moral,
scientifique et technique de la « République chrétienne ». Il fait mieux et davantage : il fonde littérale-
ment la possibilité d'une « Maison de Salomon » qui ne
soit pas une simple utopie, et il la fonde non pas sur
l'ondoyante *pietas litterata* d'Erasme, ni sur l'archaïque
empirisme de Bacon, mais sur une discipline de l'esprit
rigoureuse, fondée métaphysiquement, la seule qui
puisse poser les règles communes à tous et acceptables
par tous, en tous temps et tous pays, d'un travail fertile
pour tous. Et l'analyse littéraire du *Discours* nous
conduit à ajouter qu'à ces règles pour la direction de
l'esprit, Descartes joint, par le ton et les manières de sa
« communication » au public, les règles de civilité
propres à créer, à l'intérieur de la communauté des
intelligences en voie de formation, l'*éthos* de coopéra-

tion bienveillante qui convient seule au travail en commun. L'exquise humanité et urbanité qui imprègne l'attitude de Descartes envers son lecteur devient une norme exemplaire du « climat » qui doit régner dans la nouvelle République des Lettres. C'est bien celui qui régnera en effet aussi bien à l'Académie des sciences qu'à l'Abbaye de Saint-Germain-des-Prés, parmi les Messieurs de Port-Royal comme parmi les correspondants de Leibniz.

L'aventure individuelle de Descartes, l'histoire singulière de l'affranchissement d'un esprit se révèlent en dernière analyse héroïques parce que inaugurales d'un nouveau cosmos épistémologique et anthropologique. La double postulation qui gouverne le *Discours* — mise en évidence d'un « Je » pensant avec méthode, mouvement vers autrui qui transforme ce « Je » en « nous » capable de progrès bénéfiques à tous — s'avère ainsi tout ensemble philosophique et rhétorique. Ce qui écarte du *Discours* tout soupçon de solipsisme, c'est le sens, chez ce platonicien chrétien, du banquet, et d'abord du banquet des mots, de la fête de l'éloquence. Ce qui le préserve tout aussi bien de cette rouerie dont aujourd'hui, dans la tradition nietzschéenne, on cherche volontiers à le convaincre, c'est l'alliance elle aussi platonicienne d'ironie et de générosité dans le recours au langage, à la fable, aux images, aux masques et aux figures pour entraîner sur le chemin du vrai. Peu de textes philosophiques, sinon les *Dialogues* de Platon, scellent un contrat d'une telle bonne foi entre l'art littéraire le plus délicieux, parce que le moins visible — cette « élégance à paraître en négligé » dont Mallarmé fait le secret de la meilleure prose française — et la foi philosophique la plus ardente dans l'universalité du vrai, point de convergence de tous les « bons esprits ».

PIERRE COSTABEL

(Texte 5)

Descartes a composé et écrit son ouvrage avant de lui donner un titre, et les différences entre le titre initial qui fut communiqué à Mersenne en mars-avril 1636 et le titre définitif arrêté un an plus tard, sont importantes[*].

L'expression « Discours de la méthode » a été substituée à « Projet d'une science universelle », créant à Mersenne une difficulté dans la négociation pour le privilège à cause du mot « discours »[**]. Les Services du chancelier Séguier étaient, semble-t-il, si bien compartimentés, que celui chargé d'examiner les « traités » scientifiques n'avait pas mandat « pour les pièces d'éloquence tant en vers qu'en prose ». Descartes a heureusement fini par avoir gain de cause dans cette cocasse méprise, et en résistant à la suggestion de mettre « Traité de la méthode de raisonner ès sciences », il a eu l'occasion de préciser un thème sur lequel il s'est étendu par la suite : « [Je mets Discours de la méthode] pour montrer que je n'ai pas dessein de l'enseigner, mais seulement d'en parler[***]. »

Quant à l'emploi du mot « Essai », Descartes a signifié à Constantin Huyghens qu'il avait trouvé là le moyen de supprimer[****] « toute la glose » de la première ver-

---

[*] Cf. AT I, p. 349, pour le titre initial, et AT_N I, p. 621, pour le titre définitif indiqué à Constantin Huyghens le 27 février 1637.

[**] Cf. Mersenne, à Descartes, 15 février 1637, AT_N I, p. 661.

[***] Cf. Descartes, à Mersenne [mars-avril 1637], AT I, p. 349, l. 14-20.

[****] Cf. AT_N I, p. 620, dernière ligne.

sion : « Plus la Dioptrique, les Météores et la Géométrie, où les plus curieuses matières que l'auteur ait pu
choisir pour rendre preuve de la Science universelle qu'il
propose, sont expliquées... » Et dans le même temps il a
déclaré à Mersenne[*] : « Je nomme les Traités suivants de
cette Méthode pour ce que je prétends que les choses
qu'ils contiennent n'ont pu être trouvées sans elle et
qu'on peut connaître par eux ce qu'elle vaut... »

A ce premier constat concernant la publication en
1637, il convient de joindre la leçon d'une lettre du
22 février 1638 écrite par Descartes au P. Vatier, à La
Flèche[**]. Heureux d'avoir reçu de ce religieux jésuite un
avis favorable, Descartes maintient qu'il n'a pas eu
« dessein d'enseigner *toute* la Méthode, mais seulement
d'en dire assez », mais il ajoute : « Je n'ai pu montrer
l'usage de cette méthode dans les trois Traités que j'ai
donnés, à cause qu'elle prescrit un ordre pour chercher
les choses qui est assez différent de celui dont j'ai cru
devoir user pour les expliquer. » Et il complète un peu
plus loin : « Ce qui m'a fait joindre ces trois traités au
discours qui les précède, est que je me suis persuadé
qu'ils pourraient suffire pour faire que ceux qui les
auront soigneusement examinés... jugent que je me sers
de quelqu'autre méthode que le commun. » Il précise
même que la description de l'arc-en-ciel est l'endroit où
il a « montré quelqu'échantillon » de la méthode, mais
qu'il faut la relire plusieurs fois.

Ainsi, il faut prendre acte de ce qu'avec le temps — et
aussi en fonction des objections qui lui étaient faites de
divers côtés — Descartes a varié dans l'interprétation de
ce qu'il avait voulu faire et ce n'est pas sur lui qu'il faut
compter pour lever toute ambiguïté sur la signification
de la qualification d'*Essais*.

[*] Cf. AT I, p. 349, l. 22-25.
[**] Cf. AT I, p. 559.

DEUXIÈME PARTIE

Pour que la forme du soi corresponde à ce qu'exige la vérité, pour élever la conscience « au niveau de la raison », il faut détruire *les opinions, les préjugés, toutes les formes empiriques de conscience ; il faut aussi modifier* radicalement *les formes reçues des savoirs, de toutes les sciences — en commençant par la* présupposition *de tout savoir, la présupposition proprement* mathématique.

Dans cette partie, Descartes effectue un mouvement très paradoxal *: il réussit à promouvoir une forme nouvelle de stabilité, il fonde une nouvelle assise spirituelle, tout en opérant une totale démolition.*

Il lui faut alors montrer que sa révolution spirituelle n'a rien à voir avec la « réformation » politique, avec les « humeurs brouillonnes et inquiètes », et, d'autre part, que c'est la méthode *qui « contient tout ce qui donne de la certitude aux règles d'arithmétique » (et pas l'inverse).*

Nous donnons la fameuse lettre à Elisabeth sur Le Prince *de Machiavel pour approfondir la face « politique » de Descartes (voir aussi les lettres de novembre 1646 et du 22 février 1649) (texte 1).*

Quant à l'autre point, pour être bien compris, il exige qu'on suive la progression de Descartes depuis les Regulae *(1628) jusqu'à la publication de la* Géométrie *(1637).*

Dans un exposé récent fait au Colloque anniversaire de 1987, un universitaire de Chicago, M. Daniel Garber, présente la méthode, en 1628, comme un procédé opératoire (texte 2).

Jean Hyppolite, bien connu pour ses études hégéliennes, approfondissant les recherches antérieures d'E. Gilson et L. Brunschvicg, analyse la différence entre les Regulae *et la* Géométrie, *permet de comprendre la relation entre l'engendrement des équations selon la* Géométrie *et les « préceptes » de la IIe partie, et montre comment la* Géométrie *libère le noyau de la* méthode *de son enveloppe mathématique et en manifeste l'« essence proprement métaphysique » (texte 3).*

Ce « sens métaphysique du mathématique » est explicité par Heidegger, en ouverture à un cours sur la Critique de la Raison pure, *publié en 1962 (texte 4).*

DESCARTES

(Texte 1)

A ELISABETH

[Egmond, septembre 1646.]

Madame,

J'ai lu le livre dont Votre Altesse m'a commandé de lui écrire mon opinion, et j'y trouve plusieurs préceptes qui me semblent fort bons ; comme entre autres aux 19e et 20e chapitres : *Qu'un prince doit toujours éviter la haine et le mépris de ses sujets, et que l'amour du peuple vaut mieux que les forteresses.* Mais il y en a aussi plusieurs autres que je ne saurais approuver. Et je crois que ce en quoi l'auteur a le plus manqué, est qu'il n'a pas mis assez de distinction entre les princes qui ont acquis un Etat par des voies justes, et ceux qui l'ont usurpé par des moyens illégitimes ; et qu'il a donné à tous, généralement, les préceptes qui ne sont propres qu'à ces derniers. Car comme, en bâtissant une maison dont les fondements sont si mauvais qu'ils ne sauraient soutenir des murailles hautes et épaisses, on est obligé de les faire faibles et basses, ainsi ceux qui ont commencé à s'établir par des crimes sont ordinairement contraints de continuer à commettre des crimes, et ne se pourraient maintenir s'ils voulaient être vertueux.

C'est au regard de tels princes qu'il a pu dire, au chapitre 3 : *Qu'ils ne sauraient manquer d'être haïs de plusieurs ; et qu'ils ont souvent plus d'avantage à faire beaucoup de mal qu'à en faire moins, parce que les légères offenses suffisent pour donner la volonté de se venger, et que les grandes en ôtent le pouvoir.* Puis, au chapitre 15 : *Que, s'ils voulaient être gens de bien, il serait impossible qu'ils ne se ruinassent parmi le grand nombre de méchants qu'on trouve partout.* Et au chapitre 19 : *Qu'on peut être haï pour de bonnes actions aussi bien que pour de mauvaises.*

Sur lesquels fondements il appuie des préceptes très tyranniques, comme de vouloir *qu'on ruine tout un pays, afin d'en demeurer le maître ; qu'on exerce de grandes cruautés, pourvu que ce soit promptement et tout à la fois ; qu'on tâche de paraître homme de bien, mais qu'on ne le soit pas véritablement ; qu'on ne tienne sa parole qu'aussi longtemps qu'elle sera utile ; qu'on dissimule, qu'on trahisse ; et enfin que, pour régner, on se dépouille de toute humanité, et qu'on devienne le plus farouche de tous les animaux.*

Mais c'est un très mauvais sujet pour faire des livres, que d'entreprendre d'y donner de tels préceptes, qui, au bout du compte, ne sauraient assurer ceux auxquels il les donne ; car, comme il avoue lui-même, *ils ne se peuvent garder du premier qui voudra négliger sa vie pour se venger d'eux.* Au lieu que, pour instruire un bon prince, quoique nouvellement entré dans un Etat, il me semble qu'on lui doit proposer des maximes toutes contraires, et supposer que les moyens dont il s'est servi pour s'établir ont été justes ; comme, en effet, je crois qu'ils le sont presque tous, lorsque les princes qui les pratiquent les estiment tels ; car la justice entre les souverains a d'autres limites qu'entre les particuliers, et il semble qu'en ces rencontres Dieu donne le droit à ceux auxquels il donne la force. Mais les plus justes actions deviennent injustes, quand ceux qui les font les pensent telles.

On doit aussi distinguer entre les sujets, les amis ou alliés, et les ennemis. Car, au regard de ces derniers, on a quasi permission de tout faire, pourvu qu'on en tire quelque avantage pour soi ou pour ses sujets ; et je ne désapprouve pas, en cette occasion, qu'on accouple le renard avec le lion, et qu'on joigne l'artifice à la force. Même je comprends, sous le nom d'ennemis, tous ceux qui ne sont point amis ou alliés, parce qu'on a droit de leur faire la guerre, quand on y trouve son avantage, et que, commençant à devenir suspects et redoutables, on a lieu de s'en défier. Mais j'excepte une espèce de tromperie, qui est si directement contraire à la société, que je ne crois pas qu'il soit jamais permis de s'en servir, bien que notre auteur l'approuve en divers endroits, et qu'elle ne soit que trop en pratique : c'est de feindre d'être ami de ceux qu'on veut perdre, afin de les pouvoir mieux surprendre. L'amitié est une chose trop sainte pour en abuser de la sorte ; et celui qui aura pu feindre d'aimer quelqu'un, pour le trahir, mérite que ceux qu'il voudra par après aimer véritablement, n'en croient rien et le haïssent.

Pour ce qui regarde les alliés, un prince leur doit tenir exactement sa parole, même lorsque cela lui est préjudiciable ; car il ne le saurait être tant, que la réputation de ne manquer point à faire ce qu'il a promis, lui est utile, et il ne peut acquérir cette réputation que par de telles occasions, où il y va pour lui de quelque perte ; mais en celles qui le ruineraient tout à fait, le droit des gens le dispense de sa promesse. Il doit aussi user de beaucoup de circonspection, avant que de promettre, afin de pouvoir toujours garder sa foi. Et bien qu'il soit bon d'avoir amitié avec la plupart de ses voisins, je crois néanmoins que le meilleur est de n'avoir point d'étroites alliances, qu'avec ceux qui sont moins puissants. Car, quelque fidélité qu'on se propose d'avoir, on ne doit pas attendre la pareille des autres, mais faire son compte qu'on en sera trompé, toutes les fois qu'ils y trouveront leur avantage ; et ceux qui sont plus puissants l'y peuvent trouver, quand ils veulent, mais non pas ceux qui le sont moins.

Pour ce qui est des sujets, il y en a de deux sortes : à savoir, les grands et le peuple. Je comprends, sous le nom de grands, tous ceux qui peuvent former des partis contre le prince, de la fidélité desquels il doit être très assuré ; ou, s'il ne l'est pas, tous les politiques sont d'accord qu'il doit employer tous ses soins à les abaisser, et qu'en tant qu'ils sont enclins à brouiller l'Etat, il ne les doit considérer que comme ennemis. Mais, pour ses autres sujets, il doit surtout éviter leur haine et leur mépris ; ce que je crois qu'il peut toujours faire, pourvu qu'il observe exactement la justice à leur mode (c'est-à-dire suivant les lois auxquelles ils sont accoutumés), sans être trop rigoureux aux punitions, ni trop indulgent aux grâces, et qu'il ne se remette pas de tout à ses ministres, mais que, leur laissant seulement la charge des condamnations plus odieuses, il témoigne avoir lui-même le soin de tout le reste ; puis aussi, qu'il retienne tellement sa dignité, qu'il ne quitte rien des honneurs et des déférences que le peuple croit lui être dues, mais qu'il n'en demande point davantage, et qu'il ne fasse paraître en public que ses plus sérieuses actions, ou celles qui peuvent être approuvées de tous, réservant à prendre ses plaisirs en particulier, sans que ce soit jamais aux dépens de personne ; et enfin qu'il soit immuable et inflexible, non pas aux premiers desseins qu'il aura formés en soi-même, car d'autant qu'il ne peut avoir l'œil partout, il est nécessaire qu'il demande conseil, et entende les raisons de plusieurs, avant que de se résoudre ; mais qu'il soit inflexible touchant les choses qu'il aura témoigné avoir résolues, encore même qu'elles lui fussent nuisibles ; car malaisément le peuvent-elles être tant que serait la réputation d'être léger et variable.

Ainsi je désapprouve la maxime du chapitre 15 : *Que, le monde étant fort corrompu, il est impossible qu'on ne se ruine, si l'on veut être toujours homme de bien ; et qu'un prince, pour se maintenir, doit apprendre à être méchant, lorsque l'occasion le requiert ;* si ce n'est peut-être que, par un homme de bien, il entende un homme superstitieux et simple, qui n'ose donner bataille au jour du Sabath, et dont la conscience ne puisse être en repos, s'il ne change la religion de son peuple. Mais, pensant qu'un homme de bien est celui qui fait tout ce que lui dicte la vraie raison, il est certain que le meilleur est de tâcher à l'être toujours.

Je ne crois pas aussi ce qui est au chapitre 19 : *Qu'on peut autant être haï pour les bonnes actions, que pour les mauvaises,* sinon en tant que l'envie est une espèce de haine ; mais cela n'est pas le sens de l'auteur. Et les princes n'ont pas coutume d'être enviés par le commun de leurs sujets ; ils le sont seulement par les grands, ou par leurs voisins, auxquels les mêmes vertus qui leur donnent de l'envie, leur donnent aussi de la crainte ; c'est pourquoi jamais on ne doit s'abstenir de bien faire, pour éviter cette sorte de haine ; et il n'y en a point qui leur puisse nuire, que celle qui vient de l'injustice ou de l'arrogance que le peuple juge être en eux. Car on voit même que ceux qui ont été condamnés à la mort, n'ont point coutume de haïr leurs juges, quand ils pensent l'avoir mérité ; et on souffre aussi avec patience les maux qu'on n'a point mérités, quand on croit que le prince, de qui on les reçoit, est en quelque façon contraint de les faire, et qu'il en a du déplaisir ; parce qu'on estime qu'il est juste qu'il préfère l'utilité publique à celle des particuliers. Il y a seulement de la difficulté, lorsqu'on est obligé de satisfaire à deux partis qui jugent différemment de ce qui est juste, comme lorsque les empereurs romains avaient à contenter les citoyens et les soldats ; auquel cas il est raisonnable d'accorder quelque chose aux uns et aux autres, et on ne doit pas entreprendre de faire venir tout d'un coup à la raison ceux qui ne sont pas accoutumés de l'entendre ; mais il faut tâcher peu à peu, soit par des écrits publics, soit par les voix des prédicateurs, soit par tels autres moyens, à la leur faire concevoir. Car enfin le peuple souffre tout ce qu'on lui peut persuader être juste, et s'offense de tout ce qu'il imagine d'être injuste ; et l'arrogance des princes, c'est-à-dire l'usurpation de quelque autorité, de quelques droits, ou de quelques honneurs qu'il croit ne leur être point dus, ne lui est odieuse, que parce qu'il la considère comme une espèce d'injustice.

Au reste, je ne suis pas aussi de l'opinion de cet auteur, en ce qu'il dit en sa préface : *Que, comme il faut être dans la plaine, pour mieux voir la figure des montagnes, lorsqu'on en veut tirer le crayon, ainsi on doit être de condition privée, pour bien connaître l'office d'un prince.* Car le crayon ne représente que les choses qui se voient de loin ; mais les principaux motifs des actions des princes sont souvent des circonstances si particulières, que, si ce n'est qu'on soit prince soi-même, ou bien qu'on ait été fort longtemps participant de leurs secrets, on ne les saurait imaginer.

C'est pourquoi je mériterais d'être moqué, si je pensais pouvoir enseigner quelque chose à Votre Altesse en cette matière ; aussi n'est-ce pas mon dessein, mais seulement de faire que mes lettres lui donnent quelque sorte de divertissement, qui soit différent de ceux que je m'imagine qu'elle a en son voyage, lequel je lui souhaite parfaitement heureux : comme sans doute il le sera, si Votre Altesse se résout de pratiquer ces maximes qui enseignent que la félicité d'un chacun dépend de lui-même et qu'il faut tellement se tenir hors de l'empire de la fortune, que, bien qu'on ne perde pas les occasions de retenir les avantages qu'elle peut donner, on ne pense pas toutefois être malheureux, lorsqu'elle les refuse ; et parce qu'en toutes les affaires du monde il y a quantité de raisons pour et contre, qu'on s'arrête principalement à considérer celles qui servent à faire qu'on approuve les choses qu'on voit arriver. Tout ce que j'estime le plus inévitable sont les maladies du corps, desquelles je prie Dieu qu'il vous préserve ; et je suis avec toute la dévotion que je puis avoir, etc.

DANIEL GARBER

(Texte 2)

Le problème posé (voir tableau I) est celui de trouver la figure d'une ligne (lentille) qui puisse réunir des rayons parallèles de lumière dans un seul et même point (AT X, 394). Maintenant, et c'est ce qui semble être le premier pas dans la réduction : « La détermination de cette ligne..., dépend de la proportion qu'observent les angles de réfraction à l'égard des angles d'incidence » (AT X, 394). Mais cette question étant toujours « composée et relative », il nous faut aller plus loin dans la réduction, jusqu'à la question de savoir comment le passage de la lumière d'un médium à un autre peut produire une réfraction ; ce qui à son tour soulève la question de savoir « la manière dont le rayon pénètre à travers tout le corps transparent, et... la connaissance de cette pénétration suppose également connue la nature de l'action de la lumière » (AT X, 394-395). Or, afin de comprendre ce qu'est la lumière, nous dit Descartes, il faut savoir ce qu'est une *potentia naturalis*. C'est ici que termine la réduction. A ce stade, nous pouvons, semble-t-il, et toujours selon Descartes, « voir clairement, par une intuition de l'esprit » (AT X, 395), ce qu'est un pouvoir naturel, quelque chose que nous pouvons comprendre en fonction du mouvement local*. Une fois

---

* Dans la Règle IX, Descartes va plus loin encore, et dit que « si on veut examiner » ce pouvoir naturel, il faut se tourner aux « mouvements locaux des corps » (AT X, 402). D'après Schuster, ce passage date probablement de la même époque que l'exemple de l'anaclastique. Voir Schuster, *Mathesis Universalis*, p. 87, n. 60.

cette intuition acquise, on peut aborder l'étape de reconstruction, pour retrouver dans l'ordre inverse toutes les questions, jusqu'à ce qu'on arrive à la première : la question 6 permettant de déduire une réponse à la 5, celle-ci permettant à son tour de déduire la 4 et d'y répondre, et ainsi de suite, de façon déductive, jusqu'à la question originelle[*].

Cet exemple nous présente la conception suivante de la méthode : toute enquête méthodique commence par une *question*, question qui se réduit progressivement à des questions de plus en plus simples dont la solution est présupposée afin de résoudre la question originelle ; autrement dit (voir tableau I), Q1 « se réduit » à Q2 lorsqu'il faut répondre à Q2 avant de répondre à Q1. Selon Descartes, un tel procédé nous amènera de questions relativement spécifiques à des questions plus générales, plus élémentaires, plus fondamentales — à savoir, dans le cas présent de la figure d'une lentille en particulier à la loi de la réfraction puis à la nature de la lumière ainsi qu'à celle d'une puissance naturelle. En poursuivant la série réductrice, on arrive, toujours selon Descartes, à une *intuition* ultime : c'est le point final de la réduction et le point de départ de la reconstruction, point auquel le procédé peut être renversé en sorte que l'on commence à déduire successivement les réponses aux questions posées, dans l'ordre inverse par rapport à celui dans lequel on les avait soulevées. Lorsqu'on aura terminé, il sera évident que l'on est en possession d'une connaissance certaine ; de la sorte, la réponse constituera une conclusion déduite, en fin de compte, à partir d'une intuition initiale.

La stratégie de Descartes est ici extrêmement ingénieuse. Précisé au départ, le but de la méthode, c'est la connaissance certaine, une science déduite de prémisses

---

[*] Pour une discussion lucide de l'exemple de l'anaclastique, voir Pierre Costabel, *Démarches originales de Descartes savant* (Paris, J. Vrin, 1982), pp. 53-58.

intuitivement connues. Ce que nous donne la méthode de 1628, ou des environs de 1628, c'est un *procédé opératoire* permettant de trouver une intuition ainsi qu'une chaîne de déductions par lesquelles on puisse atteindre la connaissance *(scientia)*. Un tel procédé *opératoire* consiste en la réduction d'une question à d'autres questions de plus en plus élémentaires dont les réponses seront identifiables en tant que réponses présupposées à la question originelle.

TABLEAU I. — Regulae, *VIII: l'exemple de l'anaclastique*

Réduction:

Q1. — Quelle est la courbe d'une ligne (lentille) qui réunit des rayons parallèles de lumière à un seul et même point?

Q2. — Quel est le rapport entre l'angle de l'incidence et celui de la réfraction (autrement dit, quelle est la loi de la réfraction)?

Q3. — Comment la lumière produit-elle la réfraction en passant d'un corps *(medium)* dans un autre?

Q4. — Comment se fait-il qu'un rayon de lumière puisse traverser un corps transparent?

Q5. — Qu'est-ce, la lumière?

Q6. — Qu'est-ce, une puissance naturelle?

Intuition:

Une puissance naturelle, c'est...

Reconstruction : consiste à remonter la série des questions 5 à 1 en déduisant la réponse à chaque question de celle de la précédente.

JEAN HYPPOLITE

(Texte 3)

Y a-t-il une différence entre la méthode de 1628 et celle de 1637? A-t-on le droit de commentér le *Discours* par les *Regulae* sans insister sur les différences? Cette question a opposé, à l'époque où je rédigeais mon diplôme, M. E. Gilson (dans son *Commentaire du Discours de la méthode*) et Léon Brunschvicg (dans un article de la *Revue de Métaphysique et de Morale* de 1927).

L'article de Brunschvicg reprenait d'ailleurs les conclusions d'un diplôme d'études supérieures de Boutroux sur *L'Imagination et les Mathématiques selon Descartes* ; on peut dire que, dans l'ensemble, l'interprétation de M. Gilson, fidèle aux *Regulae,* montrait chez Descartes l'existence d'un certain réalisme spatial, tandis que Léon Brunschvicg découvrait à partir de la *Géométrie* et du *Discours* une réduction de l'étendue imaginée à l'étendue pensée, de la forme spatiale donnée à l'étendue intelligible, faite d'une structure de rapports. C'était conduire, non sans nuances d'ailleurs, Descartes vers un idéalisme plus radical encore que celui de l'auteur de l'*Esthétique transcendantale*.

Nous allons reprendre un peu cette opposition, en tenant compte de l'élaboration de la *Géométrie* qui fut commencée par Descartes en 1631 à l'occasion du problème de Pappus que lui avait proposé Golius.

Constatons d'abord la différence de forme entre les *Regulae* et le *Discours*. Les *Regulae* devaient comporter trente-six règles, elles constituent un exposé qui devait [?] problèmes accessibles à l'homme. Les problèmes — ou comme dit Descartes, les questions — sont le thème de ce traité qui instaure la mathématique universelle (et même parfois la mathématique pure) au service de cette mise en forme et de cette résolution des problèmes. Après les considérations générales sur l'intuition, la déduction, la connaissance, Descartes aborde les questions qu'il nomme parfaitement déterminées, et qui sont pour cette raison immédiatement susceptibles d'un traitement mathématique ; les questions imparfaitement déterminées devaient pouvoir se réduire aux premières par l'intermédiaire de certaines hypothèses. On sait que Descartes a interrompu son œuvre à l'énoncé des règles XIX, XX, et XXI qui traitent de la mise en équation (avec la distinction des termes connus et des termes inconnus), et de la résolution des équations. On peut supposer que Descartes ne possédait pas encore à cette époque toute la technique qu'il exposera dans le livre III de la *Géométrie* qui porte justement sur l'analyse des équations. La possibilité de ce traitement mathématique de tous les problèmes parfaitement déterminés repose sur la représentation de la question dans l'étendue : « La même question doit être rapportée à l'étendue réelle des corps et représentée tout entière à l'imagination par des figures nues, car ainsi elle sera comprise bien plus distinctement par l'entendement. » Grâce aux notions d'unité, de dimension et de figure, cette référence des problèmes à l'étendue est toujours possible ; et ainsi les *Regulae* sont un véritable exposé de la mathématique universelle et de la méthode qui est le noyau de cette mathématique (celle-ci en est caractérisée comme l'enveloppe).

Le *Discours de la Méthode,* par contre, ne comporte que quatre préceptes extrêmement généraux, disons même vagues en apparence par rapport à la précision technique des *Regulae*. Et, chose curieuse, ce qui se présente en une seule règle dans les *Regulae* (la règle V) est dédoublé dans le *Discours* (préceptes II et III). Que s'est-il passé entre les *Regulae* et le *Discours* ? Comment expliquer ce dédoublement d'une règle unique en deux préceptes ?

Je crois qu'il est possible par la seule analyse des textes, de dégager au moins le résultat suivant. Dans les *Regulae*, la méthode et la mathématique universelle (voire la mathématique pure) sont sur le même plan. La première est bien le noyau de l'autre qui en est l'enveloppe ; mais le noyau n'est pas encore dégagé pour lui-même. Dans le *Discours,* préface à la *Géométrie,* la séparation est faite. Les préceptes de la méthode sont envisagés dans toute leur pureté et dans toute leur indépendance. La technique mathématique est développée pour elle-même (mise en équation des problèmes et résolution des équations), elle occupe toute la *Géométrie.* Les *Regulae* sont passées dans la *Géométrie.* « Ainsi voulant résoudre quelque problème, on doit d'abord le considérer comme déjà fait et donner des noms à toutes les lignes qui semblent nécessaires pour le construire, aussi bien à celles qui sont inconnues qu'aux autres. Puis sans considérer aucune différence entre ces lignes connues et inconnues, on doit parcourir la difficulté selon l'ordre qui montre le plus naturellement de tous, en quelles sortes elles dépendent mutuellement les unes des autres, jusqu'à ce qu'on ait trouvé moyen d'exprimer une même quantité en deux façons, ce qui se nomme une équation, et on doit trouver autant de telles équations qu'on a supposé de lignes qui étaient inconnues. »

Dans les *Regulae* la technique mathématique et la méthode se prolongeant l'une l'autre sont sur le même plan (M. Guéroult dirait le plan de la nature), dans le *Discours* les préceptes de la méthode, souvenir d'une intention originelle chez Descartes, bénéficient de la découverte de la géométrie, mais sont libérés de leur enveloppe, et ce changement de plan n'est pas sans conséquence pour les relations de la métaphysique et de la mathématique, comme la découverte parallèle de la géométrie analytique n'est pas sans conséquence pour les relations de la mathématique pure et de la mathématique universelle, de l'entendement et de l'imagination. Disons simplement que la méthode analytique cartésienne ne peut pas être tout à fait la même dans un domaine où est possible l'artifice de désigner l'inconnu par X et de traiter l'inconnu comme le connu (ce qui permet d'inverser l'ordre indirect du problème en ordre direct) et dans un domaine où l'ordre existe sans la mesure comme celui des *Méditations*. Les préceptes de la méthode sont une exigence pure de l'esprit, préformée mais non exploitée dans les *Regulae* ; ils bénéficient du progrès de la géométrie, mais se constituent dans leur indépendance, en subsumant l'invention de la géométrie analytique et la technique mathématique elle-même.

Nous pouvons maintenant revenir à la *Géométrie,* et réfléchir sur le progrès effectué par Descartes entre 1628 et 1637 sur le plan technique. Quand on lit la *Géométrie* de Descartes aujourd'hui, on a l'impression de se trouver en présence d'une œuvre d'un style mathématique et philosophique moderne — qui contraste singulièrement avec le style des contemporains de Descartes ; quand on lit au contraire les travaux de physique de Descartes, on est comme rejeté dans un autre âge et on regrette de devoir donner trop souvent raison à Leibniz contre Descartes. L'origine de la *Géométrie* de 1637, c'est le problème de Pappus résolu par Descartes en 1631. En quoi consiste ce problème ? Je vais prendre un exemple très simple pour le faire comprendre à ceux d'entre vous qui ne sont pas mathématiciens. Quand on fait de la géométrie élémentaire, on se demande quel est l'ensemble des points qui dans un plan sont à égale distance de deux droites de ce plan. Vous savez tous que la solution de ce problème est la bissectrice de l'angle de ces deux droites. Le problème de Pappus est la généralisation de ce problème élémentaire. Si au lieu d'avoir affaire à deux droites, vous avez affaire à trois droites, on vous demande quel est l'ensemble des points tels que le produit de leur distance à deux droites soit au carré de la distance à la troisième droite dans un rapport donné, et d'une manière générale, voici l'énoncé moderne de ce problème : « Etant donné 2 N droites, trouver le lieu d'un point tel que le produit de ses distances à N de ces droites soit dans un rapport donné au produit de ses distances aux N autres droites. »

Or, en un an, Descartes a trouvé non seulement la solution du problème dans le cas de trois droites (ce qu'avait fait aussi Fermat), mais la solution générale du problème général (dans le cas de 2 N droites). Mais cela supposait la possibilité d'énoncer le problème général (quel que soit le nombre des droites) et la solution générale (indépendante des cas de figure, des fixations de l'imagination). C'était inventer un langage unissant l'algèbre de Viète et l'analyse géométrique des anciens, et concevoir la généralité de ce langage d'entendement. C'était ainsi pouvoir dire — en se référant seulement à l'ordre — une solution qui comprend une infinité de solutions différentes. Le IIe livre de la *Géométrie* est la présentation par ordre (du degré 2 au degré N) de toutes les courbes que Descartes admet en sa géométrie et qui sont necessaires pour résoudre le problème de Pappus selon le nombre de droites. On sait que Descartes exclut seulement de sa géométrie les courbes que nous nommons transcendantes et dont la mesure précise dépasse pour Descartes la portée de l'esprit humain. De même que dans les *Méditations* l'imagination est déclarée impuissante à épuiser les formes possibles du morceau de cire, dans la *Géométrie* l'imagination ne peut concevoir l'infinité des courbes qui s'étagent par ordre à l'infini, en s'élevant comme par degrés des plus simples aux plus complexes. Seul l'entendement en concevant l'ordre et la complexité (le rapport de la courbe à la droite qui la coupe) peut embrasser dans une même série des courbes que les anciens pour des raisons contingentes, des raisons d'imagination, séparaient de la droite et du cercle, base unique de la géométrie.

Cette généralité, ce langage nouveau, cette considération des proportions — sans même tenir compte de leurs supports matériels, « même aussi sans les y astreindre aucunement » — ont rendu la *Géométrie* presque inintelligible aux contemporains. Dans toute la *Géométrie* de Descartes, a écrit un géomètre italien, G. Loria, le lecteur moderne entrevoit bien des choses qu'il connaît parfaitement, mais combien de lecteurs du XVIIe siècle étaient en mesure de comprendre le sens caché des phrases de Descartes ? C'est pourquoi il faudrait étudier les commentateurs de la *Géométrie* au XVIIe siècle, des *Notes brèves* de Florimond de Beaune aux *Elementa curvarum linearum* de J. de Witt en passant par le commentaire de la *Géométrie* de Schooten, et les *Principia Matheseos universalis, seu introductio ad Geometrae methodum*.

Le temps nous manque pour un tel développement. Qu'il nous suffise d'insister sur ce que Léon Brunschvicg considérait comme une révolution de pensée aussi importante en son genre que la révolution einsteinienne : les *Regulae* commencent à abandonner une certaine représentation de la correspondance des opérations arithmétiques à l'étendue, mais c'est seulement dans la *Géométrie* (dans le Ier livre de cette *Géométrie*) que la rupture est définitive. La représentation ancienne faisait correspondre le nombre simple à la ligne, la multiplication à la construction d'un rectangle, ou d'un volume (pour trois nombres) ; les opérations inverses, division, extraction de racine, correspondraient au passage du volume ou du rectangle aux lignes... Descartes a lui-même, comme il nous le dit, été longtemps trompé par les termes de carré, ou de cube, qui désignent aussi bien une certaine figure, qu'une certaine puissance. L'algèbre de Viète était subordonnée à cette représentation imaginative de l'étendue et de ses dimensions, et gênée par une *loi d'homogénéité* qui rend dès lors impossible d'ajouter un nombre à une puissance (c'est-à-dire une ligne simple à un carré). Descartes ayant envisagé dès les *Regulae* les puissances comme un développement continu à partir de l'unité sous la forme de la série 1, a^2, a, a^3... a^n, il restait à soumettre la représentation de l'étendue à cette conception des proportions selon l'entendement. Certes Descartes dit bien dans les *Regulae* qu'il faut parfois représenter le résultat d'une multiplication par une simple ligne, mais il n'indique pas le calcul géométrique très général qui permet de représenter, de figurer ces proportions, et de réaliser les opérations arithmétiques uniquement par des rapports dans l'étendue. L'étendue alors, au lieu d'être imposée à la pensée d'une façon réaliste, est constituée par un tissu de relations. Elle devient vraiment une étendue intelligible. Selon la remarque de Hegel, le XVIIᵉ siècle a tenté de réunir la pensée et l'étendue, comme le XIXᵉ tente d'unir la pensée et le temps. C'est dans la géométrie seulement que cette correspondance nouvelle est exposée dans toute sa rigueur et sa précision.

> « Soit AB l'unité et qu'il faille multiplier BD par BC, je n'ai qu'à joindre les points A et C, puis tirer DE parallèle à CA et BE est le produit de cette multiplication... ou bien s'il faut diviser BE par BD, ayant joint les points E et D, je tire AC parallèle à DE et BC est le produit de cette division. »

Les proportions s'écrivent en effet dans l'étendue comme en algèbre :

$$\frac{BE}{BD} = \frac{BC}{AB}$$

Si $x = BE$ désigne le produit cherché de $BC = a$, par $BD = b$, on a, puisque $AB = 1$:

$$\frac{x}{b} = \frac{a}{1}, \ d'où \ x = ab \ (a \times b)$$

et si $BC = BD = a$, on a immédiatement la construction de la puissance 2, ou du carré :

$$x = a^2.$$

La division et l'extraction de racines s'expliquent de la même façon. Descartes a conçu d'après ces proportions un compas nouveau qui, selon sa plus ou moins grande ouverture, résout graphiquement les opérations d'élévation à une puissance, ou les extractions de racine. On ne saurait trop insister sur l'importance de cette imagination nouvelle de l'étendue selon l'entendement. Ce n'est plus l'imagination qui fournit un modèle à l'entendement, c'est bien l'entendement qui permet d'envisager et même d'imaginer l'étendue autrement qu'elle n'apparaît d'abord. [...]

Le Ier livre de cette *Géométrie* de 1637 (qui en comporte trois) est donc consacré à cette *correspondance nouvelle de l'étendue et de la pensée* en même temps qu'à l'énoncé du problème de Pappus, et à sa solution générale. Le IIe livre traite des lignes courbes et de leur représentation possible par des équations. C'est là proprement la géométrie analytique, et Descartes nous surprend aujourd'hui en définissant toutes les courbes par leurs équations sans pour autant insister assez explicitement sur la notion de système de coordonnées. La *Géométrie* se présente parfois comme une œuvre énigmatique, car Descartes sait — sans le démontrer — que l'ordre de la courbe est indépendant du système choisi, encore qu'on puisse le choisir plus ou moins bien. Il a même transformé une courbe de Roberval en changeant les axes pour qu'il ne puisse plus la reconnaître.

L'exposé cartésien est d'une étonnante généralité ; il nous parle très clairement, à nous qui connaissons les progrès de la géométrie après Descartes, mais quel sens pouvait-il avoir immédiatement pour les contemporains ? Descartes, qui commit quelques fautes curieuses, admettant par exemple que la projection d'un angle droit se fait toujours selon un angle droit, donne l'ébauche et l'indication générale de la représentation algébrique des courbes, du calcul de toutes leurs propriétés à partir de l'équation. « Or, de cela seul qu'on sait le rapport qu'ont tous les points d'une ligne courbe à tous ceux d'une ligne droite, en la façon que j'ai expliquée, il est aisé de trouver aussi le rapport qu'ils ont à tous les autres points et lignes donnés, et ensuite de connaître les diamètres, les essieux, etc., et aussi d'imaginer divers moyens pour les décrire..., et même on peut aussi par cela seul trouver quasi tout ce qui peut être déterminé touchant la grandeur de l'espace qu'elles comprennent sans qu'il soit besoin que j'en donne plus d'ouverture... » Il faut bien avouer qu'on reste confondu devant des expressions comme « il est aisé... sans qu'il soit besoin que j'en donne plus d'ouverture », ce programme comportant la réalisation du calcul différentiel et du calcul intégral. La *Géométrie* de Descartes est en avance sur son temps, mais Descartes est lui-même en avance sur sa propre technique, comme quand il parle, en passant, des racines imaginaires des équations : « Au reste, tant les vraies racines que les fausses (c'est-à-dire ce que nous nommons aujourd'hui les racines négatives) ne sont pas toujours réelles, mais quelquefois seulement imaginaires, c'est-à-dire qu'on peut bien toujours en imaginer autant que j'ai dit en chaque équation, mais qu'il n'y a quelquefois aucune quantité qui corresponde à celles qu'on imagine. » Descartes, enfin, en un seul paragraphe, étend sa méthode à la géométrie dans l'espace, en concevant la projection d'une courbe sur deux plans rectangulaires comme le fera plus tard la géométrie descriptive.

Le livre III de la *Géométrie* est proprement l'algèbre et l'analyse de Descartes : les courbes se représentent par des équations, mais que sont les équations ? Si les équations résultent de la mise en forme des problèmes géométriques, comment peut-on envisager et traiter les équations elles-mêmes ? C'est ici qu'il faut supposer l'ordre, quand il n'est pas donné (selon le troisième précepte de la *Méthode*). Mais cette supposition ne sert pas seulement comme dans les *Regulae* à résoudre des jeux d'esprit artificiels, mais elle permet aussi d'engendrer par la pensée ce qui nous était proposé d'abord du dehors. Descartes, reprenant Viète et Harriot, va étudier les équations elles-mêmes, mais poussant plus loin que ses devanciers, il va les engendrer à partir de leurs racines.

Soit $x = 2$

ou $x - 2 = 0$, ce qui est la définition de la racine $x = 2$, $x = 3$

ou $x - 3 = 0$, définition de la racine $x = 3$.

En multipliant ces deux relations $x - 2 = 0$ et $x - 3 = 0$, ce qui pouvait paraître assez étrange aux contemporains, on engendre l'équation du deuxième degré :

$$x^2 - 5x + 6 = 0$$

et en la multipliant à son tour par $x - 4 = 0$, on engendre l'équation du troisième degré, qui a trois racines :

$$x = 2, \; x = 3, \; x = 4.$$

Nous savons donc constituer les équations, nous savons les faire, si nous ne savons pas les défaire, ou comme on dit, les résoudre. C'est l'opacité de l'œuvre par rapport à son créateur, et il faudra toujours considérer les équations, comme si elles étaient une œuvre, une production de la pensée, selon l'ordre, mais cette opacité est bien plus irréductible que ne le croyait Descartes ; elle oblige à considérer les racines négatives et imaginaires, la possibilité même d'une résolution algébrique. Il faudra attendre Galois et la théorie des groupes pour élucider cette question des équations.

J'espère vous avoir au moins montré l'espèce d'énigme que constitue cette *Géométrie* de Descartes, par toutes les perspectives qu'elle ouvre, par la généralité de son exposition, et par le caractère de programme plus que de réalisation qu'elle présente. « Et j'espère que nos neveux me sauront gré non seulement des choses que j'ai ici expliquées, mais aussi de celles que j'ai omises volon-

tairement, afin de leur laisser le plaisir de les inventer. »
Descartes, remarque Péguy, nous donne quelquefois
l'impression de faire un programme électoral.

Est-il possible, en terminant, de répondre à la question soulevée au début de ce trop long exposé ? Pourquoi
Descartes distingue-t-il dans le *Discours* deux règles, qui
n'en font qu'une dans les *Regulae* ? Pourquoi parle-t-il
dans les *Regulae* d'une régression et d'une progression
qui passent par les mêmes degrés *(per eosdem gradus)*
alors que cette notion des mêmes degrés disparaît dans le
Discours ? Je crois que l'analyse même de la *Géométrie*
avec sa *problématique* (mise en équations des problèmes
dans les livres I et II) et sa *constitution* d'un ordre de
progression (classification des courbes et genèse des
équations dans le IIe et le IIIe livre) peut nous mettre sur
la voie d'une réponse.

Dans les *Regulae* la régression et la progression ne
sont pas caractérisées l'une par rapport à l'autre, la
supposition de l'ordre et la genèse ne sont pas aperçues
aussi nettement que dans le *Discours*. Mais grâce à la
Géométrie, la problématique qui réduit le problème à
ses équations (qui sont autant de parcelles qu'il y a
d'inconnues) et la genèse apparaissent comme distinctes.
La difficulté ne consiste plus à passer par les mêmes
degrés, mais réside dans la *rencontre* d'un ordre progressif de constitution (presque divin) et d'un ordre humain
de régression. Pourquoi les équations qui sont la mise en
forme des problèmes que le Monde nous pose, et celles
que nous constituons dans une progression intelligible,
sont-elles les mêmes ? La quatrième partie du *Discours
de la méthode* vient justifier et garantir cette rencontre.

La *Géométrie* — l'œuvre, nous dit Descartes, dans
laquelle il a le mieux montré l'excellence de sa méthode
— nous permet donc tout à la fois de commenter la
Méthode et d'en faire valoir l'indépendance au-dessus de

la technique mathématique qui l'illustre. Le noyau a été libéré de son enveloppe, dont il se dégageait encore malaisément dans les *Regulae*, et ce noyau a pu apparaître dans son essence proprement métaphysique.

MARTIN HEIDEGGER

(Texte 4)

En vertu d'une longue habitude le mathématique nous fait penser aux nombres. Le mathématique et les nombres sont manifestement en corrélation. Mais la question demeure : cette corrélation existe-t-elle parce que le mathématique est quelque chose qui a la nature du nombre ? Ou inversement parce que ce qui a la nature du nombre est quelque chose de mathématique ? La seconde hypothèse est seule à retenir. Mais si les nombres sont de la sorte en corrélation avec le mathématique, il reste à se demander : pourquoi les nombres précisément ont-ils valeur mathématique ? Qu'est-ce que le mathématique même, s'il faut qu'une réalité telle que les nombres soit comprise comme mathématique et si elle passe pour être éminemment le mathématique ?
[...]
Les μαθήματα, le mathématique, c'est cela que nous connaissons déjà proprement « aux » choses, que donc nous ne commençons pas par extraire des choses, mais que d'une certaine manière nous portons déjà en nous-mêmes. D'où nous pouvons maintenant comprendre pourquoi, par exemple, le nombre est quelque chose de mathématique. Nous voyons trois chaises et nous disons : elles sont trois. Ce qu'est « trois », c'est ce que ne nous disent ni les trois chaises, ni trois pommes ou trois chats, ni trois autres choses quelconques. Bien plus, nous ne pouvons compter que ces choses sont trois, que si nous connaissons déjà le « trois ». En saisissant donc

le nombre trois comme tel, nous ne faisons que prendre explicitement en connaissance quelque chose que, de quelque manière, nous possédons déjà. Ce prendre-en-connaissance est le véritable apprendre. Le nombre est au sens propre quelque chose qui se peut apprendre, un μάθημα, c'est-à-dire quelque chose de mathématique. Pour saisir le trois en tant que tel, c'est-à-dire la triade, les choses ne nous aident en rien.

[...] Le mathématique est cela qui des choses est manifeste, en quoi toujours nous nous mouvons déjà, et d'après quoi nous les expérimentons comme choses en général et comme telles et telles choses. Le mathématique est cette position fondamentale envers les choses, dans laquelle notre prise nous pro-pose les choses eu égard à ce comme quoi elles nous sont déjà données, et doivent l'être. Le mathématique est donc la présupposition fondamentale du savoir des choses.

[...] Descartes prend une part essentielle à ce travail de réflexion sur le mathématique dans sa signification principielle. Cette réflexion, parce qu'elle concernait la totalité de l'étant et du savoir de celui-ci, devait nécessairement devenir une réflexion sur la métaphysique. Cette démarche qui s'effectue à la fois dans la direction d'une fondation du mathématique et dans la direction d'une réflexion sur la métaphysique caractérise au premier chef sa position philosophique fondamentale. Nous pouvons encore suivre sans équivoque le cours de cette démarche à l'aide d'un des premiers écrits, inachevé, qui parut pour la première fois un demi-siècle après la mort de Descartes (1701). L'écrit est intitulé *Regulae ad directionem ingenii*.

1° *Regulae* — propositions fondamentales et directrices dans lesquelles le mathématique même se soumet à son essence. 2° *Ad directionem ingenii* — une fondation du mathématique afin qu'il devienne lui-même en totalité mesure directrice pour l'esprit chercheur. Dans la dénomination « règles » aussi bien que dans la prise en considération de la libre détermination interne de l'esprit, s'exprime déjà, dans le seul titre, le trait mathématique-métaphysique fondamental. Descartes conçoit ici, sur la voie d'une réflexion sur l'essence du mathématique, l'idée d'une *scientia universalis*, de la science, unique, normative, sur laquelle tout est orienté et réglé. Il souligne expressément qu'il ne s'agit pas là de la *mathematica vulgaris*, mais de la *mathesis universalis*.

Il nous faut renoncer ici à exposer la structure interne et le contenu capital de cet écrit inachevé. C'est le concept moderne de la « science » qui y reçoit son empreinte. Seul celui qui, réellement et longuement, a médité de part en part jusque dans ses recoins les plus glacés cet écrit sobre et sans égard, se met en état d'acquérir le pressentiment de ce qui est en marche dans la science moderne. Pour ménager une représentation de l'intention et de la tenue de cet écrit, bornons-nous à citer trois des XXI règles qu'il comporte, les IIIe, IVe et Ve. Le trait fondamental de la pensée moderne y saute aux yeux.

Regula III. Circa obiecta proposita, non quid alii senserint, vel quid ipsi suspicemur, sed quid clare et evidenter possimus intueri, vel certo deducere, quaerendum est; non aliter enim scientia acquiritur. « Sur les objets proposés à notre étude il faut chercher, non ce que d'autres ont pensé ou ce que nous-mêmes nous conjecturons, mais ce dont nous pouvons avoir l'intuition claire et évidente ou ce que nous pouvons déduire avec certitude : car ce n'est pas autrement que la science s'acquiert. »

Regula IV. Necessaria est Methodus ad rerum veritatem investigandam. « Nécessaire est la méthode pour la recherche de la vérité des choses. »

Cette règle n'énonce pas le lieu commun selon lequel une science doit aussi posséder sa méthode, mais la règle veut dire que la démarche, c'est-à-dire la manière dont nous suivons les choses de près (μέθοδος), décide par avance de ce que nous découvrons dans les choses en fait de vérité.

La méthode n'est pas une pièce d'équipement de la science parmi d'autres, c'est sa teneur fondamentale, à partir de laquelle se détermine avant toutes choses ce qui peut devenir objet et comment cela le devient.

Regula V. Tota methodus consistit in ordine et dispositione eorum ad quae mentis acies est convertenda, ut aliquam veritatem inveniamus. Atque hanc exacte servabimus, si propositiones involutas et obscuras ad simpliciores gradatim reducamus; et deinde ex omnium simplicissimarum intuitu ad aliarum omnium cognitionem per eosdem gradus ascendere tentemus. « Toute la méthode consiste dans l'ordre et la disposition des choses vers lesquelles il faut tourner le regard de l'esprit, pour découvrir quelque vérité. Or nous la suivrons exactement, si nous ramenons graduellement les propositions compliquées et obscures aux plus simples, et si ensuite, partant de l'intuition des plus simples, nous essayons de nous élever par les mêmes degrés à la connaissance de toutes les autres. »

Ce qui reste décisif, c'est l'allure selon laquelle cette réflexion sur le mathématique s'est achevée en un débat avec la métaphysique traditionnelle *(prima philosophia)*, et selon laquelle, partant de là, s'est déterminé le destin ultérieur et la figure de la philosophie moderne.

A l'essence du mathématique comme projet appartient l'axiomatique, la fixation des principes sur lesquels se fonde tout le reste en un enchaînement intuitif. Si le mathématique au sens d'une *mathesis universalis* doit fonder et mettre en forme l'ensemble du savoir, alors il exige que soient établis des axiomes insignes.

Ils doivent : 1° être les tout premiers, en soi et de soi évidents, *evidens*, c'est-à-dire absolument certains. Cette certitude décide en même temps de leur vérité. 2° Les axiomes suprêmes doivent, en tant qu'axiomes absolument mathématiques, fixer d'avance quant à l'étant en totalité, ce qui est étant et ce qu'être veut dire, ainsi que d'où et comment se détermine la choséité de la chose. D'après la tradition, ceci s'effectue selon le fil conducteur de la proposition. Mais jusqu'alors la proposition n'était prise qu'en tant que ce qui s'offrait comme tel pour ainsi dire de soi-même. La proposition simple sur les choses simplement présentes contient et retient ce que les choses sont. La proposition est subsistante tout comme les choses, elle est le récipient subsistant de l'être.

Seulement, pour la position fondamentale, absolument mathématique, il ne peut y avoir aucune chose donnée d'avance. La proposition ne peut nullement être une proposition quelconque. La proposition doit elle-même — et précisément elle — être établie sur son fondement. Elle doit être une proposition de fond, un *Grundsatz, le* principe purement et simplement. Il s'agit donc de trouver un tel principe de toute position, c'est-à-dire une proposition dans laquelle ce sur quoi elle dit quelque chose, le *subiectum* (ὑποκείμενον), ne soit pas seulement reçu d'ailleurs. Le *subiectum* doit se livrer d'abord lui-même en tant que tel dans cette proposition originelle, et il doit y être posé. C'est ainsi seulement que le *subiectum* est un *fundamentum absolutum*, une assise purement issue de la proposition comme telle, du mathématique comme tel, une fondation, une base, un *fundamentum* qui en tant qu'*absolutum*, est également *inconcussum*, et donc indubitable, absolument certain. Parce que maintenant le mathématique s'érige lui-même comme principe de tout savoir, il faut nécessairement que tout savoir jusqu'ici admis soit mis en question, peu importe qu'il soit soutenable ou non.

Ce n'est pas parce qu'il est sceptique que Descartes doute, mais il doit devenir douteur parce qu'il pose le mathématique comme fondement absolu et cherche pour tout savoir un support conforme au mathématique. Il ne s'agit pas seulement ici de trouver une loi fondamentale pour le domaine de la nature, mais le principe premier et suprême pour l'être de l'étant en général. Ce principe purement mathématique ne peut rien laisser ni tolérer avant lui qui lui soit prédonné. La seule chose qui soit donnée, c'est la *proposition* en général en tant que *telle*, c'est-à-dire le poser, la position, au sens de la pensée qui énonce. Le poser n'a affaire qu'à lui-même en tant que ce qui peut être posé. C'est seulement là où la pensée se pense elle-même qu'elle est absolument mathématique, c'est-à-dire prise en connaissance de ce que nous possédons déjà. Dans la mesure où le penser-et-poser se dirige ainsi sur soi-même, il trouve ceci : Tout énoncer, tout penser, quel que puisse être *ce sur quoi* il énonce, et en quelque sens que ce soit, est à chaque fois un « *Je* pense ». Penser *est* toujours en tant que « *je* pense », *ego cogito*. Cela implique : je suis, *sum*. *Cogito, sum* — telle est la certitude suprême résidant immédiatement dans la proposition comme telle. Dans « je pose », le « je » en tant que posant est co- et pré-posé comme ce qui gît déjà par-devant, comme l'étant. L'être de l'étant se détermine à partir du « je suis » en tant que certitude du poser.

TROISIÈME PARTIE

De façon très habile, Descartes présente la « certitude », cette certitude que sa méthode « contient », sous l'angle de la résolution à se déterminer.

Ce qui lui permettra, non seulement d'éviter une contradiction entre résolution et doute, mais de radicaliser son mouvement de doute à partir de l'idée que le vrai doute implique la résolution de douter. Alors, il sera sûr que le doute émane d'un fonds de certitude ; et on ne pourra pas prétendre que ce doute menace les mœurs.

Habilement aussi, Descartes laisse entendre qu'il pourrait en dire plus.

Il le fera, à l'occasion, en répondant à des objections (texte 1), ou sous la sollicitation d'Elisabeth et de Christine de Suède (textes 2, 3 et 4).

Quand on le voit reprendre ses trois maximes dans la lettre du 4 août 1645, on comprend que la morale « par provision » n'était ni bâclée, ni provisoire.

On comprend aussi que si Descartes répugne tant à écrire sur la morale, c'est de peur d'être moins libre.

Après s'être longtemps concentré sur la méthode scientifique, l'intérêt des commentateurs se déplace plutôt, de nos jours, vers la morale de la liberté qui anime surtout la troisième maxime, comme l'a montré récemment M. Grimaldi, au Colloque anniversaire de 1987 (texte 5). Liberté que J.-P. Sartre, dès 1945, avait placée au centre de la méditation cartésienne (texte 6).

DESCARTES

(*Texte 1*)

A RENERI POUR POLLOT

Avril ou mai 1638

Monsieur,

Il n'était pas besoin de la cérémonie dont votre ami a voulu user ; ceux de son mérite et de son esprit n'ont que faire de médiateurs, et je tiendrai toujours à faveur, quand des personnes comme lui me voudront faire l'honneur de me consulter sur mes écrits. Je vous prie de lui ôter ce scrupule ; mais pour cette fois, puisqu'il l'a voulu, je vous donnerai la peine de lui adresser mes réponses.

Premièrement, il est vrai que, si j'avais dit absolument qu'il faut se tenir aux opinions qu'on a une fois déterminé de suivre, encore qu'elles fussent douteuses, je ne serais pas moins répréhensible que si j'avais dit qu'il faut être opiniâtre et obstiné ; à cause que se tenir à une opinion, c'est le même que de persévérer dans le jugement qu'on en a fait. Mais j'ai dit tout autre chose, à savoir, qu'il faut être résolu en ses actions, lors même qu'on demeure irrésolu en ses jugements, et ne suivre pas moins constamment les opinions les plus douteuses, c'est-à-dire n'agir pas moins constamment suivant les opinions qu'on juge douteuses, lorsqu'on s'y est une fois déterminé, c'est-à-dire lorsqu'on a considéré qu'il n'y en a point d'autres qu'on juge meilleures ou plus certaines, que si on connaissait que celles-là fussent les meilleures ; comme en effet elles le sont sous cette condition. Et il n'est pas à craindre que cette fermeté en l'action nous engage de plus en plus dans l'erreur ou dans le vice, d'autant que l'erreur ne peut être que dans l'entendement, lequel je suppose, nonobstant cela, demeurer libre et considérer comme douteux ce qui est douteux. Outre que je rapporte principalement cette règle aux actions de la vie qui ne souffrent aucun délai, et que je ne m'en sers que par provision, avec dessein de changer mes opinions, sitôt que j'en pourrai trouver de meilleures, et de ne perdre aucune occasion d'en chercher. Au reste j'ai été obligé de parler de cette résolution et fermeté touchant les actions, tant à cause qu'elle est nécessaire pour le repos de la conscience, que pour empêcher qu'on ne me blâmât de ce que j'avais écrit que, pour éviter la prévention, il faut une fois en sa vie se défaire de toutes les opinions qu'on a reçues auparavant en sa créance : car apparemment on m'eût objecté que ce doute si universel peut produire une grande irrésolution et un grand dérèglement dans les mœurs. De façon qu'il ne me semble pas avoir pu user de plus de circonspection que j'ai fait, pour placer la résolution, en tant qu'elle est une vertu, entre les deux vices qui lui sont contraires, à savoir, l'indétermination et l'obstination.

2. Il ne me semble point que ce soit une fiction, mais une vérité, qui ne doit point être niée de personne, qu'il n'y a rien qui soit entièrement en notre pouvoir que nos pensées ; au moins en prenant le mot de pensée comme je fais, pour toutes les opérations de l'âme, en sorte que non seulement les méditations et les volontés, mais même les fonctions de voir, d'ouïr, de se déterminer à un mouvement plutôt qu'à un autre, etc., et tant qu'elles dépendent d'elle, sont des pensées. Et il n'y a rien du tout que les choses qui sont comprises sous ce mot, qu'on attribue proprement à l'homme en langue de philosophe : car pour les fonctions qui appartiennent au corps seul, on dit qu'elles se font dans l'homme, et non par l'homme. Outre que par le mot *entièrement*, et par ce qui suit, à savoir que, lorsque nous avons fait notre mieux touchant les choses extérieures, tout ce qui manque de nous réussir est au regard de nous *absolument* impos-

sible ; je témoigne assez que je n'ai point voulu dire, pour cela, que les choses extérieures ne fussent point du tout en notre pouvoir, mais seulement qu'elles n'y sont qu'en tant qu'elles peuvent suivre de nos pensées, et non pas *absolument* ni *entièrement*, à cause qu'il y a d'autres puissances hors de nous, qui peuvent empêcher les effets de nos desseins. Même pour m'exprimer mieux, j'ai joint ensemble ces deux mots : *au regard de nous* et *absolument*, que les critiques pourraient reprendre comme se contredisant l'un à l'autre, n'était que l'intelligence du sens les accorde. Or nonobstant qu'il soit très vrai qu'aucune chose extérieure n'est en notre pouvoir, qu'en tant qu'elle dépend de la direction de notre âme, et que rien n'y est absolument que nos pensées ; et qu'il n'y ait, ce me semble, personne qui puisse faire difficulté de l'accorder, lorsqu'il y pensera expressément ; j'ai dit néanmoins qu'il faut s'accoutumer à le croire, et même qu'il est besoin à cet effet d'un long exercice, et d'une méditation souvent réitérée ; dont la raison est que nos appétits et nos passions nous dictent continuellement le contraire ; et que nous avons tant de fois éprouvé dès notre enfance, qu'en pleurant, ou commandant, etc., nous nous sommes fait obéir par nos nourrices, et avons obtenu les choses que nous désirions, que nous nous sommes insensiblement persuadés que le monde n'était fait que pour nous, et que toutes choses nous étaient dues. En quoi ceux qui sont nés grands et heureux, ont le plus d'occasion de se tromper ; et l'on voit aussi que ce sont ordinairement eux qui supportent le plus impatiemment les disgrâces de la fortune. Mais il n'y a point, ce me semble, de plus digne occupation pour un philosophe, que de s'accoutumer à croire ce que lui dicte la vraie raison, et à se garder des fausses opinions que ses appétits naturels lui persuadent.

(*Texte 2*)

A ELISABETH

Egmond, 4 août 1645.

Madame,

Lorsque j'ai choisi le livre de Sénèque, *De vita beata,* pour le proposer à Votre Altesse comme un entretien qui lui pourrait être agréable, j'ai eu seulement égard à la réputation de l'auteur et à la dignité de la matière, sans penser à la façon dont il la traite, laquelle ayant depuis considérée, je ne la trouve pas assez exacte pour mériter d'être suivie. Mais, afin que Votre Altesse en puisse juger plus aisément, je tâcherai ici d'expliquer en quelle sorte il me semble que cette matière eût dû être traitée par un philosophe tel que lui, qui, n'étant point éclairé de la foi, n'avait que la raison naturelle pour guide.

Il dit fort bien, au commencement, que *vivere omnes beate volunt, sed ad pervidendum quid sit quod beatam vitam efficiat, caligant**. Mais il est besoin de savoir ce que c'est que *vivere beate* ; je dirais en français vivre heureusement, sinon qu'il y a de la différence entre l'heur et la béatitude, en ce que l'heur ne dépend que des choses qui sont hors de nous, d'où vient que ceux-là sont estimés plus heureux que sages, auxquels il est arrivé quelque bien qu'ils ne se sont point procuré, au lieu que la béatitude consiste, ce me semble, en un parfait contentement d'esprit et une satisfaction intérieure, que n'ont pas ordinairement ceux qui sont les plus favorisés de la fortune, et que les sages acquièrent sans elle. Ainsi *vivere beate,* vivre en béatitude, ce n'est autre chose qu'avoir l'esprit parfaitement content et satisfait.

* Tous veulent vivre heureux, mais ils ne voient pas nettement ce qui fait le bonheur.

Considérant, après cela, ce que c'est *quod beatam vitam efficiat*, c'est-à-dire quelles sont les choses qui nous peuvent donner ce souverain contentement, je remarque qu'il y en a de deux sortes : à savoir, de celles qui dépendent de nous, comme la vertu et la sagesse, et de celles qui n'en dépendent point, comme les honneurs, les richesses et la santé. Car il est certain qu'un homme bien né, qui n'est point malade, qui ne manque de rien, et qui avec cela, est aussi sage et aussi vertueux qu'un autre qui est pauvre, malsain et contrefait, peut jouir d'un plus parfait contentement que lui. Toutefois, comme un petit vaisseau peut être aussi plein qu'un plus grand, encore qu'il contienne moins de liqueur, ainsi, prenant le contentement d'un chacun pour la plénitude et l'accomplissement de ses désirs réglés selon la raison, je ne doute point que les plus pauvres et les plus disgraciés de la fortune ou de la nature ne puissent être entièrement contents et satisfaits, aussi bien que les autres, encore qu'ils ne jouissent pas de tant de biens. Et ce n'est que de cette sorte de contentement, de laquelle il est ici question ; car puisque l'autre n'est aucunement en notre pouvoir, la recherche en serait superflue.

Or, il me semble qu'un chacun se peut rendre content de soi-même et sans rien attendre d'ailleurs, pourvu seulement qu'il observe trois choses, auxquelles se rapportent les trois règles de morale, que j'ai mises dans le *Discours de la Méthode*.

La première est, qu'il tâche toujours de se servir, le mieux qu'il lui est possible, de son esprit, pour connaître ce qu'il doit faire ou ne pas faire en toutes les occurrences de la vie.

La seconde, qu'il ait une ferme et constante résolution d'exécuter tout ce que la raison lui conseillera, sans que ses passions ou ses appétits l'en détournent ; et c'est la fermeté de cette résolution, que je crois devoir être prise pour la vertu, bien que je ne sache point que personne l'ait jamais ainsi expliquée ; mais on l'a divisée en plusieurs espèces, auxquelles on a donné divers noms, à cause des divers objets auxquels elle s'étend.

La troisième, qu'il considère que, pendant qu'il se conduit ainsi, autant qu'il peut, selon la raison, tous les biens qu'il ne possède point sont aussi entièrement hors de son pouvoir les uns que les autres, et que, par ce moyen, il s'accoutume à ne les point désirer ; car il n'y a rien que le désir, et le regret ou le repentir, qui nous puissent empêcher d'être contents : mais si nous faisons toujours tout ce que nous dicte notre raison, nous n'aurons jamais aucun sujet de nous repentir, encore que les événements nous fissent voir, par après, que nous nous sommes trompés, parce que ce n'est point par notre faute. Et ce qui fait que nous ne désirons point d'avoir, par exemple, plus de bras ou plus de langues que nous n'en avons, mais que nous désirons bien d'avoir plus de santé ou plus de richesses, c'est seulement que nous imaginons que ces choses ici pourraient être acquises par notre conduite, ou bien qu'elles sont dues à notre nature, et que ce n'est pas le même des autres : de laquelle opinion nous pourrons nous dépouiller, en considérant que, puisque nous avons toujours suivi le conseil de notre raison, nous n'avons rien omis de ce qui était en notre pouvoir, et que les maladies et les infortunes ne sont pas moins naturelles à l'homme, que les prospérités et la santé.

Au reste, toute sorte de désirs ne sont pas incompatibles avec la béatitude ; il n'y a que ceux qui sont accompagnés d'impatience et de tristesse. Il n'est pas nécessaire aussi que notre raison ne se trompe point ; il suffit que notre conscience nous témoigne que nous n'avons jamais manqué de résolution et de vertu, pour exécuter toutes les choses que nous avons jugé être les meilleures, et ainsi la vertu seule est suffisante pour nous rendre contents en cette vie. Mais néanmoins parce que, lorsqu'elle n'est pas éclairée par l'entendement, elle peut être fausse, c'est-à-dire que la volonté et résolution de bien faire nous peut porter à des choses mauvaises, quand nous les croyons bonnes, le contentement qui en revient n'est pas solide ; et parce qu'on oppose ordinairement cette vertu aux plaisirs, aux appétits et aux passions, elle est très difficile à mettre en pratique, au lieu que le droit usage de la raison, donnant une vraie connaissance du bien, empêche que la vertu ne soit fausse, et même l'accordant avec les plaisirs licites, il en rend l'usage si aisé, et nous faisant connaître la condition de notre nature, il borne tellement nos désirs, qu'il faut avouer que la plus grande félicité de l'homme dépend de ce droit usage de la raison, et par conséquent que l'étude qui sert à l'acquérir, est la plus utile occupation qu'on puisse avoir, comme elle est aussi sans doute la plus agréable et la plus douce.

En suite de quoi, il me semble que Sénèque eût dû nous enseigner toutes les principales vérités, dont la connaissance est requise pour faciliter l'usage de la vertu, et régler nos désirs et nos passions, et ainsi jouir de la béatitude naturelle ; ce qui aurait rendu son livre le meilleur et le plus utile qu'un philosophe païen eût su écrire. Toutefois ce n'est ici que mon opinion, laquelle je soumets au jugement de Votre Altesse ; et si elle me fait tant de faveur que de m'avertir en quoi je manque, je lui en aurai très grande obligation et témoignerai, en me corrigeant, que je suis,

Madame,
de Votre Altesse
le très humble et très obéissant serviteur,
DESCARTES.

(Texte 3)
A ELISABETH

Egmond, 15 septembre 1645.

Madame,

Votre Altesse a si exactement remarqué toutes les causes qui ont empêché Sénèque de nous exposer clairement son opinion touchant le souverain bien, et vous avez pris la peine de lire son livre avec tant de soin, que je craindrais de me rendre importun, si je continuais ici à examiner par ordre tous ses chapitres, et que cela me fît différer de répondre à la difficulté qu'il vous a plu me proposer, touchant les moyens de se fortifier l'entendement pour discerner ce qui est le meilleur en toutes les actions de la vie. C'est pourquoi, sans m'arrêter maintenant à suivre Sénèque, je tâcherai seulement d'expliquer mon opinion touchant cette matière.

Il ne peut, ce me semble, y avoir que deux choses qui soient requises pour être toujours disposé à bien juger: l'une est la connaissance de la vérité, et l'autre, l'habitude qui fait qu'on se souvient et qu'on acquiesce à cette connaissance, toutes les fois que l'occasion le requiert. Mais, parce qu'il n'y a que Dieu seul qui sache parfaitement toutes choses, il est besoin que nous nous contentions de savoir celles qui sont le plus à notre usage.

Entre lesquelles la première et la principale est qu'il y a un Dieu, de qui toutes choses dépendent, dont les perfections sont infinies, dont le pouvoir est immense, dont les décrets sont infaillibles: car cela nous apprend à recevoir en bonne part toutes les choses qui nous arrivent, comme nous étant expressément envoyées de Dieu; et parce que le vrai objet de l'amour est la perfection, lorsque nous élevons notre esprit à le considérer tel qu'il est, nous nous trouvons naturellement si enclins à l'aimer, que nous tirons même de la joie de nos afflictions, en pensant que sa volonté s'exécute en ce que nous les recevons.

La seconde chose, qu'il faut connaître, est la nature de notre âme, en tant qu'elle subsiste sans le corps, et est beaucoup plus noble que lui, et capable de jouir d'une infinité de contentements qui ne se trouvent point en cette vie: car cela nous empêche de craindre la mort, et détache tellement notre affection des choses du monde, que nous ne regardons qu'avec mépris tout ce qui est au pouvoir de la fortune.

A quoi peut aussi beaucoup servir qu'on juge dignement des œuvres de Dieu, et qu'on ait cette vaste idée de l'étendue de l'univers, que j'ai tâché de faire concevoir au 3e livre de mes *Principes* : car si on s'imagine qu'au-delà des cieux, il n'y a rien que des espaces imaginaires, et que tous ces cieux ne sont faits que pour le service de la terre, ni la terre que pour l'homme, cela fait qu'on est enclin à penser que cette terre est notre principale demeure, et cette vie notre meilleure ; et qu'au lieu de connaître les perfections qui sont véritablement en nous, on attribue aux autres créatures des imperfections qu'elles n'ont pas, pour s'élever au-dessus d'elles, et entrant en une présomption impertinente, on veut être du conseil de Dieu, et prendre avec lui la charge de conduire le monde, ce qui cause une infinité de vaines inquiétudes et fâcheries.

Après qu'on a ainsi reconnu la bonté de Dieu, l'immortalité de nos âmes et la grandeur de l'univers, il y a encore une vérité dont la connaissance me semble fort utile : qui est que, bien que chacun de nous soit une personne séparée des autres, et dont, par conséquent, les intérêts sont en quelque façon distincts de ceux du reste du monde, on doit toutefois penser qu'on ne saurait subsister seul, et qu'on est, en effet, l'une des parties de l'univers, et plus particulièrement encore l'une des parties de cette terre, l'une des parties de cet Etat, de cette société, de cette famille, à laquelle on est joint par sa demeure, par son serment, par sa naissance. Et il faut toujours préférer les intérêts du tout, dont on est partie, à ceux de sa personne en particulier ; toutefois avec mesure et discrétion, car on aurait tort de s'exposer à un grand mal, pour procurer seulement un petit bien à ses parents ou à son pays ; et si un homme vaut plus, lui seul, que tout le reste de sa ville, il n'aurait pas raison de se vouloir perdre pour la sauver. Mais si on rapportait tout à soi-même, on ne craindrait pas de nuire beaucoup aux autres hommes, lorsqu'on croirait en retirer quelque petite commodité, et on n'aurait aucune vraie amitié, ni aucune fidélité, ni généralement aucune vertu ; au lieu qu'en se considérant comme une partie du public, on prend plaisir à faire du bien à tout le monde, et même on ne craint pas d'exposer sa vie pour le service d'autrui, lorsque l'occasion s'en présente ; voire on voudrait perdre son âme, s'il se pouvait, pour sauver les autres. En sorte que cette considération est la source et l'origine de toutes les plus héroïques actions que fassent les hommes ; car, pour ceux qui s'exposent à la mort par vanité, parce qu'ils espèrent en être loués, ou par stupidité, parce qu'ils n'appréhendent pas le danger, je crois qu'ils sont plus à plaindre qu'à priser. Mais, lorsque quelqu'un s'y expose, parce qu'il croit que c'est de son devoir, ou bien lorsqu'il souffre quelque autre mal, afin qu'il en revienne du bien aux autres, encore qu'il ne considère peut-être pas avec réflexion qu'il fait cela parce qu'il doit plus au public, dont il est une partie, qu'à soi-même en son particulier, il le fait toutefois en vertu de cette considération, qui est confusément en sa pensée. Et on est naturellement porté à l'avoir, lorsqu'on connaît et qu'on aime Dieu comme il faut : car alors, s'abandonnant du tout à sa volonté, on se dépouille de ses propres intérêts, et on n'a point d'autre passion que de faire ce qu'on croit lui être agréable ; en suite de quoi on a des satisfactions d'esprit et des contentements, qui valent incomparablement davantage que toutes les petites joies passagères qui dépendent des sens.

Outre ces vérités, qui regardent en général toutes nos actions, il en faut aussi savoir plusieurs autres, qui se rapportent plus particulièrement à chacune d'elles. Dont les principales me semblent être celles que j'ai remarquées en ma dernière lettre : à savoir que toutes nos passions nous représentent les biens, à la recherche desquels elles nous incitent, beaucoup plus grands qu'ils ne sont véritablement ; et que les plaisirs du corps ne sont jamais si durables que ceux de l'âme, ni si grands, quand on les possède, qu'ils paraissent, quand on les espère. Ce que nous devons soigneusement remarquer, afin que, lorsque nous nous sentons émus de quelque passion, nous suspendions notre jugement, jusques à ce qu'elle soit apaisée ; et que nous ne nous laissions pas aisément tromper par la fausse apparence des biens de ce monde.

A quoi je ne puis ajouter autre chose, sinon qu'il faut aussi examiner en particulier toutes les mœurs des lieux où nous vivons, pour savoir jusques où elles doivent être suivies. Et bien que nous ne puissions avoir des démonstrations certaines de tout, nous devons néanmoins prendre parti, et embrasser les opinions qui nous paraissent les plus vraisemblables, touchant toutes les choses qui viennent en usage, afin que, lorsqu'il est question d'agir, nous ne soyons jamais irrésolus. Car il n'y a que la seule irrésolution qui cause les regrets et les repentirs.

Au reste, j'ai dit ci-dessus qu'outre la connaissance de la vérité, l'habitude est aussi requise, pour être toujours disposé à bien juger. Car, d'autant que nous ne pouvons être continuellement attentifs à même chose, quelque claires et évidentes qu'aient été les raisons qui nous ont persuadé ci-devant quelque vérité, nous pouvons, par après, être détournés de la croire par de fausses apparences, si ce n'est que, par une longue et fréquente méditation, nous l'ayons tellement imprimée en notre esprit, qu'elle soit tournée en habitude. Et en ce sens on a raison, dans l'Ecole, de dire que les vertus sont des habitudes ; car, en effet, on ne manque guère, faute d'avoir, en théorie, la connaissance de ce qu'on doit faire, mais seulement faute de l'avoir en pratique, c'està-dire faute d'avoir une ferme habitude de la croire. Et parce que, pendant que j'examine ici ces vérités, j'en augmente aussi en moi l'habitude, j'ai particulièrement obligation à Votre Altesse, de ce qu'elle permet que je l'en entretienne, et il n'y a rien en quoi j'estime mon

loisir mieux employé, qu'en ce où je puis témoigner que
je suis,

>   Madame,
>   de Votre Altesse
>   le très humble et très obéissant serviteur,
>   DESCARTES.

(*Texte 4*)

A CHRISTINE DE SUÈDE

>   Egmond, 20 novembre 1647.

Madame,

J'ai appris de Monsieur Chanut qu'il plaît à Votre
Majesté que j'aie l'honneur de lui exposer l'opinion que
j'ai touchant le Souverain Bien considéré au sens que les
philosophes anciens en ont parlé ; et je tiens ce commandement pour une si grande faveur, que le désir que j'ai
d'y obéir me détourne de toute autre pensée, et fait que,
sans excuser mon insuffisance, je mettrai ici, en peu de
mots, tout ce que je pourrai savoir sur cette matière.

On peut considérer la bonté de chaque chose en
elle-même, sans la rapporter à autrui, auquel sens il est
évident que c'est Dieu qui est le Souverain Bien, parce
qu'il est incomparablement plus parfait que les créatures ; mais on peut aussi la rapporter à nous, et en ce
sens, je ne vois rien que nous devions estimer bien, sinon
ce qui nous appartient en quelque façon, et qui est tel,
que c'est perfection pour nous de l'avoir. Ainsi les
philosophes anciens, qui, n'étant point éclairés de la
lumière de la foi, ne savaient rien de la béatitude
surnaturelle, ne considéraient que les biens que nous
pouvons posséder en cette vie ; et c'était entre ceux-là
qu'ils cherchaient lequel était le souverain, c'est-à-dire le
principal et le plus grand.

Mais, afin que je le puisse déterminer, je considère
que nous ne devons estimer biens, à notre égard, que
ceux que nous possédons, ou bien que nous avons

pouvoir d'acquérir. Et cela posé, il me semble que le
Souverain Bien de tous les hommes ensemble est un
amas ou un assemblage de tous les biens, tant de l'âme
que du corps et de la fortune, qui peuvent être en
quelques hommes ; mais que celui d'un chacun en particulier est tout autre chose, et qu'il ne consiste qu'en une
ferme volonté de bien faire, et au contentement qu'elle
produit. Dont la raison est que je ne remarque aucun
autre bien qui me semble si grand, ni qui soit entièrement au pouvoir d'un chacun. Car, pour les biens du
corps et de la fortune, ils ne dépendent point absolument
de nous ; et ceux de l'âme se rapportent tous à deux
chefs, qui sont, l'un de connaître, et l'autre de vouloir ce
qui est bon ; mais la connaissance est souvent au-delà de
nos forces ; c'est pourquoi il ne reste que notre volonté,
dont nous puissions absolument disposer. Et je ne vois
point qu'il soit possible d'en disposer mieux, que si l'on a
toujours une ferme et constante résolution de faire
exactement toutes les choses que l'on jugera être les
meilleures, et d'employer toutes les forces de son esprit à
les bien connaître. C'est en cela seul que consistent
toutes les vertus ; c'est cela seul qui, à proprement parler, mérite de la louange et de la gloire ; enfin c'est de
cela seul que résulte toujours le plus grand et le plus
solide contentement de la vie. Ainsi j'estime que c'est en
cela que consiste le Souverain Bien.

Et par ce moyen je pense accorder les deux plus
contraires et plus célèbres opinions des anciens, à savoir,
celle de Zénon, qui l'a mis en la vertu ou en l'honneur, et
celle d'Épicure, qui l'a mis au contentement, auquel il a
donné le nom de volupté. Car, comme tous les vices ne
viennent que de l'incertitude et de la faiblesse qui suit
l'ignorance, et qui fait naître les repentirs ; ainsi la vertu
ne consiste qu'en la résolution et la vigueur avec laquelle
on se porte à faire les choses qu'on croit être bonnes,
pourvu que cette vigueur ne vienne pas d'opiniâtreté,
mais de ce qu'on sait les avoir autant examinées, qu'on
en a moralement de pouvoir. Et bien que ce qu'on fait
alors puisse être mauvais, on est assuré néanmoins qu'on

fait son devoir au lieu que, si on exécute quelque action de vertu, et que cependant on pense mal faire, ou bien qu'on néglige de savoir ce qui en est, on n'agit pas en homme vertueux. Pour ce qui est de l'honneur et de la louange, on les attribue souvent aux autres biens de la fortune ; mais, parce que je m'assure que Votre Majesté fait plus d'état de sa vertu que de sa couronne, je ne craindrai point ici de dire qu'il ne me semble pas qu'il y ait rien que cette vertu qu'on ait juste raison de louer. Tous les autres biens méritent seulement d'être estimés, et non point d'être honorés ou loués, si ce n'est en tant qu'on présuppose qu'ils sont acquis ou obtenus de Dieu par le bon usage du libre arbitre. Car l'honneur et la louange est une espèce de récompense, et il n'y a rien que ce qui dépend de la volonté, qu'on ait sujet de récompenser ou de punir.

Il me reste encore ici à prouver que c'est de ce bon usage du libre arbitre, que vient le plus grand et le plus solide contentement de la vie ; ce qui me semble n'être pas difficile, parce que, considérant avec soin en quoi consiste la volupté ou le plaisir, et généralement toutes les sortes de contentements qu'on peut avoir, je remarque, en premier lieu, qu'il n'y en a aucun qui ne soit entièrement en l'âme, bien que plusieurs dépendent du corps ; de même que c'est aussi l'âme qui voit, bien que ce soit par l'entremise des yeux. Puis je remarque qu'il n'y a rien qui puisse donner du contentement à l'âme, sinon l'opinion qu'elle a de posséder quelque bien, et que souvent cette opinion n'est en elle qu'une représentation fort confuse, et même que son union avec le corps est cause qu'elle se représente ordinairement certains biens incomparablement plus grands qu'ils ne sont ; mais que, si elle connaissait distinctement leur juste valeur, son contentement serait toujours proportionné à la grandeur du bien dont il procéderait. Je remarque aussi que la grandeur d'un bien, à notre égard, ne doit pas seulement être mesurée par la valeur de la chose en quoi il consiste, mais principalement aussi par la façon dont il se rapporte à nous ; et qu'outre que le libre arbitre est de soi la chose la plus noble qui puisse être en nous, d'autant qu'il nous rend en quelque façon pareils à Dieu et semble nous exempter de lui être sujets, et que par conséquent, son bon usage est le plus grand de tous nos biens, il est aussi celui qui est le plus proprement nôtre et qui nous importe le plus, d'où il suit que ce n'est que de lui que nos plus grands contentements peuvent procéder. Aussi voit-on, par exemple, que le repos d'esprit et la satisfaction intérieure que sentent en eux-mêmes ceux qui savent qu'ils ne manquent jamais à faire leur mieux, tant pour connaître le bien que pour l'acquérir, est un plaisir sans comparaison plus doux, plus durable et plus solide que tous ceux qui viennent d'ailleurs.

J'omets encore ici beaucoup d'autres choses, parce que, me représentant le nombre des affaires qui se rencontrent en la conduite d'un grand royaume, et dont Votre Majesté prend elle-même les soins, je n'ose lui demander plus longue audience. Mais j'envoie à M. Chanut quelques écrits, où j'ai mis mes sentiments plus au long touchant la même matière afin que, s'il plaît à Votre Majesté de les voir, il m'oblige de les lui présenter, et que cela aide à témoigner avec combien de zèle et de dévotion, je suis,

Madame,
De Votre Majesté
Le très humble et très obéissant serviteur,
DESCARTES.

NICOLAS GRIMALDI

(Texte 5)

Tout le problème de la morale provisoire est de savoir comment *bien faire* alors que nous sommes encore incapables de *bien juger**. A cela, elle répondra en montrant qu'il suffit de *bien vouloir*, mais que pour bien vouloir il faut à notre volonté ce minimum d'évidence sur ce qu'il convient de vouloir, mais que presque tout homme connaît avant d'avoir rien appris. C'est ainsi, par exemple, que la première règle prescrit à notre volonté de se déterminer selon « le plus utile** » à défaut de pouvoir le faire selon le plus certain. De même, « c'est une vérité très certaine*** » qui nous prouve, dans la deuxième, qu'il est plus raisonnable de se déterminer sans raison que de ne se déterminer pas ; tout comme c'est un fait absolument « certain**** » qui nous per-

* Cf. *Lettre-préface* à la traduction française des *Principes*, AT IX-2, 14 (FA III, 780).

** Cf. *Discours*, 3ᵉ partie, AT VI, 23, l. 13-14 : « Il me semblait que *le plus utile était de me régler* selon ceux avec lesquels j'aurais à vivre... » ; et l. 24-27 : « Entre plusieurs opinions également reçues, je ne choisissais que les plus modérées, tant à cause que *ce sont toujours les plus commodes pour la pratique, et vraisemblablement les meilleures...* »

*** *Ibid.*, AT VI, 25, l. 3-10 : « Les actions de la vie ne souffrant souvent aucun délai, *c'est une vérité très certaine* que, lorsqu'il n'est pas en notre pouvoir de discerner les plus vraies opinions, nous devons suivre les plus probables ; et même qu'encore que nous ne remarquions point davantage de probabilité aux unes qu'aux autres, nous devons néanmoins nous déterminer à quelques-unes... »

**** *Ibid.*, AT VI, 25, l. 31-p. 26, l. 7 : « Notre volonté ne se portant naturellement à désirer que les choses que notre entendement

230 DISCOURS DE LA MÉTHODE

suade, dans la troisième, que nous ne pourrions être privés de ce que nous ne pourrions désirer. Si la morale provisoire ne peut s'exercer sans générosité, c'est donc d'abord au sens où elle nous fait *entreprendre* ce qui paraît le meilleur, et ensuite au sens où nous ne saurions l'*exécuter* sans avoir la libre disposition de nos volontés[*].

[...] comme Descartes le montre par l'exemple, qu'il s'agisse de la spontanéité de nos décisions, de notre persévérance dans nos choix, ou de l'indépendance de nos jugements, les seules pensées en notre pouvoir sont nos volontés. Tout comme cette troisième maxime pourrait donc être définie comme une préparation ou une initiation à la vie généreuse, ainsi nous fait-elle par conséquent éprouver cette identité de notre volonté et de notre liberté qu'attesteront tant de textes à la suite des *Méditations*[**].

De cette liberté, Descartes va alors prescrire l'usage le plus extravagant. A peine aurons-nous acquis, va-t-il montrer, ce pouvoir absolu sur nos pensées, que l'homme le plus puissant du monde y sera moins puissant que nous[***]. Comme il suffit en effet à Dieu de vouloir pour

lui représente en quelque façon comme possibles, *il est certain que*, si nous considérons tous les biens qui sont hors de nous comme également éloignés de notre pouvoir, nous n'aurons pas plus de regrets de manquer de ceux qui semblent dus à notre naissance... »

[*] *Ibid.*, AT VI, 25, l. 4-6.

[**] Cf. *Meditatio quarta*, AT VII, 56, l. 28 : « Voluntas, sive arbitrii libertas » ; *Réponses aux 3e Objections* (Objection douzième), AT IX-1, 148 : « Il n'y a... personne qui, se regardant seulement soi-même, ne ressente et n'expérimente que *la volonté et la liberté ne sont qu'une même chose*, ou plutôt qu'il n'y a point de différence entre ce qui est volontaire et ce qui est libre » ; *A Mesland*, 2 mai 1644, AT IV, 116, l. 25-26 (FA III, 73) : « Je nomme généralement libre tout ce qui est volontaire. »

[***] Cf. *Discours*, 3e partie, AT VI, 26-27, où Descartes évoque ces philosophes, qui disposaient si absolument de leurs pensées « qu'ils avaient en cela quelque raison de s'estimer plus riches, et plus puissants, et plus libres, et plus heureux qu'aucun des autres hommes, qui, n'ayant point cette philosophie, tant favorisés de la nature et de la fortune qu'ils puissent être, ne disposent jamais ainsi de tout ce qu'ils veulent ».

créer*, il nous suffira de désirer pour posséder. Mais si notre pouvoir s'étend alors aussi loin que notre vouloir, c'est parce que nous aurons si librement disposé de nos volontés que nous aurons exactement mesuré notre vouloir sur notre pouvoir. Qu'on puisse tout ce qu'on veut si on ne veut que ce qu'on peut : la maxime en paraîtrait prudhommesque si son exercice ne révélait une métaphysique de la liberté que Descartes n'en finira pas d'expliciter avant 1645.

Parce que notre volonté ne se porte « naturellement à désirer que les choses que notre entendement lui représente en quelque façon comme possibles », explique-t-il, il suffit qu'elle juge comme impossible tout ce qui vient à nous manquer, pour qu'en cessant de pouvoir le désirer nous cessions aussitôt d'en pouvoir être privés. Ce qui s'impose avec évidence à notre entendement comme possible, voici qu'il ne dépend que de notre volonté de l'affirmer impossible. Qu'ici encore notre volonté juge et s'exerce tout à l'inverse de ce que lui représente notre entendement, cela est donc clair. Mais il ne s'agit pas, cette fois, de tactique ni de feinte relativement à la pratique ; car c'est *absolument* alors qu'elle nie les évidences de l'entendement. Parce que nos jugements sont des volontés, qui dispose de ses volontés dispose en effet de ses jugements, et ne pense donc que ce qu'il veut penser**. Qu'il nous soit « possible de nous retenir... d'admettre une vérité évidente » si nous considérons « que c'est un bien d'affirmer par là notre libre arbitre*** », telle est cette expérience de la liberté que

* *Ibid.*, AT VI, 26, l. 18-22 : « Je crois que c'est principalement en ceci que consistait le secret de ces philosophes, qui ont pu autrefois... disputer de la félicité avec leurs dieux. »
** Alors seulement peut-on dire de nos pensées qu'elles sont « entièrement en notre pouvoir ».
*** Cf. *A Mesland*, 9 février 1645, AT IV, 173, l. 22-23 : « Modo tantum cogitemus bonum libertatem arbitrii nostri per hoc testari » (trad. FA III, 552).

requiert par conséquent la troisième maxime de la
morale provisoire, bien avant que Descartes n'en relate
le fait, en février 1645, dans une fameuse lettre à Mesland.

JEAN-PAUL SARTRE

(*Texte 6*)

[...] Si nous partons de l'intellection mathématique, comment concilierons-nous la fixité et la nécessité des essences avec la liberté du jugement ? Le problème est d'autant plus difficile que, à l'époque de Descartes, l'ordre des vérités mathématiques paraît à tous les bons esprits l'effet de la volonté divine. Et puisque cet ordre ne saurait être éludé, un Spinoza préférera lui sacrifier la subjectivité humaine : il montrera le vrai se développant et s'affirmant par sa propre puissance *à travers* ces individualités incomplètes que sont les modes finis. En face de l'ordre des essences, la subjectivité ne peut être en effet que la simple liberté d'adhérer au vrai (au sens où, pour certains moralistes, on n'a d'autre *droit* que de faire son *devoir*), ou alors elle n'est qu'une pensée confuse, une vérité mutilée dont le développement et l'éclaircissement feront disparaître le caractère subjectif. Dans le second cas, l'homme disparaît, il ne reste plus aucune différence entre pensée et vérité : le vrai, c'est la totalité du système des pensées. Si l'on veut sauver l'homme, il ne reste, puisqu'il ne peut *produire* aucune idée, mais seulement la contempler, qu'à le pourvoir d'une simple puissance négative : celle de dire *non* à tout ce qui n'est pas le vrai. Aussi trouvons-nous chez Descartes, sous l'apparence d'une doctrine unitaire, deux théories assez différentes de la liberté, selon qu'il considère cette puissance de comprendre et de juger qui est sienne ou selon qu'il veut simplement sauver l'autonomie de l'homme en face du système rigoureux des idées.

Sa réaction spontanée est d'affirmer la responsabilité de l'homme en face du vrai. Le vrai est chose humaine, puisque je dois l'affirmer pour qu'il existe. Avant mon *jugement*, qui est adhésion de ma volonté et engagement libre de mon être, il n'existe rien que des idées neutres et flottantes qui ne sont ni vraies ni fausses. Ainsi l'homme est-il l'être par qui la vérité apparaît dans le monde : sa tâche est de s'engager totalement pour que l'ordre naturel des existants devienne un ordre des vérités. Il doit penser le monde et vouloir sa pensée, et transformer l'ordre de l'être en système des idées. Il apparaît par là, dès les *Méditations*, comme cet être « ontico-ontologique » dont parlera plus tard Heidegger. Ainsi, Descartes nous pourvoit d'abord d'une entière responsabilité intellectuelle. Il éprouve à chaque instant la liberté de sa pensée en face de l'enchaînement des essences. Sa solitude aussi. Heidegger a dit : Personne ne peut mourir pour moi. Mais avant lui, Descartes : Personne ne peut comprendre pour moi. Finalement, il faut dire oui ou non — et décider seul du vrai pour tout l'Univers. Or, cette adhésion est un acte métaphysique et absolu. [...]

Un homme ne peut être plus homme que les autres, parce que la liberté est semblablement infinie en chacun. En ce sens, nul n'a mieux montré que Descartes la liaison entre l'esprit de la science et l'esprit de la démocratie, car on ne saurait fonder le suffrage universel sur autre chose que sur cette faculté universellement répandue de dire non ou de dire oui. Et sans doute nous pouvons constater entre les hommes beaucoup de différence : l'un aura la mémoire plus vive, l'autre l'imagination plus étendue, celui-ci mettra plus de promptitude à comprendre, celui-là embrassera un champ de vérité plus large. Mais ces qualités ne sont pas constitutives de la notion d'homme : il faut y voir des accidents corporels. Et ce qui nous caractérise comme créature humaine, c'est seulement l'usage que nous faisons librement de ces dons. Il n'importe point en effet que nous ayons compris plus ou moins vite, puisque la compréhension, de quelque manière qu'elle nous vienne, doit être totale chez tous ou ne pas être. Alcibiade et l'esclave, s'ils comprennent une même vérité, sont entièrement pareils en ceci qu'ils la comprennent. De la même façon, la situation d'un homme et ses pouvoirs ne sauraient accroître ou limiter sa liberté. Descartes a fait ici, après les stoïciens, une distinction capitale entre la liberté et la puissance. Etre libre, ce n'est point pouvoir faire ce que l'on veut, mais c'est vouloir ce que l'on peut. [...] nous appelions liberté, tout à l'heure, la possibilité pour la volonté de se déterminer elle-même à dire oui ou non devant les idées que conçoit l'entendement, ce qui signifiait, en d'autres termes, que les jeux n'étaient jamais faits, l'avenir jamais prévisible. Au lieu qu'à présent, le rapport de l'entendement à la volonté, lorsqu'il s'agit de l'évidence, est conçu sous la forme d'une loi rigoureuse dans laquelle la clarté et la distinction de l'idée jouent le rôle de facteur déterminant par rapport à l'affirmation. En un mot, Descartes est beaucoup plus proche ici des Spinoza et des Leibniz qui définissent la liberté d'un être par le développement de son essence en dehors de toute action extérieure, quoique les moments de ce développement s'enchaînent les uns aux autres avec une rigoureuse nécessité. C'est à ce point qu'il va jusqu'à nier la liberté d'indifférence ou plutôt jusqu'à en faire le plus bas degré de la liberté. [...] La claire vue du Bien entraîne l'acte comme la vision distincte du Vrai entraîne l'assentiment. Car le Bien et le Vrai ne sont qu'une seule chose, à savoir l'Etre. Et si Descartes peut dire que nous ne sommes jamais aussi libres qu'en faisant le Bien, c'est qu'il substitue ici une définition de la liberté par la *valeur* de l'acte — l'acte le plus libre étant celui qui est le meilleur, le plus conforme à l'ordre universel — à une définition par l'autonomie. Et c'est dans la logique de la doctrine : si nous n'inventons pas *notre* Bien, si le Bien a une existence indépendante *a priori*, comment pourrions-nous le voir sans le faire ?

Pourtant, nous retrouvons dans la recherche du Vrai comme dans la poursuite du Bien une véritable autonomie de l'homme. Mais c'est seulement en tant qu'il est un néant. C'est par son néant et en tant qu'il a affaire au Néant, au Mal, à l'Erreur, que l'homme échappe à Dieu, car Dieu, qui est plénitude infinie d'être, ne saurait concevoir ni régler le néant. Il a mis en moi le positif ; il est l'auteur responsable de tout ce qui en moi *est*. Mais par ma finitude et mes limites, par ma face d'ombre, je me détourne de lui. Si je conserve une liberté d'indifférence, c'est par rapport à ce que je ne connais pas ou ce que je connais mal, aux idées tronquées, mutilées, confuses. A tous ces néants, néant moi-même, je puis dire *non* : je puis *ne pas* me décider à agir, à affirmer. Puisque l'ordre des vérités existe en dehors de moi, ce qui va me définir comme autonomie, ce n'est pas l'invention créatrice, c'est le refus. C'est en refusant jusqu'à ce que nous ne puissions plus refuser que nous sommes libres. Ainsi le doute méthodique devient le type même de l'acte libre. [...] Le doute atteint toutes les propositions qui affirment quelque chose en dehors de notre pensée, c'est-à-dire que je puis mettre tous les existants entre parenthèses, je suis en plein exercice de ma liberté lorsque, vide et néant moi-même, je *néantis* tout ce qui existe. Le doute est rupture de contact avec l'être ; par lui, l'homme a la possibilité permanente de se désengluer de l'univers existant et de le contempler soudain de haut comme une pure succession de fantasmes. [...] personne avant Descartes n'avait mis l'accent sur la liaison du libre arbitre avec la négativité ; personne n'avait montré que la liberté ne vient point de l'homme en tant qu'il est, comme un plénum d'existence parmi d'autres pleins dans un monde sans lacune, mais en tant qu'il *n'est pas*, au contraire, en tant qu'il est fini, limité. Seulement cette liberté ne saurait être aucunement créatrice, puisqu'elle n'est *rien*. Elle ne dispose pas du pouvoir de produire une idée : car une idée est une réalité, c'est-à-dire qu'elle possède un certain *être* que je ne puis lui donner. Au reste, Descartes lui-même va en limiter la portée, puisque, selon lui, lorsque enfin l'être paraît — l'être absolu et parfait, infiniment infini — nous ne pouvons pas lui refuser notre adhésion. Nous nous apercevons alors qu'il n'a pas poussé jusqu'au bout sa théorie de la négativité. [...] Etrange liberté. Pour finir, elle se décompose en deux temps : dans le premier, elle est négative et c'est une autonomie, mais elle se réduit à refuser notre assentiment à l'erreur ou aux pensées confuses ; dans le second, elle change de signification, elle est adhésion positive, mais alors la volonté perd son autonomie et la grande clarté qui est en l'entendement pénètre et détermine la volonté. Est-ce bien là ce que voulait Descartes et la théorie qu'il a construite correspond-elle vraiment au sentiment premier que cet homme indépendant et orgueilleux avait de son libre arbitre ? Il ne le semble pas. [...] S'il a conçu la liberté divine comme toute semblable à sa propre liberté, c'est donc de sa propre liberté, telle qu'il l'aurait conçue sans les entraves du catholicisme et du dogmatisme, qu'il parle lorsqu'il décrit la liberté de Dieu. Il y a là un phénomène évident de sublimation et de transposition. Or, le Dieu de Descartes est le plus libre des Dieux qu'a forgés la pensée humaine ; c'est le seul Dieu créateur. Il n'est soumis, en effet, ni à des principes — fût-ce à celui d'identité — ni à un souverain Bien dont il serait seulement l'exécuteur. Il n'a pas seulement créé les existants conformément à des règles qui se seraient imposées à sa volonté, mais il a créé à la fois les êtres et leurs essences, le monde et les lois du monde, les individus et les principes premiers. [...] La liberté de Dieu, bien que semblable à celle de l'homme, perd l'aspect négatif qu'elle avait sous son enveloppe humaine, elle est pure productivité, elle est l'acte extra-temporel et éternel par quoi Dieu fait qu'il y ait un monde, un Bien et des Vérités éternelles. Dès lors la racine de toute Raison est à chercher dans les profondeurs de l'acte libre, c'est la liberté qui est le fondement du vrai, et la nécessité

rigoureuse qui paraît dans l'ordre des vérités est elle-
même soutenue par la contingence absolue d'un libre
arbitre créateur. [...] En Dieu le vouloir et l'intuition ne
font qu'un, la conscience divine est à la fois constitutive
et contemplative. Et, semblablement, Dieu a inventé le
Bien ; il n'est point incliné par sa perfection à décider ce
qui est le meilleur, mais c'est ce qu'il a décidé qui, par
l'effet de sa décision même, est absolument bon. Une
liberté absolue qui invente la Raison et le Bien et qui n'a
d'autres limites qu'elle-même et sa fidélité à elle-même,
telle est finalement pour Descartes la prérogative divine.
Mais, d'un autre côté, il n'y a rien de plus en cette liberté
qu'en la liberté humaine et il a conscience, en décrivant
le libre arbitre de son Dieu, de n'avoir fait que développer le contenu implicite de l'idée de liberté. C'est pourquoi, à bien considérer les choses, la liberté humaine
n'est pas limitée par un ordre de libertés et de valeurs qui
s'offriraient à notre assentiment comme des *choses* éternelles, comme des structures nécessaires de l'être. C'est
la volonté divine qui a posé ces valeurs et ces vérités,
c'est elle qui les soutient : notre liberté n'est bornée que
par la liberté divine. Le monde n'est rien que la création
d'une liberté qui le conserve indéfiniment ; la vérité n'est
rien si elle n'est voulue par cette infinie puissance divine
et si elle n'est reprise, assumée et entérinée par la liberté
humaine. L'homme libre est seul en face d'un Dieu
absolument libre ; la liberté est le fondement de l'être, sa
dimension secrète ; dans ce système rigoureux, elle est,
pour finir, le sens profond et le vrai visage de la nécessité. [...] Peu nous importe qu'il ait été contraint par son
époque, comme aussi bien par son point de départ, de
réduire le libre arbitre humain à une puissance seulement négative de se refuser jusqu'à ce qu'enfin il cède et
s'abandonne à la sollicitude divine ; peu nous importe
qu'il ait hypostasié en Dieu cette liberté originelle et
constituante dont il saisissait l'existence infinie par le
cogito même : reste qu'une formidable puissance d'affirmation divine et humaine parcourt et soutient son uni-

vers. Il faudra deux siècles de crise — crise de la Foi,
crise de la Science — pour que l'homme récupère cette
liberté créatrice que Descartes a mise en Dieu et pour
qu'on soupçonne enfin cette vérité, base essentielle de
l'humanisme: l'homme est l'être dont l'apparition fait
qu'un monde existe.

QUATRIÈME PARTIE

Dans cette partie, deux points méritent une attention renouvelée, car ils constituent les points d'appui de Descartes : la démarche du doute *et le sens du* Cogito.

Pour éclairer le premier point, nous donnons des extraits d'un dialogue inachevé écrit par Descartes, La Recherche de la vérité *(date inconnue ; texte 1), suivis d'un exposé, fait au* Colloque International Descartes *en 1987, où Michelle Beyssade montre comment le doute du* Discours, *bien que l'hypothèse du Dieu trompeur n'y figure pas, n'est pas moins étendu que celui des* Méditations ; *et comment également, parce que étant évoqué comme* irréel *il supprime l'occasion de l'objection du cercle (arriver à Dieu par des idées assurées que Dieu finalement assurera), il permet alors de comprendre pourquoi, à propos des* Méditations, *Descartes se défendra de commettre un cercle (texte 2).*

Le sens logique du Cogito, *souvent présenté comme un syllogisme, est fort bien précisé par Jean-Claude Pariente dans une communication faite au Colloque de 1987 sur* Le « Discours » et sa Méthode *(texte 3).*

Un philosophe italien contemporain, Giorgio Agamben, explicite le Cogito *comme « expérience mentale » (texte 4), et Jean Beaufret analyse sa richesse de sens, fondatrice de la philosophie moderne du « sujet » et de l'« objet » (texte 5).*

DESCARTES

(*Texte 1*)

EUDOXE. — Prêtez-moi seulement votre attention, et je vous mènerai plus loin que vous ne pensez. Car de ce doute universel, comme d'un point fixe et immobile, je veux faire dériver la connaissance de Dieu, celle de vous-même, et enfin celle de toutes les choses qui existent dans la nature.

POLIANDRE. — Voilà, certes, de grandes promesses, et elles valent bien, pourvu qu'elles s'accomplissent, que nous vous accordions l'objet de votre demande. Soyez donc fidèle à vos promesses, nous satisferons aux nôtres.

EUDOXE. — Puis donc que vous ne pouvez nier que vous doutez, et qu'au contraire il est certain que vous doutez, et même si certain que vous ne pouvez en douter, il est vrai aussi que vous qui doutez vous existez, et cela est si vrai que vous n'en pouvez pas douter davantage.

POLIANDRE. — Je suis de votre avis ; car si je n'existais pas, je ne pourrais douter.

EUDOXE. — Vous existez donc, et vous savez que vous existez, et vous le savez parce que vous doutez.

POLIANDRE. — Tout cela est vrai.

EUDOXE. — Mais pour que vous ne soyez pas détourné de votre dessein, avançons peu à peu, et, comme je vous l'ai dit, vous trouverez que cette route va plus loin que vous ne pensez. Répétons l'argument. Vous existez, et vous savez que vous existez, et vous le savez parce que vous savez que vous doutez. Mais vous qui doutez de tout et ne pouvez douter de vous-même, qui êtes-vous ?

[...] je puis vous certifier que jamais je n'ai douté de ce que c'est que le doute, bien que je n'aie commencé a le connaître, ou plutôt à y réfléchir, que lorsque Epistémon a voulu le mettre en doute. A peine m'aviez-vous montré le peu de certitude que nous avons de l'existence des choses que nous ne connaissons que par le secours des sens que j'ai commencé à douter de ces choses, et il a suffi de cela pour me faire connaître en même temps et mon doute et la certitude de ce doute ; je puis donc affirmer que j'ai commencé à me connaître aussitôt que j'ai commencé à douter ; mais ce n'était pas aux mêmes objets que se rapportaient mon doute et ma certitude. Car mon doute s'appliquait seulement aux choses qui existent hors de moi, et ma certitude s'appliquait à mon doute et à moi-même. Eudoxe avait donc raison de dire qu'il est des choses que nous ne pouvons apprendre qu'en les voyant. De même, pour apprendre ce que c'est que le doute, ce que c'est que la pensée, il ne faut que douter et penser soi-même. Ainsi de l'existence. Il faut savoir seulement ce qu'on entend par ce mot ; aussitôt on connaît la chose, autant du moins qu'il est possible à l'homme de la connaître, et pour cela il n'est pas besoin de définitions ; elles obscurciraient la chose plutôt qu'elles ne l'éclairciraient.

MICHELLE BEYSSADE

(*Texte 2*)

S'agissant du doute, il est tout d'abord remarquable que l'hypothèse du Dieu trompeur ne figure pas dans le *Discours*. L'argument qui, dans la Quatrième partie du *Discours*, motive ma décision de douter et m'entraîne dans le doute le plus général, est celui du rêve, c'est-à-dire l'incapacité où je suis de distinguer la prétendue vérité de la veille de l'illusion des songes. Il est bien précédé d'une remarque sur les erreurs de raisonnement même en géométrie, mais aucune mise en doute explicite des vérités les plus simples, saisies sans le détour du raisonnement, ne l'accompagne. Et il peut sembler que celles-ci ne sont pas atteintes par un doute qui fait se succéder les arguments sans qu'aucune objection l'amène à se diversifier et à s'approfondir. Aussi bien, lorsque Descartes tire peu après de la première vérité reconnue la règle générale que les choses que nous concevons fort clairement et fort distinctement sont toutes vraies, la réserve qui suit, « il y a seulement quelque difficulté à bien remarquer quelles sont celles que nous concevons distinctement* », exprime, semble-t-il, l'exigence du savant soucieux de ne pas prendre le confus pour du distinct, mais non l'inquiétude du métaphysicien troublé par l'ignorance où il se trouve de l'auteur de sa nature.

Quant aux démonstrations de l'existence de Dieu, il est aussi remarquable qu'elles s'énoncent sans que la

* AT VI, 33.

notion cartésienne de l'idée et de sa double réalité soit explicitée, et sans que le principe de causalité soit formulé. Si ce dernier pouvait apparaître comme une évidence rationnelle non sujette au doute, la première, familière à Descartes et évidente à ses yeux, pouvait difficilement être tenue pour telle par les lecteurs du *Discours*. Descartes essaie de s'en passer.

Un doute moins étendu, des preuves de Dieu moins élucidées : quel cercle pourrait-on voir en ce début de la Quatrième partie du *Discours* ? Ce résumé atténué d'une métaphysique qui n'est peut-être pas encore entièrement élaborée ne donne pas prise à l'objection du cercle — mais par faiblesse, non par force.

Un doute moins étendu ? Si nous le pensons, n'est-ce pas parce que nous projetons sur l'ensemble des raisons de douter du *Discours* l'ordre et la structure, la « grille », de celles de la Première méditation, en jugeant rapidement que manque au doute du *Discours* ce qui dans la Méditation vient après l'argument du rêve ?

Mais pourquoi celui-ci n'assumerait-il pas dans le *Discours* la même fonction que l'hypothèse du Dieu trompeur dans la Méditation ? Il conduit Descartes à douter de toutes ses pensées, de toutes les choses qui lui étaient jamais entrées en l'esprit, à vouloir penser que tout est faux. Pourquoi exclure quoi que ce soit de ce *tout* ?

Descartes n'explicite pas, alors, les différents champs du savoir qui tombent sous le coup de sa décision de douter, peut-être parce que cet abrégé, cet « épitomé* », comme l'appelle Descartes, recense les arguments pour douter sans nous montrer l'exécution de l'entreprise, l'exercice du doute, et ne rencontre pas les résistances qui obligent à distinguer des domaines. Le doute est, dans cet abrégé, moins explicite que dans les *Méditations*, sûrement, mais pourquoi dire qu'il est

---

* *Entretien avec Burman*, AT V, 153.

moins étendu ? S'il est vrai, d'autre part, que les preuves de Dieu s'efforcent de faire l'économie de certaines notions, n'est-ce pas le signe de l'universalité du doute qui précède, dont elles veulent se protéger ?

Si nous poursuivons la lecture de cette Quatrième partie du *Discours*, nous voyons apparaître, incontestablement, l'ampleur du doute. Une fois reconnues les premières vérités de la métaphysique, l'existence de mon être pensant et celle de l'être parfait et infini, Descartes s'avise des difficultés que certains ont à s'en persuader, et c'est alors que, paradoxalement, il dévoile l'étendue du doute dont il a exposé les raisons. « Cela même que j'ai tantôt pris pour une règle, à savoir que les choses que nous concevons très clairement et très distinctement sont toutes vraies, n'est assuré qu'à cause que Dieu est ou existe[*] » ; et plus loin, « si nous ne savions point que tout ce qui est en nous de réel et de vrai vient d'un être parfait et infini, pour claires et distinctes que fussent nos idées, nous n'aurions aucune raison qui nous assurât qu'elles eussent la perfection d'être vraies[**] ». Que le doute ait pu porter sur les idées claires et distinctes, sur la règle même qui fait de la clarté et de la distinction les signes du vrai, cela est affirmé sans la moindre réserve. Ce que nous avons pris pour règle, nous n'en étions pas assurés. Nous n'y avions pas pris garde. Mais il faut distinguer *prendre pour règle* et *être assuré, ou certain, de quelque chose*. Un frisson nous saisit. Nous avons progressé sans être assurés, en nous appuyant sur ce qui n'était pas sûr.

En évoquant ainsi le doute au moment de l'assurance, en faisant apparaître sous l'assurance présente le passé non assuré, le *Discours* n'offrait-il pas, autant, sinon plus, que les *Méditations*, l'occasion de l'objection du cercle ? La formule citée par Arnauld quand il exprime son scrupule, « nous ne sommes assurés que les choses que nous concevons clairement et distinctement sont

* AT VI, 38.
** AT VI, 39.

vraies qu'à cause que Dieu est ou existe », n'est-elle pas proche de celle du *Discours*, « cela même que j'ai tantôt pris pour une règle, à savoir que les choses que nous concevons très clairement sont toutes vraies, n'est assuré qu'à cause que Dieu est ou existe » ?

Pourquoi donc, en fait, cette phrase n'a-t-elle pas donné lieu à l'objection ? Nous retrouvons notre question : pourquoi le *Discours* n'a-t-il pas « reçu » cette objection ? Mais nous avons rejeté l'idée d'une certaine faiblesse : ce n'est pas parce que le doute y serait plus faible que dans les *Méditations*, ce n'est pas parce que le *Discours* restreindrait la portée de l'interrogation métaphysique. Alors pourquoi ?

Il faut revenir sur ce doute étrangement différé et soudainement si accentué, et en relever certains caractères.

Ce doute n'apparaît d'abord qu'implicitement, quand s'exprime, comme en un détour essentiel, l'assurance (on dit souvent la garantie) que donne la connaissance de Dieu (la garantie divine, dit-on) sur la règle (on dit souvent le critère) du vrai. « Cela même que j'ai tantôt pris pour une règle… n'est assuré qu'à cause que Dieu existe. » Le doute n'apparaît là qu'implicitement, comme ce qui précédait l'assurance qui s'exprime, comme l'état antérieur à cette assurance conquise, comme son manque, et comme en creux. Au moment où, pour souligner l'incertitude de toutes les connaissances de ceux qui ne sont pas assez persuadés de l'existence de Dieu et de leur âme, Descartes présente la connaissance de Dieu comme la condition de toute certitude, même de celle qui a pour objet les idées claires et distinctes, on s'aperçoit que l'ignorance de cette condition laissait celles-ci exposées au doute.

C'est alors que Descartes explique comment toute certitude se fonde en Dieu, comment la vérité de mes idées claires et distinctes s'enracine dans la perfection et l'infinité de l'être dont tout dépend ; ce qui l'amène à expliciter davantage l'idée d'un doute possible sur les idées claires et distinctes : « Si nous ne savions point que tout ce qui est en nous de réel et de vrai vient d'un être parfait et infini, pour claires et distinctes que fussent nos idées, nous n'aurions aucune raison qui nous assurât qu'elles eussent la perfection d'être vraies. » Nous douterions. Mais en réalité, maintenant, nous savons... et nous ne doutons pas. Ce doute, quand enfin il s'explicite, n'est plus possible. « Si nous ne savions point,... nous n'aurions aucune raison. » Ce n'est pas un potentiel, mais un irréel ; un irréel du présent, que la traduction latine du *Discours* a pu différencier d'un potentiel. Le doute sur le clair et le distinct n'apparaît qu'à l'irréel. Il n'est explicité que lorsqu'il n'est plus possible. Il n'est jamais effectif, il n'est jamais effectué. Il n'est jamais réel. Il est pensé comme possible, au moment où il est devenu impossible.

Il est pensé comme possible dans le passé : ce n'est pas un irréel du passé. Mais dans le présent, il est impossible, et le temps est irréversible. Un regard en arrière l'aperçoit comme dépassé. C'est sans doute pour cela que l'objection du cercle n'a pas été adressée à Descartes : le doute sur le clair et distinct n'apparaît d'abord qu'implicitement, puis à l'irréel, et rétrospectivement. Il n'est signalé que lorsqu'il est déjà balayé, emporté par Dieu, quand le danger est déjà écarté.

Prudence ? Habileté ? Peut-être même artifice ?

Nous n'avons peut-être retrouvé dans le *Discours* toute la force du doute cartésien que pour déceler dans sa présentation un artifice qui serait une autre sorte de faiblesse, une manière d'éviter le problème sans le résoudre.

Il y a pourtant dans cette apparition rétrospective du doute sur le clair et distinct quelque chose d'essentiel à la démarche cartésienne. N'est-ce pas seulement de manière rétrospective qu'une certaine fragilité de l'évidence apparaît ? N'est-ce pas le caractère nécessairement rétrospectif du doute sur l'évidence du clair et du distinct, alors même que ce doute est effectué, comme dans les *Méditations*, qui fournit la réponse au problème du cercle ? Toute apparence d'artifice disparaît du *Discours* quand on comprend comment Descartes échappe dans ses *Méditations* à l'objection du cercle.

L'impossibilité où nous sommes de douter de ce que nous concevons clairement et distinctement au moment même où nous le concevons est une affirmation constante chez Descartes. S'il ne prend pas la peine de l'indiquer quand il explicite l'objet du doute, il le précise à plusieurs reprises quand il explique la pratique ou l'exercice du doute. On le voit notamment au début de la Troisième méditation, où le doute sur les conceptions claires et distinctes n'est possible que par l'oscillation de mon attention qui cesse de s'y porter pour considérer l'hypothèse du Dieu trompeur[*], comme à la fin de la cinquième, où Descartes reconnaît que « dès aussitôt que je comprends quelque chose fort clairement et distinctement, je suis naturellement porté à la croire vraie[**] ». Et Descartes écrivait à Regius, en mai 1640, en réponse à son objection : « Mon esprit est de telle nature qu'il ne peut qu'assentir à ce qui est clairement entendu[***] ». En présence de l'évidence des idées claires et distinctes, lorsque mon attention me les rend présentes, je ne peux pas ne pas les croire vraies. Leur évidence éclate dans toute sa force, sans la moindre fragilité, et mon adhésion à l'évidence actuelle est naturelle et irrésistible.

Mais lorsque mon attention s'en détourne, et que l'évidence n'est plus objet que de souvenir, lorsque d'autres pensées peuvent occuper mon esprit, et en particulier une raison de douter de tout, comme l'hypothèse du Dieu trompeur, ou toute autre hypothèse inquiétante sur l'origine de mon être, c'est alors seulement que je mets en doute la vérité de ce que j'ai conçu clairement et distinctement. « Car je puis me persuader

[*] AT IX, 28.
[**] AT IX, 55.
[***] Descartes à Regius, 24 mai 1640, AT III, 64, 1. 24-25.

d'avoir été fait tel par la nature que je puisse aisément me trompe, même dans les choses que je crois comprendre avec le plus d'évidence et de certitude[*]. » C'est ce que dit Descartes dans la Cinquième méditation. « Nous sommes peut-être d'une nature telle, écrit-il à Regius, que nous nous trompions même dans les choses les plus évidentes[**]. » Inquiétude sur ma nature. Doute métaphysique. Aucune faiblesse intérieure à l'évidence ne me pousse à en douter, mais un motif général de doute, susceptible d'attaquer toutes les évidences, quelle que soit leur simplicité, quelle que soit leur force, de l'extérieur, car il n'y a pas dans l'évidence même de quoi douter ; de l'extérieur, et indirectement, en passant par l'intermédiaire d'une raison de douter générale, la crainte d'une tromperie constante, qui me fait rejeter en bloc, généralement, toutes mes conceptions claires et distinctes. C'est alors qu'après coup je mets en doute telle ou telle évidence à laquelle j'adhérais tout à l'heure dans son actualité, dans sa présence propre. Je la mets en doute en la pensant sous la catégorie générale des idées claires et distinctes que maintenant ma crainte d'une nature viciée me fait soupçonner de fausseté. Je la mets en doute de l'extérieur, indirectement, et comme aveuglément, sans la voir, hors de sa présence, rétrospectivement.

Cette compréhension du doute, à laquelle différents commentateurs de divers pays se sont attachés — je pense, parmi d'autres, à Harry Frankfurt et à Anthony Kenny, comme à Henri Gouhier et à Geneviève Rodis-Lewis[***] —, cette compréhension qui est celle de l'exercice du doute, éclaire beaucoup notre problème.

* AT IX, 55.
** AT III, 64, 1. 30-65 1. 1.
*** Cf notamment Harry G. Frankfurt, *Demons, Dreamers and Madmen. The Defense of Reason in Descartes's Meditations*, 1970 ; Anthony Kenny, *Descartes, a Study of his Philosophy*, 1968. Henri Gouhier, *La Pensée métaphysique de Descartes*, 1969 ; Geneviève Rodis-Lewis, *L'Œuvre de Descartes*, 1971 et *Descartes, Textes et débats*, 1984.

Elle ne consiste pas à affaiblir le doute. C'est bien alors de la vérité de mes conceptions claires et distinctes que je doute, et non de la fidélité de mon souvenir. Le doute porte bien sur la vérité des idées claires et distinctes elles-mêmes. Indirect, rétrospectif, il vise pourtant et atteint les conceptions claires et distinctes. S'il naît hors de leur présence, il rejaillit sur elles, et jette le soupçon sur elles, sur leur vérité même, et non sur l'exactitude de ma mémoire. Mais il ne surgit que lorsqu'elles sont objet de souvenir, et non plus d'attention. Le doute sur les idées claires et distinctes ne peut être que rétrospectif.

Certes, dans les *Méditations*, ce doute rétrospectif est réel ; il est réalisé, effectué. Le début de la Troisième méditation, auquel nous nous sommes référés, est, après la découverte d'une première vérité, un nouvel exercice du doute. La vérité des idées claires et distinctes y est effectivement mise en doute, ce qui a donné lieu à l'objection du cercle. Alors que dans le *Discours*, ce doute rétrospectif est évoqué comme irréel, ce qui supprime l'occasion de l'objection du cercle.

Mais si Descartes peut se défendre du reproche de cercle qui lui a été adressé après les *Méditations*, c'est en s'appuyant sur le caractère nécessairement rétrospectif du doute sur le clair et distinct. Il faut « faire distinction, dit-il, des choses que nous concevons en effet (c'est-à-dire effectivement, actuellement) fort clairement, d'avec celles que nous nous ressouvenons d'avoir autrefois fort clairement conçues[*] ». Le doute ne surgit que sur ces dernières, les évidences remémorées, et tant que nous ignorons qu'il existe un Dieu non trompeur, parce que nous pouvons toujours craindre qu'un Dieu tout-puissant nous trompe. Or la certitude d'un Dieu non trompeur peut être acquise dans l'actualité de l'évidence du bref enchaînement de raisons qui constitue la preuve. « Nous sommes assurés que Dieu existe, dit Descartes, parce que nous prêtons attention aux raisons qui nous prouvent son existence[**]. » Alors, en contredisant directement l'hypo-

[*] Quatrièmes réponses, AT IX, 189-190.
[**] *Ibid.*, p. 190.

thèse du Dieu trompeur qui menaçait notre certitude du
clair et distinct, la preuve de l'existence d'un Dieu non
trompeur détruit la raison de douter — qui n'était
elle-même que douteuse : une hypothèse —, elle
l'empêche de naître, elle l'étouffe de l'intérieur. La
preuve acquiert ainsi, d'emblée, le plus haut degré
d'assurance, puisque aucun doute n'est plus possible. Du
même coup, puisqu'elle a définitivement écarté la raison
de douter, elle confère cette assurance parfaite — la
certitude métaphysique — à toutes les conceptions
claires et distinctes, que désormais rien ne vient ébranler, même après coup, même lorsqu'elles ne sont
qu'objet de souvenir. « Après cela, continue Descartes,
il suffit que nous nous ressouvenions d'avoir conçu une
chose clairement, pour être assurés qu'elle est vraie[*] ».
Telle est la réponse de Descartes à Arnauld ; telle est la
solution du problème du cercle.

[*] *Ibid.*

JEAN-CLAUDE PARIENTE

(Texte 3)

Quand on dit, conformément à la lettre de certaines affirmations de Descartes, que le *Cogito* est la première vérité, « le premier principe de la philosophie que je cherchais » (AT VI, 32), « la première et la plus certaine (conclusion) qui se présente à celui qui conduit ses pensées par ordre » (*Principes*, I, 7), on a tendance à oublier que, Descartes l'a également précisé, cette primitivité n'est pas absolue. Car le *Cogito* s'appuie sur certaines notions et sur certaines vérités qui le précèdent et qui ne sont pas tombées sous le coup du doute. Ne nous faisant avoir « la connaissance d'aucune chose qui existe » (*op. cit.*, I, 10), elles échappent au doute en quelque sorte par défaut.

Sur quoi porte au juste le doute? A cette question, Descartes donne deux réponses, ou, plus exactement, répond sur deux registres d'expression qu'il est utile de dissocier clairement: tantôt le doute est présenté comme portant sur des choses, tantôt il est présenté comme portant sur des préjugés, opinions ou propositions. Ainsi lit-on dans le *Discours de la méthode* (AT VI, 32) : « je me résolus de feindre que toutes les choses qui m'étaient jamais entrées en l'esprit n'étaient non plus vraies que les illusions de mes songes » et, un peu plus loin : « je voulais ainsi penser que tout était faux », avant de trouver : « de cela même que je pensais à douter de la vérité des autres choses, il suivait très évidemment et très certainement que j'étais. » Le doute serait alors une relation entre l'esprit et telles ou telles choses, et le verbe « douter » appartiendrait à la langue objet.

Mais ces « choses » qui sont entrées en l'esprit et sont maintenant en sa créance, qui paraissent vraies et seront ensuite réputées fausses, ce ne sont assurément pas des objets et il ne faut pas confondre l'emploi du mot « chose » dans les passages cités ci-dessus avec un autre emploi, que Descartes en fait dans la même page, quand il écrit : « Je voulus supposer qu'il n'y avait aucune chose qui fût telle que (nos sens) nous la font imaginer » ; ici, les choses considérées sont des objets sensibles ; plus haut, c'étaient des produits du jugement ou du raisonnement, des propositions.

Cette dualité des registres d'expression n'est pas propre au *Discours* ; on la retrouve sans peine dans les *Méditations* et dans les *Principes*. Pour éviter les confusions qu'elle risque de provoquer, il faut prendre garde que le doute est en réalité une relation de nature méta-linguistique entre l'esprit et les propositions dont il essaie d'évaluer le degré de certitude, et ne pas se laisser abuser par les formulations réalistes auxquelles Descartes a fréquemment recours.

Le caractère méta-linguistique de l'exposé cartésien me paraît en revanche sauter aux yeux quand on aborde les passages consacrés au *Cogito*. Comme il s'agit là d'un point important pour la suite, il convient de l'établir avec soin.

On observera d'abord que tous les textes canoniques sont écrits dans une méta-langue. Dans le *Discours* en particulier, quand la grande voix énonce pour la première fois le *Cogito*, c'est en disant que « cette vérité : *Je pense, donc je suis*, était si ferme et si assurée que toutes les plus extravagantes suppositions des sceptiques n'étaient pas capables de l'ébranler » (AT VI, 32).

Dans la *Méditation seconde*, c'est de « la proposition : *Je suis, j'existe* » qu'il est conclu et tenu pour constant qu'elle est « nécessairement vraie, toutes les fois que je la prononce, ou que je la conçois en mon esprit » (AT IX-1, 19).

Selon les *Principes* enfin (I, 7), « nous ne saurions nous empêcher de croire que cette conclusion : *Je pense, donc je suis*, ne soit vraie ».

Chaque fois, on le voit, Descartes parle sur l'énoncé. [...] Descartes en a du reste donné lui-même une formulation plus développée ; c'est la proposition des *Principes*, I, 49 :

> (*14*) Celui qui pense ne peut manquer d'être ou d'exister pendant qu'il pense.

Quand on compare (*12*) et (*14*), on voit que (*14*) contient une expression modale absente de (*12*). On voit aussi que ce principe, variante cartésienne du principe de nécessité conditionnelle, autorise à poser l'existence de l'être pensant, mais sous condition. Il n'est pas considéré comme existant parce qu'il est doté de la puissance de penser, parce que, si l'on préfère, il est raisonnable, mais parce que et pour le moment où il met en acte cette puissance. C'est ce qu'indique la clause terminale *pendant qu'il pense* ; et la présence de cette clause rend raison de l'élément performatif qui figure incontestablement dans le *Cogito* cartésien. Peut-être est-ce la même interprétation qui a conduit Leibniz à noter : « (le *Cogito*) est une proposition de fait, fondée sur une expérience immédiate et ce n'est pas une proposition nécessaire, dont on voit la nécessité dans la convenance immédiate des idées[*] » : l'existence ne convient pas à l'être pensant du fait de sa nature d'être pensant, mais du fait qu'il la met en œuvre ; néanmoins le *Cogito* n'est pas pour autant selon Descartes une simple proposition de fait. [...] La maxime *pour penser il faut être* précède le *Cogito*, elle est connue avant le *Sum* terminal. Mais elle ne le précède pas à la manière dont une prémisse précède une conclusion. Elle ne peut le précéder qu'à la manière dont une règle d'inférence précède les inférences qu'elle autorise. Sitôt qu'on la transforme

[*] Leibniz (1765), IV, 7, 7, p. 362.

en prémisse, on reconstitue contre les avertissements de Descartes un syllogisme ; et on paie l'erreur commise en ne parvenant pas à inférer l'existence du sujet pensant sous une forme convenable. En effet, quand on fait de (*14*) une prémisse, les lois du syllogisme font que la conclusion contient une expression de nécessité, de laquelle proviennent les difficultés d'interprétation. Quand on lui accorde en revanche statut de règle d'inférence, on comprend sa fonction dans le *Cogito* : assurer à *Sum* la nécessité conditionnelle sans laquelle l'argument cartésien se réduirait à « la constatation d'une coïncidence actuelle entre ma pensée et mon être » selon les termes de Gueroult (1953, II, p. 310).

C'est bien parce qu'elle ne fonctionne pas comme une prémisse que la maxime peut jouer le rôle que lui reconnaît le *Discours* : m'assurer que je dis la vérité quand j'élabore la conclusion : *Je pense, donc je suis*. Elle résout enfin le problème dont on cherchait vainement la solution du côté du syllogisme : garantir la légitimité de l'inférence qui conduit de *Je pense* à *Je suis*. La nécessité qu'elle confère à la conclusion du *Cogito* ne relève pas de la langue-objet mais de la méta-langue : ce qui est nécessaire, ce n'est pas le contenu de l'assertion terminale, c'est seulement l'assertion de ce contenu.

[...] si la maxime *pour marcher (respirer) il faut être* est une proposition de même statut que *pour penser il faut être*, pourquoi est-il légitime d'inférer *Je suis* de *Je pense*, mais non de *Je marche (respire)* ?

Outre les *Réponses aux Cinquièmes objections* (AT VII, 352) et la lettre citée, Descartes a également affronté la difficulté dans les *Principes* (I, 9). Les trois fois, la réponse est la même, et elle est double, comme l'a bien noté B. Williams[*].

Les trois fois en effet, Descartes explique d'une part pourquoi on ne saurait conclure *Je suis* de *Je marche* ou *Je respire*. La formulation la plus nette figure dans la lettre à Reneri, où elle complète le passage cité plus haut :

---

[*] B. Williams (1962), pp. 50-51.

> ... si l'on veut conclure son existence de ce que la
> respiration ne peut être sans elle, on ne conclut rien,
> à cause qu'il faudrait auparavant avoir prouvé qu'il
> est vrai qu'on respire, et cela est impossible, si ce
> n'est qu'on ait aussi prouvé qu'on existe.

Descartes dénonce ici un cercle : pour conclure *Je suis* de
Je respire, il faut être assuré de la vérité de la prémisse ;
mais tout argument qui en garantirait la vérité présup-
poserait que j'existe. Le problème est apparemment de
savoir à quelle condition il est légitime de détacher la
conclusion dans l'argument : *Je respire donc je suis.*
Descartes relève à juste titre qu'il faut avoir établi la
vérité de la prémisse. Il rappelle simplement à son
correspondant (et il répétera ensuite à Gassendi) les
exigences de la mise en œuvre du principe de nécessité
conditionnelle, sous la forme (26) en l'espèce. Car la
clause terminale *pendant qu'il respire* signifie bien que le
principe ne s'applique à la proposition *Je respire* que si
elle est (jugée) vraie, c'est-à-dire si je respire. L'originalité du principe, c'est que les déductions qu'il légitime
supposent que la prémisse est vraie au moment où la
déduction a lieu et ne se fondent pas simplement sur le
contenu prédicatif de la prémisse. C'est pourquoi Descartes souligne que, si on veut faire usage du principe, il
faut préalablement établir la vérité de la prémisse ; dans
les termes de Leibniz, il ne s'agit pas ici de conclure au
nom de la seule convenance entre idées. La première
glose de Descartes sur la tentative de conclure *Je suis* de
Je respire ou de *Je marche* est donc négative.

Mais, les trois fois également, Descartes prolonge sa
réflexion par une glose positive. Il y a un sens dans
lequel la déduction de *Je suis* est correcte :

> Mais si l'on veut conclure son existence du sentiment
> ou de l'opinion qu'on a qu'on respire, en sorte
> qu'encore même que cette opinion ne fût pas vraie,
> on juge toutefois qu'il est impossible qu'on l'eût, si
> on n'existait, on conclut fort bien (AT II, 37-38).

Il importe d'analyser ce renversement du contre au pour afin de saisir la véritable nature du point de départ du *Cogito*. Quelle est la situation que commente ici Descartes ? Celle d'un homme qui se pose la question : ai-je le droit de déduire que j'existe de *Je respire* ?

Si, conformément à la première glose, il se dit : je dois d'abord prouver que *Je respire* est vrai, c'est-à-dire que je respire, il tombe dans le cercle, car il ne le prouvera pas sans prouver qu'il est.

Mais, *pour se poser cette question*, cet homme doit avoir produit la pensée *Je respire* : sinon, de quoi chercherait-il à prouver la vérité ? S'il a produit cette pensée, « encore même que cette opinion ne fût pas vraie », il faut qu'il existe, et cette fois il « conclut fort bien ».

Ce qui importe pour conclure *Je suis* n'est pas que le contenu de la pensée produite soit vrai ; c'est qu'il soit vrai que j'ai produit cette pensée. Il se peut que je ne respire pas (même si l'exemple choisi est surprenant) ; mais il suffit que je pense respirer pour être assuré que je suis quand je le pense. Il y a alors un fait incontestable relatif à moi : non pas le fait que je respire, mais le fait que je pense : *Je respire*, et ce fait incontestable au moment même de la déduction la rend légitime.

Autant la valeur de vérité de la proposition produite est incertaine — je ne suis pas sûr que je marche quand je pense : *je marche*, que je respire quand je pense : *je respire* — autant la production de la proposition est certaine, puisque je suis en train de douter d'elle. Le point de départ du *Cogito* ne peut résider que dans l'opération qui produit une pensée au contenu toujours contestable. C'est pourquoi Descartes précise à Reneri, comme à Gassendi, qu'il n'y a jamais qu'un point de départ pour le *Cogito* :

> — Et ce n'est pas autre chose à dire en ce sens-là : *Je respire, donc je suis*, sinon *Je pense, donc je suis* (AT II, 38).
> — Cette conséquence ne serait pas bonne : *Je me promène, donc je suis,* sinon en tant que la connais-

sance intérieure que j'en ai est une pensée, de laquelle seule cette conclusion est certaine, non du mouvement du corps, lequel parfois peut être faux... (AT VII, 352).

et reprend le même enseignement dans les *Principes* (I, 9).

A cet égard non plus, la formulation des *Méditations* n'a rien d'exceptionnel. Ce qui prouve que je suis, ce n'est pas que je sois : ce serait pure « battologie » ; c'est que je pense : *Je suis*. Une fois encore, c'est la production d'une pensée, la pensée : *Je suis*, qui sert de point de départ au *Cogito*. Mais les *Méditations* concentrent avec une efficacité qui est, elle, exceptionnelle toute la problématique de Descartes sur une unique proposition : sa production garantit la vérité de son contenu. [...]

Le *Cogito* n'est pas un syllogisme. Mais sa conclusion est posée comme nécessairement vraie parce qu'elle est inférée selon une maxime qui a statut de vérité éternelle à partir d'un point de départ qui échappe au doute. Sa certitude émane de la combinaison entre l'indubitabilité de son point de départ et la nécessité de la règle d'inférence qui lui est appliquée, ou, comme dit Gueroult, entre « une nécessité et un fait qui se complètent l'un l'autre, mais ne sauraient se *tirer* l'un de l'autre » (1953, II, p. 310).

Même dans la *Méditation seconde* où tout se joue sur l'unique proposition *Je suis*, le *Cogito* comporte un point de départ et une conclusion, puisque cette unique proposition est tour à tour envisagée sous deux aspects, en tant qu'elle est effectivement produite et en tant qu'elle est vraie. La conclusion s'impose au terme d'un mouvement de pensée dont la lettre à Reneri (AT II, 38) souligne les traits caractéristiques :

quand on conclut son existence du sentiment qu'on respire, écrit-il, on conclut fort bien ; à cause que cette pensée de respirer se présente alors à notre esprit *avant* celle de notre existence, et que *nous ne pouvons douter* que nous ne l'ayons pendant que nous l'avons (souligné par moi).

Les mots soulignés mettent ici deux points en évidence : qu'il y a un mouvement dans le *Cogito*, mouvement qui a sa durée, et que le point de départ en est connu sans doute possible. Or ce sont là les deux traits par lesquels la *Règle* III caractérise la déduction au sens cartésien du terme :

> nous entendons par là tout ce qui se conclut nécessairement de certaines autres choses *connues avec certitude*... Nous distinguons donc ici l'intuition intellectuelle et la déduction certaine, en ce que l'on conçoit dans l'une une sorte de mouvement ou de *succession*, et non pas dans l'autre (souligné par moi).

Ce texte de la troisième *Règle* (AT X, 368, 369) est ensuite commenté dans la onzième (*ibid.*, p. 407), qui précise que ce mouvement de l'esprit est lié à la déduction en train de se faire ; mais si nous la considérons dans son état d'achèvement, il est admis « qu'elle se voit par intuition, quand elle est simple et transparente, mais non quand elle est multiple et embrouillée » (p. 408)*.

Le rapprochement de la lettre à Reneri et des *Regulae* interdit de douter que, aux yeux de Descartes, le *Cogito* ne soit une déduction. Le dernier passage cité de la onzième *Règle* permet même de comprendre pourquoi, dans une lettre de mars ou avril 1648 au marquis de Newcastle (ou à Silhon ? AT V, 137-138), Descartes présente le *Cogito*, sous la forme *Je pense, donc je suis*, comme un cas de connaissance intuitive : ce n'est point, écrit-il, « un ouvrage de votre raisonnement, ni une instruction que vos maîtres vous aient donnée ; votre esprit la voit, la sent et la manie... ». D'un côté, en effet, nous savons que la déduction achevée se voit par intuition quand elle est simple ; de l'autre, que le *Cogito* fait

---

* Traduction J. Brunschwig, dans *Descartes* (1963), t. I, pp. 88, 89, 131 et 132.

partie de ces choses « si claires et tout ensemble si simples, qu'il nous est impossible de penser à elles, que nous ne les croyions être vraies* » : la saisie intuitive du *Cogito* n'est pas incompatible avec sa nature déductive.

Mais le *Cogito* n'en est pas moins une déduction d'une nature assez particulière. C'est sa particularité qu'on a essayé de suggérer plus haut en parlant plutôt de son point de départ que de sa prémisse. Pour qu'un énoncé joue le rôle de prémisse par rapport à une conclusion qu'on détache, il doit être vrai. Or *Je suis* se laisse déduire de tout énoncé effectivement produit par moi, quelle que soit sa valeur de vérité. Comme le dit B. Williams (1978, p. 95), s'il y a un sens dans lequel on peut conclure : *Je respire, donc je suis*, il y a un sens dans lequel on peut conclure : *Il pleut, donc je suis*. Ce sens est celui qu'on obtient en transformant la première proposition en complétive de *Je pense que* : cette transformation prive de pertinence la valeur de vérité de l'énoncé initial, et introduit un énoncé dont la vérité n'est pas contestable. Descartes avait très exactement noté l'importance pour le *Cogito* de cette transformation dès le *Discours de la méthode* :

> De cela même que je pensais à douter de la vérité des autres choses, il suivait très évidemment et très certainement que j'étais ; au lieu que si j'eusse seulement cessé de penser, encore que tout le reste de ce que j'avais jamais imaginé eût été vrai, je n'avais aucune raison de croire que j'eusse été... (AT VI, 32-33).

On voit ici que la valeur de vérité de l'énoncé initial n'importe pas, que ce qui importe, c'est qu'il soit produit comme une pensée. C'est pourquoi cet énoncé ne fonctionne pas comme une prémisse. Et c'est le cas même si cet énoncé est : *Je pense* ; simplement, il arrive alors qu'il est vrai quand il est produit comme une pensée, tandis

---

* *Réponses aux secondes objections* (AT IX-1, 114).

que cela n'arrive pas pour *Je marche* ou *Je respire* : il ne suffit pas que je pense : *Je marche* pour que je marche, c'est-à-dire pour que *Je marche* soit vrai.

La structure réflexive de l'esprit humain fait que, quand je pense, je sais que je suis en train de penser, et que je le sais au-delà de toute contestation possible. Dans les *Regulae* déjà (AT X, 421), Descartes rappelait le *topos* socratique : « ... si Socrate dit qu'il doute de toutes choses, de là suit nécessairement... : il sait donc que quelque chose peut être vrai ou faux. » Dire que, quand je pense, je ne puis douter que je pense, c'est dire que, quand l'énoncé *Je pense* est vrai, il est en même temps indubitable. *Je pense* est donc un énoncé qui, s'il est vrai, est indubitable. Pour tenir compte de toutes ses caractéristiques, on peut dire : *Je pense* est un énoncé qui, s'il est produit comme une pensée, est vrai, et, s'il est vrai, est indubitable. On en percevra le caractère tout à fait exceptionnel en l'opposant à *Je marche* et à *Je suis* :

> — *Je marche* peut être produit comme une pensée sans être vrai ni indubitable.
> — *Je suis* ne peut être produit comme une pensée sans être vrai, mais, même dans ces conditions, il n'est pas indubitable. Descartes le dit à une nuance près quand il écrit dans les *Principes* (I, 52) : « Ce n'est pas assez qu'(une substance) existe en cette façon (*i.e.* à présent dans le monde) pour faire que nous l'apercevions » ; il ne suffit donc pas que je sois pour savoir que je suis, à plus forte raison pour le savoir avec certitude.

Le privilège de *Je pense*, qui en fait le point de départ du *Cogito*, réside en ce qu'il est le seul énoncé que sa production rende *à la fois* vrai et indubitable. Ce qui justifie son rôle dans le *Cogito*, c'est cette combinaison de caractères, ce n'est pas qu'il m'attribue la propriété de penser. Il semble que, si une autre propriété pouvait m'être attribuée dans les mêmes conditions, l'énoncé correspondant fournirait un aussi bon point de départ pour conclure *Je suis*. Car la seule chose indispensable pour établir avec certitude cette conclusion, c'est qu'il y ait un fait incontestable me concernant ; il se trouve que ce fait est que je pense. [...]

D'un côté, pour qu'il y ait inférence, il faut passer d'une « chose » à une autre[*] ; Descartes est probablement aussi réticent devant les propositions « frivoles » que beaucoup de logiciens du XVIe ou XVIIe siècle, à la notable exception de Leibniz. La proposition *Je suis* n'est pas la proposition *Je pense*. Pourtant, en un autre sens, celui qui conclut *Je suis* de *Je pense* ne s'attribue pas une propriété nouvelle : il ne fait qu'affirmer explicitement ce que contenait le *Je pense*, l'existence comme substance du sujet de l'acte de pensée. Ce sujet était appréhendé par un de ses modes, le seul qui soit indubitable ; il est ensuite reconnu comme substance. On a plus haut dissocié le *Je pense* en deux éléments :

— il y a un fait incontestable qui me concerne (quand je pense)
— ce fait se trouve être que je pense.

Mais extraire le premier de ces éléments, ce n'est apparemment rien dire de différent, à l'appréciation épistémique près, que : *Sum.* Car comment ne serais-je pas dans le moment où un fait incontestable est relatif à moi ?

L'inférence cartésienne va donc moins d'une proposition à une autre que d'un aspect à un autre de la même proposition, de l'attribution d'un mode à l'affirmation que ce à quoi il est attribué est une substance. Le passage de cette attribution à cette affirmation est une opération que Descartes considère bien comme une conclusion ; c'est ce qui ressort de ce texte des *Principes* (I, 52) : « Lorsqu'on en rencontre quelqu'un (*i.e.* quelque attri-

---

[*] L'altérité de la conclusion par rapport à la prémisse est marquée dans la troisième *Règle* (cf. ci-dessus) mais aussi dans la seconde : « ... la déduction, c'est-à-dire la pure et simple inférence d'une chose à partir d'une autre... » (1963, p. 83).

but), on a raison de conclure qu'il est l'attribut de quelque substance, et que cette substance existe. » Cette inférence a la particularité de s'accompagner d'une ascension dans l'ordre de l'ontologie. Ascension verticale : on reste soigneusement dans le faisceau de lumière que projette la proposition initiale, on évite tout déplacement latéral qui, en introduisant des éléments étrangers, brouillerait l'indispensable simplicité de l'inférence.

Si cette interprétation est exacte, elle permet peut-être d'éclairer une observation faite sans commentaires aussi bien par Spinoza que par Leibniz et Kant. Certes leurs propos sont différents, mais ils comportent, me semble-t-il, un élément commun, à partir duquel chacun raisonne en fonction de sa propre pensée : ils ont tous les trois affirmé que, dans le *Cogito*, on n'avait pas, malgré la grammaire, affaire à deux propositions distinctes.

Spinoza écrit : « *Cogito ergo sum* unica est propositio, quae huic, *ego sum cogitans*, aequivalet[*]. » Il fait une seule proposition des deux que relie *ergo* chez Descartes.

Leibniz écrit : « Et de dire : *Je pense donc je suis*, ce n'est pas prouver proprement l'existence par la pensée, puisque penser et être pensant est la même chose ; et dire : *je suis pensant* est déjà dire : *je suis*[**]. »

Kant écrit : « Das Ich denke ist, wie schon gesagt, ein empirischer Satz, und hält den Satz : Ich existiere in sich... Daher kann meine Existenz auch nicht aus dem Satze, Ich denke, als gefolgert angesehen werden... sondern ist mit ihm identisch[***]. »

Chacun d'eux exprime à sa façon le même sentiment : il n'y a qu'une proposition dans le *Cogito*. Peut-être vaudrait-il mieux dire, en passant du mode formel au mode matériel : il n'y a qu'un fait ; de ce fait unique, les deux propositions expriment chacune un aspect, et le

[*] Spinoza (1663), I, Prolegomenon, p. 113.
[**] Leibniz (1765), IV, VII, 7, p. 362.
[***] Kant (1787), B, 422, n. I.

donc réunit ce qu'elles disjoignent verbalement en transmettant vérité et indubitabilité du premier aspect au second. [...]

Le *Cogito* est une inférence, dans l'acception que Descartes donne à ce mot. Si cette inférence n'est pas syllogistique, c'est parce qu'elle n'attribue pas une propriété à un sujet du fait qu'il possède une autre propriété et que tous les sujets qui possèdent la seconde possèdent la première. S'il s'agit cependant d'une inférence, c'est parce que la pensée : *Je pense* n'est pas identique à la pensée : *Je suis*. Par la première, je me reconnais comme porteur d'un certain attribut ; par la seconde, je pose la réalité de ce support d'attribut à qui je me suis identifié, je ne m'en donne pas une représentation différente de la première, mais je m'installe comme support dans la réalité : « La chose même, écrit Descartes à un inconnu (AT IV, 359), la chose même ne peut être sans son existence hors de notre pensée. »

La conclusion du *Cogito* n'exprime donc pas un fait qui puisse être atteint indépendamment du fait qu'exprime la proposition initiale. *Je suis* explicite simplement la condition de possibilité ontologique de *Je pense*, ou plus exactement de la vérité de *Je pense*. Pour que *Je pense* soit vrai, il faut et il suffit certes que je pense, que je produise une pensée, et l'élément performatif reconnu par Hintikka s'enracine en ce point. Mais l'action n'a lieu que du fait d'un agent dont l'existence est reconnue du fait que l'action a lieu. C'est pourquoi le *Cogito*, comme toute inférence, transmet la vérité de son point de départ à sa conclusion. Mais cette inférence transmet en même temps à la conclusion la modalité épistémique de son point de départ, l'indubitabilité. Chaque fois que je pense, je ne puis douter que je pense ; et si je ne puis douter que je pense, je ne puis douter que je suis, puisque le fait que je sois n'est pas pour moi qui pense un fait différent du fait que je pense. Le fait qui vérifie la conclusion est un constituant du fait qui vérifie la proposition initiale ; c'est pourquoi il bénéficie de son indubitabilité. Ce n'est pas à dire qu'être soit penser : les corps ne pensent point. Mais c'est dire, semble-t-il, ce que Descartes reconnaît à travers sa théorie des distinctions, quand il traite de la distinction qui se fait par la pensée (*Principes*, I, 62) : « (elle) consiste en ce que nous distinguons quelquefois une substance de quelqu'un de ses attributs sans lequel néanmoins il n'est pas possible que nous en ayons une connaissance distincte. » Ce type de distinction permet de caractériser en termes cartésiens la solution du présent problème : il y a une distinction entre *Je pense* et *Je suis*, et il faut une inférence pour passer de l'une à l'autre de ces propositions, mais elles n'expriment pas deux faits différents, et l'indubitabilité de la première se transmet à la seconde. La différence est dans la pensée, mais seulement dans la pensée.

Le principe de nécessité conditionnelle à lui seul ne rendrait pas compte de l'indubitabilité de *Sum*, car il s'appliquerait aussi bien à partir de *Je marche* : d'un point de départ révocable en doute, comment dériver une conclusion indubitable ?

Mais l'indubitabilité de *Cogito*, à elle seule, ne rend pas compte non plus de la conclusion *Sum*. Il faut encore franchir la distance non nulle entre la pensée de l'attribut et la pensée de la substance.

Ce qui importe dans le *Cogito* n'est pas le nombre des propositions sur lesquelles Descartes réfléchit. Même quand il n'y en a qu'une, elle est tour à tour envisagée selon l'indubitabilité de sa production comme pensée et à titre de résultat d'une inférence nécessaire. Les précautions dont le philosophe s'entoure révèlent une exacte et sévère conscience de l'originalité de l'ordre de l'existence par rapport à l'ordre de la représentation et de la logique.

GIORGIO AGAMBEN

(Texte 4)

L'expérience cartésienne de l'*ego cogito* et l'expérience mystique sont concrètement plus proches qu'on ne l'imagine. Descartes nous a laissé des notes, connues sous le titre d'*Olympiques,* où il raconte comment il avait commencé à comprendre le fondement d'une merveilleuse découverte *(cepi intelligere fundamentum inventi mirabilis).* Baillet, le premier biographe de Descartes, a transcrit ces notes en style indirect : « Le dixième de Novembre mil six cent dix-neuf, s'étant couché tout rempli de son enthousiasme, et tout occupé de la pensée d'avoir trouvé ce jour là les fondemens de la science admirable, il eut trois songes consécutifs en une seule nuit, qu'il s'imagina ne pouvoir être venus que d'enhaut [...] (suit le récit des trois rêves). » Tout en rêvant, Descartes se mit à interpréter lui-même son rêve ; au réveil, il poursuivit l'interprétation « sans émotion et [...] les yeux ouverts ». « L'épouvante dont il fut frappé dans le second songe, marquait, à son sens, sa syndérèse, c'est-à-dire, les remords de sa conscience touchant les péchez qu'il pouvoit avoir commis pendant le cours de sa vie jusqu'alors. La foudre dont il entendit l'éclat etoit le signal de l'Esprit de vérité qui descendoit jusqu'à luy pour le posséder*. » Contrairement à ce que semble croire Baillet, la syndérèse n'est pas ici un simple remords de conscience ; ce terme technique de la mystique néo-platonicienne du Moyen Age et de la Renais-

* A. BAILLET, *Vie de M. Descartes,* Paris, 1691.

sance désigne la partie la plus haute et la plus subtile de
l'âme, qui est en communication directe avec le supra-
sensible et n'a pas été corrompue par le péché originel.
Peut-être est-il permis de voir dans ces pages une
annonce de la future expérience de l'*ego cogito*, ainsi
qu'une nouvelle preuve de l'étroite proximité entre deux
pôles de notre culture que nous avons trop souvent
tendance à concevoir comme antithétiques. Le *cogito*,
on l'a vu, est de même que la syndérèse mystique ce qui
reste de l'âme, quand elle s'est dépouillée au terme
d'une sorte de « nuit obscure » de tout attribut et de tout
contenu. Un mystique arabe, Al-Hallaj, a exemplaire-
ment désigné le cœur de cette expérience transcendan-
tale du Je : « Je suis *je* et il n'y a plus d'attributs ; je suis *je*
et il n'y a plus de qualifications [...]. Je suis le pur sujet
du verbe. »

JEAN BEAUFRET

(Texte 5)

[…] dans le *je* du *je pense*, il y a plusieurs *je*. Au moins les trois suivants :

1) Le *je* qui est substance et sur lequel Descartes s'appuie pour prouver de Dieu qu'il existe. La philosophie se représente une telle substance comme distincte de la substance corporelle, mais unie à elle dans l'homme encore plus étroitement que le pilote à son navire, au point qu'il est bien difficile de dire ce que la première devient au juste quand la machine du corps cesse de fonctionner.

2) Le *je* qui est sujet, à savoir celui du verbe *cogitare*, donc l'*ego cogito*, tel qu'il procède toujours *se solum alloquendo*, ne se parlant qu'à lui seul, bien qu'il s'emploie du même coup à jeter des regards à la ronde par lesquels il est, mais en sens inverse : *undique circumspiciens*.

3) Le *je* qui n'est ni l'un ni l'autre, à savoir, éponyme des deux précédents, celui du « sens intime », c'est-à-dire de tout un chacun avec ses humeurs, ses passions, ses préventions, ses plaisirs, ses ambitions, ses manies, ses traits de caractère, etc. C'est le *je* de Descartes tel qu'il apparaît dans la biographie de Baillet. Un tel *je* est non seulement gibier de biographie, mais aussi de psychologie de sociologie, comme aussi bien de tout ce qui se rattache aux « sciences humaines » en général. […] …l'*ego cogito* de Descartes comporte un *atavisme* méta-

physique qui lui vient directement de la tradition scolastique : celui par lequel il se représente à lui-même comme une substance, à savoir la « chose qui pense ». Mais, d'autre part, il va déployer dans la philosophie moderne une double postérité.

En un sens, il est l'origine du sujet tel qu'après Kant le nomme Hegel, comme celui à qui tout le reste est objet, dans la mesure où, ne prenant appui que sur lui-même, il lui revient, comme nous le lisons dans la *Phénoménologie*, de « faire front de toutes parts sans jamais pouvoir être pris à revers ». Le nom métaphysique d'un tel sujet sera dans la philosophie de Nietzsche *volonté de puissance*. Quand Nietzsche prétend dépasser le « sujet » tel qu'il était à ses devanciers « ligne d'horizon », il ne fait que se le représenter d'autant plus résolument comme sujet. A un tel sujet, ce qui fait face n'est même plus objet : il n'est plus en effet que *valeur*. Mais le passage au « point de vue de la valeur » n'est, comme nous l'avons dit, qu'un déplacement de frontières à l'intérieur de la subjectivité telle que pour la première fois Descartes en avait ouvert la contrée.

En un autre sens, il est la source de la psychologie au sens moderne comme étude des phénomènes du « sens intime » ou, comme on dit encore, de la « conscience ». Ce mot de « conscience », Descartes déjà l'emploie parfois, bien que rarement, mais toujours le plus ambigument du monde. Il désigne pour lui aussi bien le rapport à la chose comme objet, rapport qu'il nomme d'autre part *cogitatio*, que la clôture sur soi de l'expérience qui sera dite subjective. La subjectivité du sujet est dès lors à la fois le centre de la *cogitatio* et la dimension d'intériorité des états de conscience. Autrement dit, il y a deux modes de la « relation à soi ». L'une institue ou fonde l'objectivité elle-même et l'autre la rapporte seulement au sujet et à son « état ».

CINQUIÈME PARTIE

Les « *fondements de la physique* » sont assurés *par les* « *fondements* » *métaphysiques (Dieu et le Cogito), mais n'en* dépendent *pas. Au contraire: cette assurance les* rend *en eux-mêmes certains.*

En revanche, les explications physiques particulières dépendent des « *fondements* » *de la physique ; s'ils sont faux, comme disait Descartes à Mersenne, au moment de l'affaire Galilée, toute la physique s'écroule.*

Nous donnons des extraits des Essais de la Méthode, *publiés en 1627: de la* Dioptrique *et des* Météores. *On verra comment expliquer une chose, ce peut être n'avoir égard ni à sa* « *nature* » *ni à une* « *ressemblance* » *que nos sens ont tendance à préjuger (textes 1 et 2) ; on verra aussi comment l'explication des causes recherche l'*« *admirable* » *pour en expulser l'étonnement (textes 3 et 4).*

W. Röd a essayé d'évaluer, au Colloque de 1987, la relation entre les « *préceptes* » *de la IIe partie et la méthode scientifique (texte 5).*

Dans son ouvrage sur La Connaissance de la vie, *G. Canguilhem explique le sens de la théorie de l'animal-machine et éclaire les rapports entre mécanisme et téléologie (texte 6).*

Enfin, à propos des « *bêtes* », *nous ajoutons des extraits des lettres à Reneri pour Pollot d'avril ou mai 1638 et au marquis de Newcastle du 23 novembre 1646 (textes 7 et 8).*

DESCARTES

(Texte 1)

Or, n'ayant ici autre occasion de parler de la lumière que pour expliquer comment ses rayons entrent dans l'œil, et comment ils peuvent être détournés par les divers corps qu'ils rencontrent, il n'est pas besoin que j'entreprenne de dire au vrai quelle est sa nature, et je crois qu'il suffira que je me serve de deux ou trois comparaisons, qui aident à la concevoir en la façon qui me semble la plus commode, pour expliquer toutes celles de ses propriétés que l'expérience nous fait connaître, et pour déduire ensuite toutes les autres qui ne peuvent pas si aisément être remarquées ; imitant en ceci les astronomes, qui, bien que leurs suppositions soient presque toutes fausses ou incertaines, toutefois, à cause qu'elles se rapportent à diverses observations qu'ils ont faites, ne laissent pas d'en tirer plusieurs conséquences très vraies et très assurées.

Il vous est bien sans doute arrivé quelquefois, en marchant de nuit sans flambeau, par des lieux un peu difficiles, qu'il fallait vous aider d'un bâton pour vous conduire, et vous avez pour lors pu remarquer que vous sentiez, par l'entremise de ce bâton, les divers objets qui se rencontraient autour de vous, et même que vous pouviez distinguer s'il y avait des arbres, ou des pierres, ou du sable, ou de l'eau, ou de l'herbe, ou de la boue, ou quelque autre chose de semblable. Il est vrai que cette sorte de sentiment est un peu confuse et obscure, en ceux qui n'en ont pas un long usage ; mais considérez-la en ceux qui, étant nés aveugles, s'en sont servis toute leur vie, et vous l'y trouverez si parfaite et si exacte, qu'on pourrait quasi dire qu'ils voient des mains, ou que leur bâton est l'organe de quelque sixième sens, qui leur a été donné au défaut de la vue. Et pour tirer une comparaison de ceci, je désire que vous pensiez que la lumière n'est autre chose, dans les corps qu'on nomme lumineux, qu'un certain mouvement, ou une action fort prompte et fort vive, qui passe vers nos yeux, par l'entremise de l'air et des autres corps transparents, en même façon que le mouvement ou la résistance des corps, que rencontre cet aveugle, passe vers sa main, par l'entremise de son bâton. Ce qui vous empêchera d'abord de trouver étrange, que cette lumière puisse étendre ses rayons en un instant, depuis le soleil jusques à nous : car vous savez que l'action, dont on meut l'un des bouts d'un bâton, doit ainsi passer en un instant jusques à l'autre, et qu'elle y devrait passer en même sorte, encore qu'il y aurait plus de distance qu'il n'y en a, depuis la terre jusques aux cieux. Vous ne trouverez pas étrange non plus, que par son moyen nous puissions voir toutes sortes de couleurs ; et même vous croirez peut-être que ces couleurs ne sont autre chose, dans les corps qu'on nomme colorés, que les diverses façons dont ces corps la reçoivent et la renvoient contre nos yeux : si vous considérez que les différences, qu'un aveugle remarque entre des arbres, des pierres, de l'eau, et choses semblables, par l'entremise de son bâton, ne lui semblent pas moindres que nous font celles qui sont entre le rouge, le jaune, le vert, et toutes les autres couleurs ; et toutefois que ces différences ne sont autre chose, en tous ces corps, que les diverses façons de mouvoir, ou de résister aux mouvements de ce bâton. En suite de quoi vous aurez occasion de juger, qu'il n'est pas besoin de supposer qu'il passe quelque chose de matériel depuis les objets jusques à nos yeux, pour nous faire voir les couleurs et la lumière, ni même qu'il y ait rien en ces objets, qui soit semblable aux idées ou aux sentiments

que nous en avons : tout de même qu'il ne sort rien des
corps, que sent un aveugle, qui doive passer le long de
son bâton jusques à sa main, et que la résistance ou le
mouvement de ces corps, qui est la seule cause des
sentiments qu'il en a, n'est rien de semblable aux idées
qu'il en conçoit. Et par ce moyen votre esprit sera
délivré de toutes ces petites images voltigeantes par l'air,
nommées des *espèces intentionnelles*, qui travaillent tant
l'imagination des philosophes*. Même vous pourrez
aisément décider la question, qui est entre eux, touchant
le lieu d'où vient l'action qui cause le sentiment de la
vue : car, comme notre aveugle peut sentir les corps qui
sont autour de lui, non seulement par l'action de ces
corps, lorsqu'ils se meuvent contre son bâton, mais aussi
par celle de sa main, lorsqu'ils ne font que lui résister ;
ainsi faut-il avouer que les objets de la vue peuvent être
sentis, non seulement par le moyen de l'action qui, étant
en eux, tend vers les yeux, mais aussi par le moyen de
celle qui, étant dans les yeux, tend vers eux. Toutefois,
parce que cette action n'est autre chose que la lumière, il
faut remarquer qu'il n'y a que ceux qui peuvent voir
pendant les ténèbres de la nuit, comme les chats, dans
les yeux desquels elle se trouve ; et que, pour l'ordinaire
des hommes, ils ne voient que par l'action qui vient des
objets : car l'expérience nous montre que ces objets
doivent être lumineux ou illuminés pour être vus, et non
point nos yeux pour les voir. Mais, parce qu'il y a grande
différence entre le bâton de cet aveugle et l'air ou les
autres corps transparents, par l'entremise desquels nous
voyons, il faut que je me serve encore ici d'une autre
comparaison.

---

* « Espèces », en latin *species*, peut se référer aux « petites
images » émises par les corps et circulant dans l'air selon la physique
épicurienne. Cependant les scolastiques en font des « qualités
réelles », ou « apparences », qui font impression sur l'organe senso-
riel ; et le terme « intentionnelles » traduit leur fonction d'intermédiaire entre l'objet et sa représentation.

(Texte 2)

Il faut, outre cela, prendre garde à ne pas supposer que, pour sentir, l'âme ait besoin de contempler quelques images qui soient envoyées par les objets jusques au cerveau, ainsi que font communément nos philosophes ; ou, du moins, il faut concevoir la nature de ces images tout autrement qu'ils ne font. Car, d'autant qu'ils ne considèrent en elles autre chose, sinon qu'elles doivent avoir de la ressemblance avec les objets qu'elles représentent, il leur est impossible de nous montrer comment elles peuvent être formées par ces objets, et reçues par les organes des sens extérieurs, et transmises par les nerfs jusques au cerveau. Et ils n'ont eu aucune raison de les supposer, sinon que, voyant que notre pensée peut facilement être excitée, par un tableau, à concevoir l'objet qui y est peint, il leur a semblé qu'elle devait l'être, en même façon, à concevoir ceux qui touchent nos sens, par quelques petits tableaux qui s'en formassent en notre tête, au lieu que nous devons considérer qu'il y a plusieurs autres choses que des images, qui peuvent exciter notre pensée ; comme, par exemple, les signes et les paroles, qui ne ressemblent en aucune façon aux choses qu'elles signifient. Et si, pour ne nous éloigner que le moins qu'il est possible des opinions déjà reçues, nous aimons mieux avouer que les objets que nous sentons envoient véritablement leurs images jusques au-dedans de notre cerveau, il faut au moins que nous remarquions qu'il n'y a aucunes images qui doivent en tout ressembler aux objets qu'elles représentent : car autrement il n'y aurait point de distinction entre l'objet et son image ; mais qu'il suffit qu'elles leur ressemblent en peu de choses ; et souvent même, que leur perfection dépend de ce qu'elles ne leur ressemblent pas tant qu'elles pourraient faire. Comme vous voyez que les tailles-douces, n'étant faites que d'un peu d'encre posée çà et là sur du papier, nous représentent des forêts, des villes, des hommes, et même des batailles et des tem-

pêtes, bien que, d'une infinité de diverses qualités
qu'elles nous font concevoir en ces objets, il n'y en ait
aucune que la figure seule dont elles aient proprement la
ressemblance ; et encore est-ce une ressemblance fort
imparfaite, vu que, sur une superficie toute plate, elles
nous représentent des corps diversement relevés et
enfoncés, et que même, suivant les règles de la perspec-
tive, souvent elles représentent mieux des cercles par des
ovales que par d'autres cercles ; et des carrés par des
losanges que par d'autres carrés ; et ainsi de toutes les
autres figures : en sorte que souvent, pour être plus
parfaites en qualité d'images, et représenter mieux un
objet, elles doivent ne lui pas ressembler. Or il faut que
nous pensions tout le même des images qui se forment en
notre cerveau, et que nous remarquions qu'il est seulement question de savoir comment elles peuvent donner
moyen à l'âme de sentir toutes les diverses qualités des
objets auxquels elles se rapportent, et non point comment elles ont en soi leur ressemblance. Comme,
lorsque l'aveugle, dont nous avons parlé ci-dessus, touche quelques corps de son bâton, il est certain que ces
corps n'envoient autre chose jusques à lui, sinon que,
faisant mouvoir diversement son bâton selon les diverses
qualités qui sont en eux, ils meuvent par même moyen
les nerfs de sa main, et ensuite les endroits de son
cerveau d'où viennent ces nerfs ; ce qui donne occasion à
son âme de sentir tout autant de diverses qualités en ces
corps, qu'il se trouve de variétés dans les mouvements
qui sont causés par eux en son cerveau.

(Texte 3)

Nous avons naturellement plus d'admiration pour les
choses qui sont au-dessus de nous, que pour celles qui
sont à pareille hauteur ou au-dessous. Et quoique les
nues n'excèdent guère les sommets de quelques montagnes, et qu'on en voie même souvent de plus basses

que les pointes de nos clochers, toutefois, à cause qu'il faut tourner les yeux vers le ciel pour les regarder, nous les imaginons si relevées, que même les poètes et les peintres en composent le trône de Dieu, et font que là il emploie ses propres mains à ouvrir et fermer les portes des vents, à verser la rosée sur les fleurs et à lancer la foudre sur les rochers. Ce qui me fait espérer que si j'explique ici leur nature, en telle sorte qu'on n'ait plus occasion d'admirer rien de ce qui s'y voit ou qui en descend, on croira facilement qu'il est possible en même façon de trouver les causes de tout ce qu'il y a de plus admirable dessus la terre.

Je parlerai, en ce premier discours, de la nature des corps terrestres en général, afin de pouvoir mieux expliquer dans le suivant celle des exhalaisons et des vapeurs. Puis à cause que ces vapeurs, s'élevant de l'eau de la mer, forment quelquefois du sel au-dessus de sa superficie, je prendrai de là occasion de m'arrêter un peu à le décrire et d'essayer en lui, si on peut connaître les formes de ces corps, que les philosophes disent être composés des éléments par un mélange parfait, aussi bien que celles des météores, qu'ils disent n'en être composés que par un mélange imparfait. Après cela, conduisant les vapeurs par l'air, j'examinerai d'où viennent les vents. Et les faisant assembler en quelques endroits, je décrirai la nature des nues. Et faisant dissoudre ces nues, je dirai ce qui cause la pluie, la grêle et la neige, où je n'oublierai pas celle dont les parties ont la figure de petites étoiles à six pointes très parfaitement compassées, et qui, bien qu'elle n'ait point été observée par les anciens, ne laisse pas d'être l'une des plus rares merveilles de la nature. Je n'oublierai pas aussi les tempêtes, le tonnerre, la foudre et les divers feux qui s'allument en l'air, ou les lumières qui s'y voient. Mais surtout je tâcherai de bien dépeindre l'arc-en-ciel et de rendre raison de ses couleurs, en telle sorte qu'on puisse aussi entendre la nature de toutes celles qui se trouvent en d'autres sujets. A quoi j'ajouterai la cause de celles qu'on voit communément dans les nues, et des cercles qui environnent les astres, et enfin la cause des soleils ou des lunes qui paraissent quelquefois plusieurs ensemble.

Il est vrai que la connaissance de ces choses dépendant des principes généraux de la Nature, qui n'ont point encore été, que je sache, bien expliqués, il faudra que je me serve au commencement de quelques suppositions, ainsi que j'ai fait en la Dioptrique ; mais je tâcherai de les rendre si simples et si faciles que vous ne ferez peut-être pas difficulté de les croire, encore que je ne les aie point démontrées.

(Texte 4)

Mais, afin que vous ne pensiez pas que je n'en parle que par opinion, je vous veux faire ici le rapport d'une observation que j'en ai faite l'hiver passé 1635. Le quatrième de février, l'air ayant été auparavant extrêmement froid, il tomba le soir à Amsterdam, où j'étais pour lors, un peu de verglas, c'est-à-dire de pluie qui se gelait en arrivant contre la terre ; et après, il suivit une grêle fort menue, dont je jugeai que les grains, qui n'étaient qu'à peu près de la grosseur qu'ils sont représentés vers H, étaient des gouttes de la même pluie qui s'étaient gelées au haut de l'air. Toutefois, au lieu d'être exactement ronds, comme sans doute ces gouttes avaient été, ils avaient un côté notablement plus plat que l'autre, en sorte qu'ils ressemblaient presque en figure < à > la partie de notre œil qu'on nomme l'humeur cristalline. D'où je connus que le vent, qui était lors très grand et très froid, avait eu la force de changer ainsi la figure des gouttes en les gelant. Mais ce qui m'étonna le plus de tout, fut qu'entre ceux de ces grains qui tombèrent les derniers, j'en remarquai quelques-uns qui avaient autour de soi six petites dents semblables à celles des roues des horloges, ainsi que vous voyez vers I ; et ces dents étant fort blanches comme du sucre, au lieu que les grains qui étaient de glace transparente semblaient presque noirs, elles paraissaient manifestement être faites d'une neige fort subtile qui s'était attachée autour d'eux depuis qu'ils étaient formés, ainsi que s'attache la gelée blanche autour des plantes. Et je connus ceci d'autant plus clairement de ce que tout à la fin j'en rencontrai un ou deux qui avaient autour de soi plusieurs petits poils sans nombre, composés d'une neige plus pâle et plus subtile que celle des petites dents qui étaient autour des autres, en sorte qu'elle lui pouvait être comparée en même façon que la cendre non foulée dont se couvrent les charbons en se consumant, à celle qui est recuite et entassée dans le foyer. Seulement avais-je de la peine à imaginer qui pouvait avoir formé et compassé si justement ces six dents autour de chaque grain dans le milieu d'un air libre, et pendant l'agitation d'un fort grand vent, jusques à ce qu'enfin je considérai que ce vent avait pu facilement emporter quelques-uns de ces grains au-dessous ou au-delà de quelque nue, et les y soutenir, à cause qu'ils étaient assez petits ; et que là ils avaient dû s'arranger en telle sorte que chacun d'eux fût environné de six autres situés en un même plan, suivant l'ordre ordinaire de la nature ; et de plus qu'il était bien vraisemblable que la chaleur qui avait dû être un peu auparavant au haut de l'air pour causer la pluie que j'avais observée, y avait aussi ému quelques vapeurs que ce même vent avait chassées contre ces grains, où elles s'étaient gelées en forme de petits poils fort déliés, et avaient même peut-être aidé à les soutenir ; en sorte qu'ils avaient pu facilement demeurer là suspendus, jusques à ce qu'il fût derechef survenu quelque chaleur. Et que cette chaleur fondant d'abord tous les poils qui étaient autour de chaque grain, excepté ceux qui s'étaient trouvés vis-à-vis du milieu de quelqu'un des six autres grains qui l'environnaient, à cause que leur froideur avait empêché son action, la matière de ces poils fondus s'était mêlée aussitôt parmi les six tas de ceux qui étaient demeurés, et les ayant par ce moyen fortifiés et rendus d'autant moins pénétrables à la chaleur, elle s'était gelée parmi eux, et ils avaient ainsi composé ces six dents. Au lieu que les poils sans nombre que j'avais vus autour de quelques-uns des derniers grains qui étaient tombés, n'avaient point du tout été atteints par cette chaleur. Le lendemain matin sur les huit heures j'observai encore une autre sorte de grêle, ou plutôt de neige, dont je n'avais jamais ouï parler : c'étaient de petites lames de glace, toutes plates, fort polies, fort transparentes, environ de l'épaisseur d'une feuille d'assez gros papier, et de la grandeur qu'elles se voient vers K, mais si parfaitement taillées en hexagones, et dont les six côtés étaient si droits, et les six angles si égaux, qu'il est impossible aux hommes de rien faire de si exact. Je vis bien incontinent que ces lames avaient dû être premièrement de petits pelotons de glace arrangés comme j'ai tantôt dit, et pressés par un vent très fort accompagné d'assez de chaleur, en sorte que cette chaleur avait fondu tous leurs poils, et avait tellement rempli tous leurs pores de l'humidité qui en était sortie, que, de blancs qu'ils avaient été auparavant, ils étaient devenus transparents ; et que ce vent les avait à même temps si fort pressés les uns contre les autres, qu'il n'était demeuré aucun espace entre deux, et qu'il avait aussi aplani leurs superficies en passant par-dessus et par-dessous, et ainsi leur avait justement donné la figure de ces lames. Seulement restait-il un peu de difficulté en ce que ces pelotons de glace ayant été ainsi demi-fondus, et à même temps pressés l'un contre l'autre, ils ne s'étaient point collés ensemble pour cela, mais étaient demeurés tous séparés ; car, quoique j'y prisse garde expressément, je n'en pus jamais rencontrer deux qui tinssent l'un à l'autre. Mais je me satisfis bientôt là-dessus en considérant de quelle façon le vent agite toujours et fait plier successivement toutes les parties de la superficie de l'eau, en coulant par-dessus sans la rendre pour cela rude ou inégale. Car je connus de là qu'infailliblement il fait plier et ondoyer en même sorte les superficies des nues, et qu'y remuant continuellement chaque parcelle de glace un peu autrement que ses voisines, il ne leur permet pas de se coller ensemble tout à fait, encore qu'il ne les désarrange point pour cela, et qu'il ne laisse pas cependant d'aplanir et de polir leurs petites superficies, en même façon que nous voyons quelquefois qu'il polit celles des ondes qu'il fait en la poussière d'une campagne. Après cette nue il en vint une autre qui ne produisait que de petites roses ou roues à six dents arrondies en demi-cercles, telles qu'on les voit vers Q, et qui étaient toutes transparentes et toutes plates, à peu près de même épaisseur que les lames qui avaient précédé, et les mieux taillées et compassées qu'il soit possible d'imaginer. Même j'aperçus au milieu de quelques-unes un point blanc fort petit qu'on eût pu dire être la marque du pied du compas dont on s'était servi pour les arrondir. Mais il me fut aisé de juger qu'elles s'étaient formées de la même façon que ces lames, excepté que le vent les ayant beaucoup moins pressées et la chaleur ayant peut-être aussi été un peu moindre, leurs pointes ne s'étaient pas fondues tout à fait, mais seulement un peu raccourcies et arrondies par le bout en forme de dents. Et pour le point blanc qui paraissait au milieu de quelques-unes, je ne doutais point qu'il ne procédât de ce que la chaleur, qui de blanches les avait rendues transparentes, avait été si médiocre qu'elle n'avait pas du tout pénétré jusques à leur centre. Il suivit, après, plusieurs autres telles roues jointes deux à deux par un essieu, ou plutôt, à cause que du commencement ces essieux étaient fort gros, on eût pu dire que c'étaient autant de petites colonnes de cristal dont chaque bout était orné d'une rose à six feuilles un peu plus larges que leur base. Mais il en tomba par après de plus déliés, et souvent les roses ou étoiles qui étaient à leurs extrémités étaient inégales. Puis il en tomba aussi de plus courts, et encore de plus courts par degrés, jusques à ce qu'enfin ces étoiles se joignirent tout à fait ; et il en tomba de

doubles à douze pointes ou rayons assez longs et parfaitement bien compassés, aux unes tous égaux et aux
autres alternativement inégaux, comme on les voit vers
F et vers E.

WOLFGANG RÖD

(Texte 5)

Puisque les règles de la méthode dans la deuxième partie du *Discours* sont illustrées par la généralisation de la méthode mathématique, il n'est pas surprenant que leur premier domaine d'application soit la mathématique. Ces règles sont particulièrement convaincantes si on les interprète comme règles de réduction des équations : ainsi conçues, elles exigent la résolution des équations de degré supérieur à des équations similaires de degré inférieur (règle II) et leur recomposition à travers leur présentation comme produit de leurs facteurs linéaires (règle III). La solution de l'équation est manifeste sitôt que les facteurs linéaires ont été trouvés, c'est-à-dire qu'est remplie l'exigence de ne reconnaître que ce qui est intuitionné d'une intuition évidente comme vrai (règle I).

Que Descartes ait eu devant les yeux la méthode de la mathématique à la première ligne de la deuxième partie, cela ressort de diverses allusions. Ainsi explique-t-il qu'il a cherché une méthode qui unisse les avantages de la logique traditionnelle, de l'analyse géométrique et de l'algèbre sans présenter leurs défauts (18, 5-8) *. Servent de modèle les « longues chaînes de raisons » des géomètres (19, 6) avec l'aide desquelles sont établies des liaisons déductives entre des propositions.

Dans la deuxième partie du *Discours*, c'est manifestement avec intention que les règles sont formulées de

* L'auteur renvoie à l'édition A.I. du *Discours*.

façon si vague qu'il peut paraître possible de les utiliser aussi en dehors de la mathématique. La prétention à soumettre aussi les sciences de la nature et éventuellement même la métaphysique à cette méthode devra être abordée par la suite. En fait la déduction joue un rôle également dans les théories scientifiques, dans la mesure où dans leur cadre des prévisions peuvent être tirées des lois de la nature ou bien des lois de la nature plus spécifiques inférées de lois plus générales. La déduction de légalités plus spécifiques se heurte néanmoins bientôt à une limite : au lieu de pouvoir conclure des causes aux effets, il faut ensuite revenir à rebours des effets aux causes (64, 21 : « au-devant des causes par les effets ») — et cela ne peut plus se faire sous forme de déductions logiques. Ici une méthode différente de la démarche déductive esquissée dans la deuxième partie prend ses droits.

Si l'on accepte — ce qui pourrait bien être permis — que dans le passage allégué il y a « causes » pour « prémisses causales d'un argument explicatif » et « effets » pour « conséquences tirées des prémisses d'un tel argument », on pourra alors dire que Descartes prétendait pouvoir déduire de principes métaphysiques des propositions causales très générales, mais qu'il avait l'intuition que des énoncés plus spécifiques conformes aux lois de la nature ne pouvaient plus être obtenus de cette façon, et que cela n'était possible que sous la forme du retour des énoncés de faits à leurs conditions. A la question de savoir ce qui doit être entendu ici par « retour », on pourra d'abord répondre négativement qu'il ne s'agit pas d'une déduction. Mais comme Descartes n'a pas été non plus un zélateur de l'induction, nous ne sommes pas loin de conjecturer qu'il a considéré que des lois causales de ce genre étaient introduites comme hypothèses.

Qu'on soit en droit d'attribuer une telle conception à Descartes dans les coordonnées du *Discours*, une expression employée vers la fin de l'œuvre le montre, expression dans laquelle on peut apercevoir une anticipation de la conception moderne des arguments explicatifs. On y lit, en référence à la *Dioptrique* et aux *Météores* : « Il me semble que les raisons s'y entresuivent en telle sorte que, comme les dernières sont démontrées par les premières qui sont leurs causes, ces premières le sont réciproquement par les dernières qui sont leurs effets » (76, 12-16). Cette phrase devait être citée mot pour mot, parce qu'elle représente un passage clef pour l'interprétation qui va être tentée dans ce qui suit.

Descartes était préparé à ce qu'on lui reproche que la liaison évoquée avait un caractère circulaire. D'après son point de vue la circularité n'est cependant qu'apparente, puisque la dépendance des « causes » par rapport aux « effets » est d'un autre genre que celle des « effets » par rapport aux « causes ». A savoir que les « causes » sont *prouvées* par les « effets », tandis que les effets sont *expliqués* par les « causes ». C'est-à-dire, dans une formulation légèrement modifiée et plus proche des usages linguistiques modernes : l'*explanandum* d'un argument explicatif n'est pas prouvé en étant subsumé sous des conditions plus générales à forme de lois, mais les prémisses à forme de lois d'un tel argument sont prouvées par leurs conséquences qui ici s'appellent « effets ». Si l'on substitue à « prouver » l'expression « confirmer », alors on obtient une conception qui est complètement en harmonie avec la théorie moderne de l'explication scientifique. Effectivement, il y a différenciation dans les termes dans la traduction latine du *Discours* : « Rationes enim mihi videntur in iis tali serie connexae, ut sicut ultimae *demonstrantur* a primis quae ipsarum causae effecta, ita reciproce primae ab ultimis, quae ipsarum sunt effecta, *probentur* » (AT VI, 582). Puisque *probare* est distingué de *demonstrare*, il convient de ne pas traduire par « prouver » mais par « confirmer » et ainsi rendre clair que la vérification empirique d'hypothèses de lois, vérification dont Descartes voyait clairement la nécessité, ne doit pas être confondue avec la déduction logique.

Le fait que Descartes soit conscient de la différence entre l'explication scientifique et la preuve logico-mathématique et définisse même cette différence avec une étonnante précision nous contraint de supposer que deux méthodes jouent un rôle dans le *Discours* : celle qui est caractérisée dans la deuxième partie par les quatre règles que l'on sait et la méthode de l'explication scientifique à laquelle il n'est fait allusion seulement que vers la fin de l'œuvre.

Si l'on voulait attribuer à Descartes un monisme de la méthode, alors on devrait supposer que les règles formulées dans la deuxième partie valent aussi pour la démarche que les sciences doivent adopter. Probablement Descartes a-t-il formulé ces règles de manière si vague pour leur assurer un domaine d'application le plus large possible et si on s'en tient à la lettre des règles, alors il pourrait sembler de fait qu'elles se laissent identifier aussi dans les sciences de la nature. Dans les sciences aussi, il va de soi qu'il est bon de diviser d'abord les états de fait complexes qu'il importe d'expliquer, si bien qu'on pourrait dire qu'ici la règle de résolution est appliquée, et dans l'établissement des lois de la nature et dans la déduction de l'*explanandum* à partir d'elles, on pourrait à la rigueur voir à l'œuvre la règle de recomposition.

On pourrait aussi essayer de concrétiser cette interprétation à l'aide des exemples de Descartes. Ainsi est-il supposé, dans l'explication de l'activité du cœur, que le cœur a la fonction d'une pompe, ce pour quoi il faut connaître la structure du cœur. Les conditions extérieures également doivent être appréhendées aussi précisément que possible. Une telle condition extérieure est pour Descartes la température qui de son point de vue est plus élevée dans le cœur que dans le reste du corps, ce qu'il tenait pour un fait d'observation. Ceci pourrait correspondre à ce qu'on appelle « résolution ». Si donc c'est avec l'aide d'hypothèses à forme de lois, en partie explicites, en partie implicites, qu'est expliqué pourquoi le cœur bat et entretient la circulation du sang, on pourrait penser qu'il a bien là cette « remontée aux connaissances composées », dont parle la troisième règle de la méthode. Dans le cas de l'activité du cœur, il s'agit en quelque sorte de la loi selon laquelle la matière s'étend lorsque la température croît. Sont supposées plus loin certaines lois fondamentales de la mécanique qui concernent l'ouverture et la fermeture des valvules du cœur suivant les changements de pression.

Les analogies avec la méthode esquissée dans la deuxième partie ne vont pourtant pas très loin. Comme l'explication consiste en ce que le fait qui a besoin d'explication est subsumé sous des lois appropriées qui sont admises comme hypothèses à cette fin, il y a bien là des enchaînements qui ne se laissent pas déduire de façon satisfaisante par rapport aux règles II et III de la méthode de la deuxième partie. On ne peut se réclamer de ces règles dans le domaine scientifique que sous la forme de vagues analogies, tandis que la forme des arguments explicatifs scientifiques se dessine clairement. En partant de prémisses et d'énoncés à forme de lois, en passant par des conditions initiales et des conditions extérieures, on en arrive à établir que le cœur pompe le sang dans la circulation sanguine. On voit aisément que dans le cadre de la théorie évoquée des prévisions également sont possibles, par exemple celle-ci : lorsque les battements cardiaques prendront une fréquence plus élevée, la quantité de sang transportée par les artères augmentera. S'il s'avérait que cela est vrai, alors il y aurait confirmation des hypothèses qui sont à la base de cela.

Si on dit que la méthode de l'explication scientifique devait être distinguée de la méthode de la fondation mathématique, on pourrait y objecter que Descartes parle, en ce qui concerne des explications du genre ici en cause, de « démonstrations mathématiques » (50, 8). Mais ce ne serait pas là une véritable objection, car Descartes ne vise dans le contexte en question que la déductibilité de l'*explanandum* à partir des prémisses et non pas la formulation des prémisses, qui ne peuvent être caractérisées comme « mathématiques ». Il veut seulement dire que le mouvement du cœur se dessine aussi nécessairement du simple arrangement des organes qu'on observe dans le cœur, de la chaleur qu'on y peut sentir et de la nature empiriquement connue du sang, que le mouvement d'une horloge se laisse conclure de la force, de la situation et de la forme de ses poids et de ses roues (50, 11-18).

Que Descartes ne pense pas à la démonstration lorsqu'il mentionne la formulation des prémisses à forme de loi des arguments explicatifs, cela s'ensuit de ce qu'il parle d'« explication » lorsqu'il expose son intuition (cf. 49, 5 ; 50, 12). A cela s'ajoute — il faudra y revenir — qu'il répète les principes de l'explication en les caractérisant comme « suppositions », c'est-à-dire en termes modernes : comme hypothèses. Pour autant que les hypothèses, en commun avec les énoncés empiriques sur les conditions initiales et extérieures, permettent la déduction du fait qui réclame explication et pour autant qu'elles laissent place avant tout à la formulation d'hypothèses, elles sont légitimes. Ce qui est décisif, c'est leur valeur explicative, et non pas la question de savoir si elles sont métaphysiquement fondées, ni non plus leur évidence.

GEORGES CANGUILHEM

(Texte 6)

Nous proposons de lire maintenant, pour donner à la théorie de Descartes tout son sens, le début du *Traité de l'Homme*, c'est-à-dire de cet ouvrage qui a été publié pour la première fois à Leyde d'après une copie en latin en 1662, et pour la première fois en français en 1664. « Ces hommes, dit Descartes, seront composés comme nous d'une âme et d'un corps et il faut que je vous décrive, premièrement, le corps à part, puis après l'âme, aussi à part ; et enfin, que je vous montre comment ces deux natures doivent être jointes et unies, pour composer des hommes qui nous ressemblent. Je suppose que le corps n'est autre chose qu'une statue ou machine de terre que Dieu forme tout exprès pour la rendre la plus semblable à nous qu'il est possible. En sorte que non seulement il lui donne au-dehors la couleur et la figure de tous nos membres, mais aussi qu'il met au-dedans toutes les pièces qui sont requises pour faire qu'elle marche, qu'elle mange, qu'elle respire et enfin qu'elle imite toutes celles de nos fonctions qui peuvent être imaginées procéder de la matière et ne dépendre que de la disposition des organes. Nous voyons des horloges, des fontaines artificielles, des moulins et autres semblables machines qui, n'étant faites que par des hommes, ne laissent pas d'avoir la force de se mouvoir d'elles-mêmes en plusieurs diverses façons et il me semble que je ne saurais imaginer tant de sortes de mouvements en celles-ci que je suppose être faites des mains de Dieu, ni lui attribuer tant d'artifice que vous n'ayez sujet de penser qu'il y en peut avoir encore davantage. »

A lire ce texte dans un esprit aussi naïf que possible, il semble que la théorie de l'animal-machine ne prenne un sens que grâce à l'énoncé de deux postulats que l'on néglige, trop souvent, de faire bien ressortir. Le premier, c'est qu'il existe un Dieu fabricateur, et le second, c'est que le vivant soit donné comme tel, préalablement à la construction de la machine. Autrement dit, il faut, pour comprendre la machine-animal, l'apercevoir comme précédée, au sens logique et chronologique, à la fois par Dieu, comme cause efficiente, et par un vivant préexistant à imiter, comme cause formelle et finale. En somme nous proposerions de lire que dans la théorie de l'animal-machine, où l'on voit généralement une rupture avec la conception aristotélicienne de la causalité, tous les types de causalité invoqués par Aristote se retrouvent, mais non pas au même endroit et non pas simultanément.

La construction de la machine vivante implique, si l'on sait bien lire ce texte, une obligation d'imiter un donné organique préalable. La construction d'un modèle mécanique suppose un original vital, et finalement on peut se demander si Descartes n'est pas ici plus près d'Aristote que de Platon. Le démiurge platonicien copie des Idées. L'Idée est un modèle dont l'objet naturel est une copie. Le Dieu cartésien, l'*Artifex Maximus*, travaille à égaler le vivant lui-même. Le modèle du vivant-machine, c'est le vivant lui-même. L'Idée du vivant que l'art divin imite, c'est le vivant. Et, de même qu'un polygone régulier est inscrit dans un cercle et que pour conclure de l'un à l'autre il faut le passage à l'infini, de même l'artifice mécanique est inscrit dans la vie et pour conclure de l'un à l'autre il faut le passage à l'infini, c'est-à-dire Dieu. C'est ce qui semble ressortir de la fin du texte : « Il me semble que je ne saurais imaginer tant de sortes de mouvements en celles-ci que je suppose être faites des mains de Dieu, ni lui attribuer tant d'artifice que vous n'ayez sujet de penser qu'il y en peut avoir encore davantage. » La théorie de l'animal-machine serait donc à la vie ce qu'une axiomatique est à la géométrie, c'est-à-dire que ce n'est qu'une reconstruction rationnelle, mais qui n'ignore que par une feinte l'existence de ce qu'elle doit représenter et l'antériorité de la production sur la légitimation rationnelle.

Cet aspect de la théorie cartésienne a du reste été bien aperçu par un anatomiste du temps, le célèbre Sténon, dans le *Discours sur l'anatomie du cerveau* prononcé à Paris en 1665, c'est-à-dire un an après la parution du *Traité de l'Homme*. Sténon, tout en rendant à Descartes un hommage d'autant plus remarquable que les anatomistes n'ont pas été toujours tendres pour l'anatomie professée par celui-ci, constate que l'homme de Descartes c'est l'homme reconstruit par Descartes sous le couvert de Dieu, mais ce n'est pas l'homme de l'anatomiste. On peut donc dire qu'en substituant le mécanisme à l'organisme, Descartes fait disparaître la téléologie de la vie ; mais il ne la fait disparaître qu'apparemment, parce qu'il la rassemble tout entière au point de départ. Il y a substitution d'une forme anatomique à une formation dynamique, mais comme cette forme est un produit technique, toute la téléologie possible est enfermée dans la technique de production. A la vérité, on ne peut pas, semble-t-il, opposer mécanisme et finalité, on ne peut pas opposer mécanisme et anthropomorphisme, car si le fonctionnement d'une machine *s'explique* par des relations de pure causalité, la construction d'une machine ne *se comprend* ni sans la finalité, ni sans l'homme. Une machine est faite par l'homme et pour l'homme, en vue de quelques fins à obtenir, sous forme d'effets à produire.

Ce qui est donc positif chez Descartes, dans le projet d'expliquer mécaniquement la vie, c'est l'élimination de la finalité sous son aspect anthropomorphique. Seulement, il semble que dans la réalisation de ce projet, un anthropomorphisme se substitue à un autre. Un anthropomorphisme technologique se substitue à un anthropomorphisme politique.

Dans la *Description du corps humain*, petit traité écrit en 1648, Descartes aborde l'explication du mouvement volontaire chez l'homme et formule, avec une netteté qui a dominé toute la théorie des mouvements automatiques et des mouvements réflexes jusqu'au xixᵉ siècle, le fait que le corps n'obéit à l'âme qu'à la condition d'y être d'abord mécaniquement disposé. La décision de l'âme n'est pas une condition suffisante pour le mouvement du corps. « L'âme, dit Descartes, ne peut exciter aucun mouvement dans le corps, si ce n'est que tous les organes corporels qui sont requis à ce mouvement soient bien disposés, mais tout au contraire, lorsque le corps a tous ses organes disposés à quelque mouvement, il n'a pas besoin de l'âme pour les produire. » Descartes veut dire que, lorsque l'âme meut le corps, elle ne le fait pas comme un roi ou un général, selon la représentation populaire, qui commande à des sujets ou à des soldats. Mais, par assimilation du corps à un mécanisme d'horlogerie, il veut dire que les mouvements des organes se commandent les uns les autres comme des rouages entraînés. Il y a donc, chez Descartes, substitution à l'image politique du commandement, à un type de causalité magique — causalité par la parole ou par le signe —, de l'image technologique de « commande », d'un type de causalité positive par un dispositif ou par un jeu de liaisons mécaniques.

DESCARTES

(*Texte 7*)

Il est certain que la ressemblance qui est entre la plupart des actions des bêtes et les nôtres, nous a donné, dès le commencement de notre vie, tant d'occasions de juger qu'elles agissent par un principe intérieur semblable à celui qui est en nous, c'est-à-dire par le moyen d'une âme qui a des sentiments et des passions comme les nôtres, que nous sommes tous naturellement préoccupés de cette opinion. Et, quelques raisons qu'on puisse avoir pour la nier, on ne saurait quasi dire ouvertement ce qui en est, qu'on ne s'exposât à la risée des enfants et des esprits faibles. Mais pour ceux qui veulent connaître la vérité, ils doivent surtout se défier des opinions dont ils ont été ainsi prévenus dès leur enfance. Et pour savoir ce que l'on doit croire de celle-ci, on doit, ce me semble, considérer quel jugement en ferait un homme, qui aurait été nourri toute sa vie en quelque lieu où il n'aurait jamais vu aucuns autres animaux que des hommes, et où, s'étant fort adonné à l'étude des mécaniques, il aurait fabriqué ou aidé à fabriquer plusieurs automates, dont les uns avaient la figure d'un homme, les autres d'un cheval, les autres d'un chien, les autres d'un oiseau, etc., et qui marchaient, qui mangeaient et qui respiraient, bref qui imitaient, autant qu'il était possible, toutes les autres actions des animaux dont ils avaient la ressemblance, sans omettre même les signes dont nous usons pour témoigner nos passions, comme de crier lorsqu'on les frappait, de fuir lorsqu'on faisait

quelque grand bruit autour d'eux, etc., en sorte que
souvent il se serait trouvé empêché à discerner, entre des
vrais hommes, ceux qui n'en avaient que la figure ; et à
qui l'expérience aurait appris qu'il n'y a, pour les reconnaître, que les deux moyens que j'ai expliqués en la
page 57 de ma *Méthode* : dont l'un est que jamais, si ce
n'est par hasard, ces automates ne répondent, ni de
paroles, ni même par signes, à propos de ce dont on les
interroge ; et l'autre que, bien que souvent les mouvements qu'ils font soient plus réguliers et plus certains que
ceux des hommes les plus sages, ils manquent néanmoins
en plusieurs choses, qu'ils devraient faire pour nous
imiter, plus que ne feraient les plus insensés. Il faut,
dis-je, considérer quel jugement cet homme ferait des
animaux qui sont parmi nous, lorsqu'il les verrait ; principalement s'il était imbu de la connaissance de Dieu, ou
du moins qu'il eût remarqué de combien toute l'industrie
dont usent les hommes en leurs ouvrages, est inférieure à
celle que la nature fait paraître en la composition des
plantes ; et en ce qu'elle les remplit d'une infinité de
petits conduits imperceptibles à la vue, par lesquels elle
fait monter peu à peu certaines liqueurs, qui, étant
parvenues au haut de leurs branches, s'y mêlent, s'y
agencent, et s'y dessèchent en telle façon, qu'elles y
forment des feuilles, des fleurs et des fruits ; en sorte
qu'il crût fermement que, si Dieu ou la nature avait
formé quelques automates qui imitassent nos actions, ils
les imiteraient plus parfaitement, et seraient sans comparaison plus industrieusement faits, qu'aucun de ceux qui
peuvent être inventés par les hommes. Or il n'y a point
de doute que cet homme, voyant les animaux qui sont
parmi nous, et remarquant en leurs actions les deux
mêmes choses qui les rendent différentes des nôtres,
qu'il aurait accoutumé de remarquer dans ses automates, ne jugerait pas qu'il y eût en eux aucun vrai
sentiment, ni aucune vraie passion, comme en nous,
mais seulement que ce seraient des automates, qui, étant
composés par la nature, seraient incomparablement plus

accomplis qu'aucun de ceux qu'il aurait faits lui-même
auparavant. Si bien qu'il ne reste plus ici qu'à considérer
si le jugement, qu'il ferait ainsi avec connaissance de
cause, et sans avoir été prévenu d'aucune fausse opinion, est moins croyable que celui que nous avons fait
dès lors que nous étions enfants, et que nous n'avons
retenu depuis que par coutume, le fondant seulement
sur la ressemblance qui est entre quelques actions extérieures des animaux et les nôtres, laquelle n'est nullement suffisante pour prouver qu'il y en ait aussi entre les
intérieures.

(Texte 8)

Pour ce qui est de l'entendement ou de la pensée que
Montagne et quelques autres attribuent aux bêtes, je ne
puis être de leur avis. Ce n'est pas que je m'arrête à ce
qu'on dit, que les hommes ont un empire absolu sur tous
les autres animaux ; car j'avoue qu'il y en a de plus forts
que nous, et crois qu'il y en peut aussi avoir qui aient des
ruses naturelles, capables de tromper les hommes les
plus fins. Mais je considère qu'ils ne nous imitent ou
surpassent, qu'en celles de nos actions qui ne sont point
conduites par notre pensée ; car il arrive souvent que
nous marchons et que nous mangeons, sans penser en
aucune façon à ce que nous faisons ; et c'est tellement
sans user de notre raison que nous repoussons les choses
qui nous nuisent, et parons les coups que l'on nous
porte, qu'encore que nous voulussions expressément ne
point mettre nos mains devant notre tête, lorsqu'il arrive
que nous tombons, nous ne pourrions nous en empêcher. Je crois aussi que nous mangerions, comme les
bêtes, sans l'avoir appris, si nous n'avions aucune pensée ; et l'on dit que ceux qui marchent en dormant,
passent quelquefois des rivières à nage, où ils se noie-
raient étant éveillés. Pour les mouvements de nos passions, bien qu'ils soient accompagnés en nous de pensée,

à cause que nous avons la faculté de penser, il est néanmoins très évident qu'ils ne dépendent pas d'elle, parce qu'ils se font souvent malgré nous, et que, par conséquent, ils peuvent être dans les bêtes, et même plus violents qu'ils ne sont dans les hommes, sans qu'on puisse, pour cela, conclure qu'elles aient des pensées.

Enfin il n'y a aucune de nos actions extérieures, qui puisse assurer ceux qui les examinent, que notre corps n'est pas seulement une machine qui se remue de soi-même, mais qu'il y a aussi en lui une âme qui a des pensées, excepté les paroles, ou autres signes faits à propos des sujets qui se présentent, sans se rapporter à aucune passion. Je dis les paroles ou autres signes, parce que les muets se servent de signes en même façon que nous de la voix ; et que ces signes soient à propos, pour exclure le parler des perroquets, sans exclure celui des fous, qui ne laisse pas d'être à propos des sujets qui se présentent, bien qu'il ne suive pas la raison ; et j'ajoute que ces paroles ou signes ne se doivent rapporter à aucune passion, pour exclure non seulement les cris de joie ou de tristesse, et semblables, mais aussi tout ce qui peut être enseigné par artifice aux animaux ; car si on apprend à une pie à dire bonjour à sa maîtresse, lorsqu'elle la voit arriver, ce ne peut être qu'en faisant que la prolation de cette parole devienne le mouvement de quelqu'une de ses passions ; à savoir, ce sera un mouvement de l'espérance qu'elle a de manger, si l'on a toujours accoutumé de lui donner quelque friandise, lorsqu'elle l'a dit ; et ainsi toutes les choses qu'on fait faire aux chiens, aux chevaux et aux singes, ne sont que des mouvements de leur crainte, de leur espérance, ou de leur joie, en sorte qu'ils les peuvent faire sans aucune pensée. Or il est, ce me semble, fort remarquable que la parole, étant ainsi définie, ne convient qu'à l'homme seul. Car, bien que Montagne et Charon aient dit qu'il y a plus de différence d'homme à homme, que d'homme à bête, il ne s'est toutefois jamais trouvé aucune bête si parfaite, qu'elle ait usé de quelque signe, pour faire entendre à d'autres animaux quelque chose qui n'eût point de rapport à ses passions ; et il n'y a point d'homme si imparfait, qu'il n'en use ; en sorte que ceux qui sont sourds et muets, inventent des signes particuliers, par lesquels ils expriment leurs pensées. Ce qui me semble un très fort argument pour prouver que ce qui fait que les bêtes ne parlent point comme nous, est qu'elles n'ont aucune pensée, et non point que les organes leur manquent. Et on ne peut dire qu'elles parlent entre elles, mais que nous ne les entendons pas ; car, comme les chiens et quelques autres animaux nous expriment leurs passions, ils nous exprimeraient aussi bien leurs pensées, s'ils en avaient.

Je sais bien que les bêtes font beaucoup de choses mieux que nous, mais je ne m'en étonne pas ; car cela même sert à prouver qu'elles agissent naturellement et par ressorts, ainsi qu'une horloge, laquelle montre bien mieux l'heure qu'il est, que notre jugement ne nous l'enseigne. Et sans doute que, lorsque les hirondelles viennent au printemps, elles agissent en cela comme des horloges. Tout ce que font les mouches à miel est de même nature, et l'ordre que tiennent les grues en volant, et celui qu'observent les singes en se battant, s'il est vrai qu'ils en observent quelqu'un, et enfin l'instinct d'ensevelir leurs morts, n'est pas plus étrange que celui des chiens et des chats, qui grattent la terre pour ensevelir leurs excréments, bien qu'ils ne les ensevelissent presque jamais : ce qui montre qu'ils ne le font que par instinct, et sans y penser. On peut seulement dire que, bien que les bêtes ne fassent aucune action qui nous assure qu'elles pensent, toutefois, à cause que les organes de leurs corps ne sont pas fort différents des nôtres, on peut conjecturer qu'il y a quelque pensée jointe à ces organes, ainsi que nous expérimentons en nous, bien que la leur soit beaucoup moins parfaite. A quoi je n'ai rien à répondre, sinon que, si elles pensaient ainsi que nous, elles auraient une âme immortelle aussi bien que nous ; ce qui n'est pas vraisemblable, à cause qu'il n'y a point de raison pour le croire de quelques animaux, sans le croire de tous, et qu'il y en a plusieurs trop imparfaits pour pouvoir croire cela d'eux, comme sont les huîtres, les éponges, etc. Mais je crains de vous importuner par ces discours, et tout le désir que j'ai est de vous témoigner que je suis, etc.

SIXIÈME PARTIE

En mettant les mathématiques au service de la méthode dont la certitude devra toujours prévaloir, Descartes invente une philosophie « pratique ».

Comme exemple d'« utilité », nous donnons le Discours VII de la Dioptrique : « *Des moyens de perfectionner la vision* » (texte 1). L'expression *de cette philosophie « pratique » oblige à remanier le concept d'hypothèse (de « supposition ») et tout le jeu complexe entre* expliquer, prouver *et* démontrer — *comme le montrent les lettres à Mersenne et à Morin citées en référence (textes 2 et 3).*

Les limites de la certitude *sont précisées à la fin des* Principes de la philosophie *(texte 4).*

*Enfin, un texte du philosophe italien Giorgio Agamben, qui propose une vue d'ensemble sur l'idée d'expérience, permet de mieux comprendre son rôle ambigu dans la VI*e *partie (texte 5).*

DESCARTES

(*Texte 1*)

Maintenant que nous avons assez examiné comment
se fait la vision, recueillons en peu de mots et nous
remettons devant les yeux toutes les conditions qui sont
requises à sa perfection, afin que, considérant en quelle
sorte il a déjà été pourvu à chacune par la Nature, nous
puissions faire un dénombrement exact de tout ce qui
reste encore à l'art à y ajouter. On peut réduire toutes les
choses auxquelles il faut avoir ici égard à trois principales, qui sont : les objets, les organes intérieurs qui
reçoivent les actions de ces objets, et les extérieurs qui
disposent ces actions à être reçues comme elles doivent.
Et, touchant les objets, il suffit de savoir que les uns sont
proches ou accessibles, et les autres éloignés et inacces-
sibles, et avec cela les uns plus, les autres moins illuminés ; afin que nous soyons avertis que, pour ce qui est des
accessibles, nous les pouvons approcher ou éloigner, et
augmenter ou diminuer la lumière qui les éclaire, selon
qu'il nous sera le plus commode ; mais que, pour ce qui
concerne les autres, nous n'y pouvons changer aucune
chose. Puis, touchant les organes intérieurs, qui sont les
nerfs et le cerveau, il est certain aussi que nous ne
saurions rien ajouter par art à leur fabrique ; car nous
ne saurions nous faire un nouveau corps ; et si les médecins y peuvent aider en quelque chose, cela n'appartient point à notre sujet. Si bien qu'il ne nous reste à
considérer que les organes extérieurs, entre lesquels je
comprends toutes les parties transparentes de l'œil aussi

bien que tous les autres corps qu'on peut mettre entre lui et l'objet. Et je trouve que toutes les choses auxquelles il est besoin de pourvoir avec ces organes extérieurs peuvent être réduites à quatre points. Dont le premier est, que tous les rayons qui se vont rendre vers chacune des extrémités du nerf optique ne viennent, autant qu'il est possible, que d'une même partie de l'objet, et qu'ils ne reçoivent aucun changement en l'espace qui est entre deux ; car, sans cela, les images qu'ils forment ne sauraient être ni bien semblables à leur original ni bien distinctes. Le second, que ces images soient fort grandes, non pas en étendue de lieu, car elles ne sauraient occuper que le peu d'espace qui se trouve au fond de l'œil, mais en l'étendue de leurs linéaments ou de leurs traits, car il est certain qu'ils seront d'autant plus aisés à discerner qu'ils seront plus grands. Le troisième, que les rayons qui les forment soient assez forts pour mouvoir les petits filets du nerf optique, et par ce moyen être sentis, mais qu'ils ne le soient pas tant qu'ils blessent la vue. Et le quatrième, qu'il y ait le plus d'objets qu'il sera possible dont les images se forment dans l'œil en même temps, afin qu'on en puisse voir le plus qu'il sera possible tout d'une vue.

Or la Nature a employé plusieurs moyens à pourvoir à la première de ces choses. Car premièrement, remplissant l'œil de liqueurs fort transparentes et qui ne sont teintes d'aucune couleur, elle a fait que les actions qui viennent de dehors peuvent passer jusques au fond sans se changer. Et par les réfractions que causent les superficies de ces liqueurs elle a fait qu'entre les rayons, suivant lesquels ces actions se conduisent, ceux qui viennent d'un même point se rassemblent en un même point contre le nerf ; et ensuite que ceux qui viennent des autres points s'y rassemblent aussi en autant d'autres divers points, le plus exactement qu'il est possible. Car nous devons supposer que la Nature a fait en ceci tout ce qui est possible, d'autant que l'expérience ne nous y fait rien apercevoir au contraire. Et même nous voyons que, pour rendre d'autant moindre le défaut qui ne peut en ceci être totalement évité, elle a fait qu'on puisse rétrécir la prunelle quasi autant que la force de la lumière le permet. Puis, par la couleur noire dont elle a teint toutes les parties de l'œil opposées au nerf, qui ne sont point transparentes, elle a empêché qu'il n'allât aucun autre rayon vers ces mêmes points. Et enfin, par le changement de la figure du corps de l'œil, elle a fait qu'encore que les objets en puissent être plus ou moins éloignés une fois que l'autre, les rayons qui viennent de chacun de leurs points ne laissent pas de s'assembler, toujours aussi exactement qu'il se peut, en autant d'autres points au fond de l'œil. Toutefois elle n'a pas si entièrement pourvu à cette dernière partie qu'il ne se trouve encore quelque chose à y ajouter : car, outre que, communément à tous, elle ne nous a pas donné le moyen de courber tant les superficies de nos yeux, que nous puissions voir distinctement les objets qui en sont fort proches, comme à un doigt ou un demi-doigt de distance, elle y a encore manqué davantage en quelques-uns, à qui elle a fait les yeux de telle figure qu'ils ne leur peuvent servir qu'à regarder les choses éloignées, ce qui arrive principalement aux vieillards ; et aussi en quelques autres à qui, au contraire, elle les a faits tels qu'ils ne leur servent qu'à regarder les choses proches, ce qui est plus ordinaire aux jeunes gens. En sorte qu'il semble que les yeux se forment, au commencement, un peu plus longs et plus étroits qu'ils ne doivent être et que par après, pendant qu'on vieillit, ils deviennent plus plats et plus larges. Or, afin que nous puissions remédier par art à ces défauts, il sera premièrement besoin que nous cherchions les figures que les superficies d'une pièce de verre ou de quelque autre corps transparent doivent avoir, pour courber les rayons qui tombent sur elles en telle sorte que tous ceux qui viennent d'un certain point de l'objet, se disposent, en les traversant, tout de même que s'ils étaient venus d'un autre point qui fût plus proche ou plus éloigné, à savoir, qui fût plus proche pour servir à ceux qui ont la vue courte, et qui fût plus éloigné tant pour les vieillards que généralement pour tous ceux qui veulent voir des objets plus proches que la figure de leurs yeux ne le permet...

(*Texte 2*)

Vous demandez si je tiens que ce que j'ai écrit de la réfraction soit démonstration ; et je crois que oui, au moins autant qu'il est possible d'en donner en cette matière, sans avoir auparavant démontré les principes de la Physique par la Métaphysique (ce que j'espère faire quelque jour, mais qui ne l'a point été par ci-devant), et autant qu'aucune autre question de Mécanique, ou d'Optique, ou d'Astronomie, ou autre matière qui ne soit point purement géométrique, ou arithmétique, ait jamais été démontrée. Mais d'exiger de moi des démonstrations géométriques en une matière qui dépend de la Physique, c'est vouloir que je fasse des choses impossibles. Et si on ne veut nommer démonstrations que les preuves des géomètres, il faut donc dire qu'Archimède n'a jamais rien démontré dans les Mécaniques, ni Vitellion en l'Optique, ni Ptolomée en l'Astronomie, etc., ce qui toutefois ne se dit pas. Car on se contente, en telles matières, que les auteurs, ayant présupposé certaines choses qui ne sont point manifestement contraires à l'expérience, aient au reste parlé conséquemment et sans faire de paralogisme, encore même que leurs suppositions ne fussent pas exactement vraies. Comme je pourrais démontrer que même la définition du centre de gravité, qui a été donnée par Archimède, est fausse, et qu'il n'y a point de tel centre ; et les autres choses qu'il suppose ailleurs ne sont point non plus exactement vraies. Pour Ptolomée et Vitellion, ils ont des suppositions bien moins certaines, et toutefois on ne doit pas pour cela rejeter les démonstrations qu'ils en ont déduites. Or ce que je prétends avoir démontré touchant la réfraction ne dépend point de la vérité de la nature de la lumière, ni de ce qu'elle se fait ou ne se fait pas en un instant, mais seulement de ce que je suppose qu'elle est une action, ou une vertu, qui suit les mêmes lois que le mouvement local, en ce qui est de la façon dont elle se transmet d'un lieu en un autre, et qui se communique par l'entremise d'une liqueur très subtile, qui est dans les pores des corps transparents. Et pour la difficulté que vous trouvez en ce qu'elle se communique en un instant, il y a de l'équivoque au mot d'instant ; car il semble que vous le considérez comme s'il niait toutes sortes de priorité, en sorte que la lumière du Soleil pût ici être produite, sans passer premièrement par tout l'espace qui est entre lui et nous ; au lieu que le mot d'instant n'exclut que la priorité du temps et n'empêche pas que chacune des parties inférieures du rayon ne soit dépendante de toutes les supérieures, en même façon que la fin d'un mouvement successif dépend de toutes ses parties précédentes. Et sachez qu'il n'y a que deux voies pour réfuter ce que j'ai écrit, dont l'une est de prouver par quelques expériences ou raisons que les choses que j'ai supposées sont fausses ; et l'autre, que ce que j'en déduis ne saurait en être déduit. Ce que M. de Fermat a fort bien entendu ; car c'est ainsi qu'il a voulu réfuter ce que j'ai écrit de la réfraction, en tâchant de prouver qu'il y avait un paralogisme. Mais pour ceux qui se contentent de dire qu'ils ne croient pas ce que j'ai écrit, à cause que je le déduis de certaines suppositions que je n'ai pas prouvées, ils ne savent pas ce qu'ils demandent, ni ce qu'ils doivent demander.

(Texte 3)

Vous dites aussi que *prouver des effets par une cause, puis prouver cette cause par les mêmes effets, est un cercle logique*, ce que j'avoue ; mais je n'avoue pas pour cela que c'en soit un, d'expliquer des effets par une cause, puis de la prouver par eux : car il y a grande différence entre *prouver* et *expliquer*. A quoi j'ajoute qu'on peut user du mot *démontrer* pour signifier l'un et l'autre, au moins si on le prend selon l'usage commun, et non en la signification particulière que les philosophes lui donnent. J'ajoute aussi que ce n'est pas un cercle de prouver une cause par plusieurs effets qui sont connus d'ailleurs, puis réciproquement de prouver quelques autres effets par cette cause. Et j'ai compris ces deux sens ensemble en la page 76 par ces mots : *Comme les dernières raisons sont démontrées par les premières qui sont leurs causes, ces premières le sont réciproquement par les dernières qui sont leurs effets.* Où je ne dois pas, pour cela, être accusé d'avoir parlé ambigument, à cause que je me suis expliqué incontinent après, en disant *que, l'expérience rendant la plupart de ces effets très certains, les causes dont je les déduis ne servent pas tant à les prouver qu'à les expliquer, mais que ce sont elles qui sont prouvées par eux.* Et je mets *qu'elles ne servent pas tant à les prouver*, au lieu de mettre *qu'elles n'y servent point du tout*, afin qu'on sache que chacun de ces effets peut aussi être prouvé par cette cause, en cas qu'il soit mis en doute, et qu'elle ait déjà été prouvée par d'autres effets. En quoi je ne vois pas que j'eusse pu user d'autres termes que je n'ai fait, pour m'expliquer mieux.

[...]

Enfin vous dites qu'*il n'y a rien de si aisé que d'ajuster quelque cause à un effet.* Mais encore qu'il y ait véritablement plusieurs effets auxquels il est aisé d'ajuster diverses causes, une à chacun, il n'est pas toutefois si aisé d'en ajuster une même à plusieurs différents, si elle n'est la vraie dont ils procèdent ; même il y en a souvent qui sont tels, que c'est assez prouver quelle est leur vraie cause, que d'en donner une dont ils puissent clairement être déduits ; et je prétends que tous ceux dont j'ai parlé sont de ce nombre. Car si l'on considère qu'en tout ce qu'on a fait jusqu'à présent en la physique, on a seulement tâché d'imaginer quelques causes par lesquelles on pût expli-

quer les phénomènes de la nature, sans toutefois qu'on
ait guère pu y réussir ; puis si on compare les suppositions des autres avec les miennes, c'est-à-dire toutes
leurs *qualités réelles*, leurs *formes substantielles*, leurs
éléments et choses semblables, dont le nombre est
presque infini, avec cela seul, que tous les corps sont
composés de quelques parties, qui est une chose qu'on
voit à l'œil en plusieurs, et qu'on peut prouver par une
infinité de raisons dans les autres (car pour ce que je
mets de plus, à savoir que les parties de tel ou tel corps
sont de telle figure, plutôt que d'une autre, il est aisé de
le démontrer à ceux qui avouent qu'ils sont composés de
parties) ; et enfin si on compare ce que j'ai déduit de mes
suppositions, touchant la vision, le sel, les vents, les
nues, la neige, le tonnerre, l'arc-en-ciel, et choses semblables, avec ce que les autres ont tiré, des leurs, touchant les mêmes matières, j'espère que cela suffira pour
persuader à ceux qui ne sont point trop préoccupés, que
les effets que j'explique n'ont point d'autres causes que
celles dont je les déduis ; bien que je me refuse à le
démontrer en un autre endroit.

Au reste, je suis marri de ce que vous n'avez choisi,
pour former des objections, que le sujet de la lumière ;
car je me suis expressément abstenu d'en dire mon
opinion ; et parce que je ne veux point ici contrevenir
à la résolution que j'ai prise de ne mêler, parmi mes
réponses, aucune explication des matières dont je n'ai
pas eu dessein de traiter, je ne pourrai si parfaitement
vous satisfaire que j'eusse désiré. Toutefois je vous prie
de croire que je n'ai point tâché de me renfermer et
barricader dans des termes obscurs, de crainte d'être
surpris, comme il semble que vous avez cru, et que si j'ai
quelque habitude aux démonstrations des mathématiques, comme vous me faites l'honneur de m'écrire, il
est plus probable qu'elles doivent m'avoir appris à
découvrir la vérité, qu'à la déguiser. Mais ce qui m'a
empêché de parler de la lumière aussi ouvertement que
du reste, c'est que je me suis étudié à ne pas mettre, dans

ces essais, ce que j'avais déjà mis en un autre traité, où j'ai tâché très particulièrement de l'expliquer, comme j'ai écrit en la page 42 du *Discours de la Méthode*. Il est vrai qu'on n'est pas obligé de rien croire de ce que j'ai écrit en cet endroit-là ; mais comme, lorsqu'on voit des fruits en un pays, où ils n'ont point été envoyés d'ailleurs, on juge plutôt qu'il y a des plantes qui les y produisent, que non pas qu'ils y croissent d'eux-mêmes, je crois que les vérités particulières, que j'ai traitées en mes essais (au moins si ce sont des vérités), donnent plus d'occasion de juger que je dois avoir quelque connaissance des causes générales dont elles dépendent, que non pas que j'aie pu sans cela les découvrir. Et parce qu'il n'y a que les causes générales qui soient le sujet de cet autre traité, je ne pense pas avoir rien avancé de fort incroyable, lorsque j'ai écrit que je l'avais fait.

(*Texte 4*)

203. *Comment on peut parvenir à la connaissance des figures, grandeurs et mouvements des corps insensibles.*

Quelqu'un derechef pourra demander d'où j'ai appris quelles sont les figures, grandeurs et mouvements des petites parties de chaque corps, plusieurs desquelles j'ai ici déterminées tout de même que si je les avais vues, bien qu'il soit certain que je n'ai pu les apercevoir par l'aide des sens, puisque j'avoue qu'elles sont insensibles. A quoi je réponds que j'ai, premièrement, considéré en général toutes les notions claires et distinctes qui peuvent être en notre entendement touchant les choses matérielles, et que, n'en ayant point trouvé d'autres sinon celles que nous avons des figures, des grandeurs et des mouvements, et des règles suivant lesquelles ces trois choses peuvent être diversifiées l'une par l'autre, lesquelles règles sont les principes de la géométrie et des

mécaniques, j'ai jugé qu'il fallait nécessairement que
toute la connaissance que les hommes peuvent avoir de
la nature fût tirée de cela seul ; parce que toutes les
autres notions que nous avons des choses sensibles, étant
confuses et obscures, ne peuvent servir à nous donner la
connaissance d'aucune chose hors de nous, mais plutôt
la peuvent empêcher. En suite de quoi, j'ai examiné
toutes les principales différences qui se peuvent trouver
entre les figures, grandeurs et mouvements de divers
corps que leur seule petitesse rend insensibles, et quels
effets sensibles peuvent être produits par les diverses
façons dont ils se mêlent ensemble. Et par après lorsque
j'ai rencontré de semblables effets dans les corps que nos
sens aperçoivent, j'ai pensé qu'ils avaient pu être ainsi
produits. Puis j'ai cru qu'ils l'avaient infailliblement été,
lorsqu'il m'a semblé être impossible de trouver en toute
l'étendue de la nature aucune autre cause capable de les
produire. A quoi l'exemple de plusieurs corps, composés par l'artifice des hommes, m'a beaucoup servi : car
je ne reconnais aucune différence entre les machines
que font les artisans et les divers corps que la nature
seule compose, sinon que les effets des machines ne
dépendent que de l'agencement de certains tuyaux, ou
ressorts, ou autres instruments, qui, devant avoir quelque proportion avec les mains de ceux qui les font, sont
toujours si grands que leurs figures et mouvements se
peuvent voir, au lieu que les tuyaux ou ressorts qui
causent les effets des corps naturels sont ordinairement
trop petits pour être aperçus de nos sens. Et il est certain
que toutes les règles des mécaniques appartiennent à la
physique, en sorte que toutes les choses qui sont artificielles, sont avec cela naturelles. Car, par exemple,
lorsqu'une montre marque les heures par le moyen des
roues dont elle est faite, cela ne lui est pas moins naturel
qu'il est à un arbre de produire ses fruits. C'est pourquoi, en même façon qu'un horloger, en voyant une
montre qu'il n'a point faite, peut ordinairement juger,
de quelques-unes de ses parties qu'il regarde, quelles

sont toutes les autres qu'il ne voit pas : ainsi, en considérant les effets et les parties sensibles des corps naturels, j'ai tâché de connaître quelles doivent être celles de leurs parties qui sont insensibles.

204. Que touchant les choses que nos sens n'aperçoivent point, il suffit d'expliquer comment elles peuvent être ; et que c'est tout ce qu'Aristote a tâché de faire.

On répliquera encore à ceci que, bien que j'aie peut-être imaginé des causes qui pourraient produire des effets semblables à ceux que nous voyons, nous ne devons pas pour cela conclure que ceux que nous voyons sont produits par elles. Parce que, comme un horloger industrieux peut faire deux montres qui marquent les heures en même façon, et entre lesquelles il n'y ait aucune différence en ce qui paraît à l'extérieur, qui n'aient toutefois rien de semblable en la composition de leurs roues : ainsi il est certain que Dieu a une infinité de divers moyens, par chacun desquels il peut avoir fait que toutes les choses de ce monde paraissent telles que maintenant elles paraissent, sans qu'il soit possible à l'esprit humain de connaître lequel de tous ces moyens il a voulu employer à les faire. Ce que je ne fais aucune difficulté d'accorder. Et je croirai avoir assez fait, si les causes que j'ai expliquées sont telles que tous les effets qu'elles peuvent produire se trouvent semblables à ceux que nous voyons dans le monde, sans m'enquérir si c'est par elles ou par d'autres qu'ils sont produits. Même je crois qu'il est aussi utile pour la vie, de connaître des causes ainsi imaginées, que si on avait la connaissance des vraies : car la médecine, les mécaniques, et généralement tous les arts à quoi la connaissance de la physique peut servir, n'ont pour fin que d'appliquer tellement quelques corps sensibles les uns aux autres, que, par la suite des causes naturelles, quelques effets sensibles soient produits ; ce que nous ferons tout aussi bien, en considérant la suite de quelques causes ainsi imaginées, bien que fausses, que si elles étaient les vraies, puisque cette suite est supposée semblable, en ce qui regarde les effets sensibles. Et afin qu'on ne pense pas qu'Aristote ait jamais prétendu de faire quelque chose de plus que cela, il dit lui-même, au commencement du septième chapitre du premier livre de ses *Météores*, que « pour ce qui est des choses qui ne sont pas manifestes aux sens, il pense les démontrer suffisamment, et autant qu'on peut désirer avec raison, s'il fait seulement voir qu'elles peuvent être telles qu'il les explique ».

205. Que néanmoins on a une certitude morale, que toutes les choses de ce monde sont telles qu'il a été ici démontré qu'elles peuvent être.

Mais néanmoins, afin que je ne fasse point de tort à la vérité, en la supposant moins certaine qu'elle n'est, je distinguerai ici deux sortes de certitudes. La première est appelée morale, c'est-à-dire suffisante pour régler nos mœurs, ou aussi grande que celle des choses dont nous n'avons point coutume de douter touchant la conduite de la vie, bien que nous sachions qu'il se peut faire, absolument parlant, qu'elles soient fausses. Ainsi ceux qui n'ont jamais été à Rome ne doutent point que ce ne soit une ville en Italie, bien qu'il se pourrait faire que tous ceux desquels ils l'ont appris les aient trompés. Et si quelqu'un, pour deviner un chiffre écrit avec les lettres ordinaires, s'avise de lire un B partout où il y aura un A, et de lire un C partout où il y aura un B, et ainsi de substituer en la place de chaque lettre celle qui la suit en l'ordre de l'alphabet, et que, le lisant en cette façon, il y trouve des paroles qui aient du sens, il ne doutera point que ce ne soit le vrai sens de ce chiffre qu'il aura ainsi trouvé, bien qu'il se pourrait faire que celui qui l'a écrit y en ait mis un autre tout différent, en donnant une autre signification à chaque lettre : car cela peut si difficilement arriver, principalement lorsque le chiffre contient beaucoup de mots, qu'il n'est pas moralement croyable.

Or, si on considère combien de diverses propriétés de l'aimant, du feu, et de toutes les autres choses qui sont au monde, ont été très évidemment déduites d'un fort petit nombre de causes que j'ai proposées au commencement de ce traité, encore même qu'on s'imaginerait que je les ai supposées par hasard et sans que la raison me les ait persuadées, on ne laissera pas d'avoir pour le moins autant de raison de juger qu'elles sont les vraies causes de tout ce que j'en ai déduit, qu'on en a de croire qu'on a trouvé le vrai sens d'un chiffre, lorsqu'on le voit suivre de la signification qu'on a donnée par conjecture à chaque lettre. Car le nombre des lettres de l'alphabet est beaucoup plus grand que celui des premières causes que j'ai supposées, et on n'a pas coutume de mettre tant de mots, ni même tant de lettres, dans un chiffre, que j'ai déduit de divers effets de ces causes.

206. Et même qu'on en a une certitude plus que morale.

L'autre sorte de certitude est lorsque nous pensons qu'il n'est aucunement possible que la chose soit autre que nous la jugeons Et elle est fondée sur un principe de métaphysique très assuré, qui est que Dieu étant souverainement bon et la source de toute vérité, puisque c'est lui qui nous a créés, il est certain que la puissance ou faculté qu'il nous a donnée pour distinguer le vrai d'avec le faux, ne se trompe point, lorsque nous en usons bien et qu'elle nous montre évidemment qu'une chose est vraie. Ainsi cette certitude s'étend à tout ce qui est démontré dans la mathématique ; car nous voyons clairement qu'il est impossible que deux et trois joints ensemble fassent plus ou moins que cinq, ou qu'un carré n'ait que trois côtés, et choses semblables. Elle s'étend aussi à la connaissance que nous avons qu'il y a des corps dans le monde, pour les raisons ci-dessus expliquées au commencement de la seconde partie. Puis ensuite elle s'étend à toutes les choses qui peuvent être démontrées, touchant ces corps, par les principes de la mathématique

ou par d'autres aussi évidents et certains ; au nombre
desquelles il me semble que celles que j'ai écrites en ce
traité doivent être reçues, au moins les principales et
plus générales. Et j'espère qu'elles le seront en effet par
ceux qui les auront examinées en telle sorte, qu'ils
verront clairement toute la suite des déductions que j'ai
faites, et combien sont évidents tous les principes desquels je me suis servi ; principalement s'ils comprennent
bien qu'il ne se peut faire que nous sentions aucun objet,
sinon par le moyen de quelque mouvement local que cet
objet excite en nous, et que les étoiles fixes ne peuvent
exciter ainsi aucun mouvement en nos yeux, sans mouvoir aussi en quelque façon toute la matière qui est entre
elles et nous, d'où il suit très évidemment que les cieux
doivent être fluides, c'est-à-dire composés de petites
parties qui se meuvent séparément les unes des autres,
ou du moins qu'il doit y avoir en eux de telles parties.
Car tout ce qu'on peut dire que j'ai supposé, et qui se
trouve en l'article 46 de la troisième partie, peut être
réduit à cela seul que les cieux sont fluides. En sorte que
ce seul point étant reconnu pour suffisamment démontré
par tous les effets de la lumière, et par la suite de toutes
les autres choses que j'ai expliquées, je pense qu'on doit
aussi reconnaître que j'ai prouvé par démonstration
mathématique toutes les choses que j'ai écrites, au moins
les plus générales qui concernent la fabrique du ciel et de
la terre, et en la façon que je les ai écrites : car j'ai eu soin
de proposer comme douteuses toutes celles que j'ai
pensé l'être.

GIORGIO AGAMBEN

(*Texte 5*)

En un sens, l'expropriation de l'expérience se trouvait impliquée dans le projet fondamental de la science moderne. « L'expérience, lorsqu'elle se présente spontanément, s'appelle hasard, et expérimentation lorsqu'elle est expressément recherchée. Mais l'expérience commune est comme un balai aux crins déliés ; elle procède à tâtons, comme celui qui erre nuitamment de-ci de-là, en espérant trouver le bon chemin, alors qu'il serait bien plus utile et plus prudent d'attendre le jour et d'allumer une lampe avant de s'engager. Suivre l'ordre véritable de l'expérience, c'est commencer par allumer la lampe ; puis tenter d'aller de l'avant, en partant de l'expérience bien ordonnée et bien mûre, au lieu de suivre à rebours l'expérience désordonnée ; il s'agit de déduire les axiomes avant de procéder à de nouvelles expérimentations. » Dans ces quelques phrases de Francis Bacon, l'expérience au sens traditionnel — celle qui se traduit en maximes et proverbes — se trouve déjà condamnée sans appel. Par la suite, la distinction entre vérité de fait et vérité de raison (formulée en ces termes par Leibniz : « S'attendre à voir le soleil se lever le lendemain parce qu'il en a toujours été ainsi, c'est se comporter en empiriste. Seule l'astronomie juge avec raison ») a entériné cette condamnation. Car la science moderne, contrairement à une opinion souvent reçue, naît d'une méfiance sans précédent envers l'expérience telle que la conçoit la tradition (Bacon

la définit comme une « forêt », comme un « laby-
rinthe », où il se propose de mettre bon ordre). Le
regard appliqué au *perspicillum* de Galilée n'a suscité
aucune confiance en l'expérience, ni aucune assurance,
mais bien plutôt le doute de Descartes et sa célèbre
hypothèse d'un démon exclusivement occupé à abuser
nos sens.

Caution scientifique de l'expérience, l'expérimentation — qui permet le passage logique des impressions
sensibles à d'exactes déterminations quantitatives, et par
conséquent la prévision de futures impressions — répond à cette perte de certitude en transportant l'expérience autant que possible hors de l'homme : dans les
instruments et dans les nombres. Du même coup,
l'expérience traditionnelle perd en réalité toute valeur.
Comme le montre bien la dernière œuvre de la culture
européenne qui s'appuie encore entièrement sur elle —
les *Essais* de Montaigne —, l'expérience est en effet
incompatible avec la certitude ; une expérience devenue
calculable et certaine perd aussitôt son autorité. Impossible de formuler une maxime et de raconter une histoire
sous l'empire d'une loi scientifique. L'expérience dont
traite Montaigne avait si peu de rapport à la science qu'il
en définit la matière comme un « sujet informe, qui ne
peut rentrer en production ouvragère », et qui ne peut
asseoir aucun jugement assuré (« il n'y a aucune
constante existence, ny de notre estre, ny de celui des
objects [...]. Ainsin il ne se peut establir rien de certain
de l'un à l'autre [...] »).

Nous avons aujourd'hui oublié — tant l'idée d'une
expérience séparée de la connaissance nous est devenue
étrangère — que jusqu'à la naissance de la science
moderne, science et expérience non seulement occu-
paient des lieux distincts, mais dépendaient de sujets
différents. Le sujet de l'expérience était le *sens commun*,
présent en chaque individu (il s'agit du « principe qui
juge » d'Aristote, ou de la *vis æstimativa* de la psychologie médiévale, qui ne se confondent pas encore avec ce

que nous appelons le bon sens), tandis que le sujet de la science est le *noûs* ou l'intellect agent, séparé de l'expérience, « impassible » et « divin » (pour être précis, il faudrait plutôt dire que la connaissance n'avait pas même de sujet, au sens moderne d'un *ego* ; l'individu singulier était le *sub-jectum* en qui l'intellect agent, unique et séparé, actualisait la connaissance).

Cette séparation entre expérience et science doit donner à nos yeux tout leur sens — nullement abstrus, mais extrêmement concret — aux débats qui opposèrent les interprètes de l'aristotélisme, dans l'Antiquité tardive et au Moyen Age, sur l'intellect unique et séparé, comme sur sa relation aux sujets de l'expérience. De fait, l'intelligence (*noûs*) et l'âme (*psyché*) ne sont pas la même chose pour la pensée antique (ni pour la pensée médiévale, du moins jusqu'à saint Thomas) ; et contrairement à ce que nous pensons d'ordinaire, l'intellect n'est pas une « faculté » de l'âme. Il ne lui appartient nullement ; « séparé, sans mélange et impassible », selon la célèbre formule aristotélicienne, il communique avec elle pour actualiser la connaissance. Par suite, le problème central de la connaissance n'est pas, pour l'Antiquité, celui du rapport entre un sujet et un objet, mais celui du rapport entre l'un et le multiple. Voilà pourquoi la pensée antique ne connaît pas de problème de l'expérience comme telle ; ce qui se pose pour nous comme problème de l'expérience lui apparaît naturellement comme problème du rapport (« participation », mais aussi « différence », comme dira Platon) entre l'intellect séparé et les individus singuliers, entre l'un et le multiple, entre l'intelligible et le sensible, entre l'humain et le divin. Telle est la différence que souligne le chœur de l'*Orestie* d'Eschyle, en définissant — contre la violente *hýbris* d'Agamemnon — le savoir humain comme un *páthei máthos* : un apprentissage dans et par l'épreuve, excluant toute possibilité de prévoir, c'est-à-dire de connaître quoi que ce soit avec certitude.

L'expérience traditionnelle (disons, pour être clair,

celle qui intéresse Montaigne) maintient fidèlement cette séparation entre science et expérience, entre savoir humain et savoir divin. Elle est, précisément, expérience de la limite qui sépare l'une et l'autre sphères. Cette limite est la mort. Voilà pourquoi l'approche de la mort apparaît à Montaigne comme la fin dernière de l'expérience : l'homme parvient à maturité en anticipant sa mort, en tant que limite extrême de l'expérience. Limite qui ne peut être qu'approchée, et non pas éprouvée (« si nous ne pouvons le joindre, nous le pouvons approcher ») ; au moment même où il recommande l'accoutumance à la mort (« ostons luy l'estrangeté, pratiquons le, accoustumons le, n'ayons rien si souvent en teste que la mort »), Montaigne moque ces philosophes « si excellens mesnagers du temps, qu'ils ont essayé en la mort mesme de la gouster et savourer, et ont bandé leur esprit pour voir que c'estoit ce passage ; mais ils ne sont pas revenus nous en dire les nouvelles[*] ».

Dans sa recherche de la certitude, la science moderne abolit cette séparation ; de l'expérience, elle fait le lieu — la « méthode », c'est-à-dire le chemin — de la connaissance. A cette fin, il lui faut procéder à une refonte de l'expérience en même temps qu'à une réforme de l'intelligence, en commençant par en expulser les sujets, pour les remplacer par un sujet unique et nouveau. Car la grande révolution de la science moderne a moins consisté à faire valoir l'expérience contre l'autorité (l'*argumentum ex re* contre l'*argumentum ex verbo* : ils ne sont, en réalité, nullement inconciliables) qu'à référer connaissance et expérience à un unique sujet. Lequel n'est autre que leur coïncidence en un point archimédique abstrait : l'*ego cogito* cartésien, la conscience.

En faisant ainsi interférer expérience et science en un sujet unique (qui étant universel et impassible, tout en étant un *ego*, réunit les propriétés de l'intellect séparé et du sujet de l'expérience), la science moderne libère

---

[*] Montaigne, *Essais*, Paris, Gallimard, La Pléiade, 1961, I, 20.

derechef du *páthei máthos* et allie de nouveau le savoir
humain au savoir divin : libération et alliance qui carac-
térisaient l'expérience des mystères et qui avaient trouvé
dans l'astrologie, dans l'alchimie, dans la spéculation
néo-platonicienne leur expression préscientifique. Car
ce n'est pas dans la philosophie antique, mais dans la
sphère des mystères religieux de l'Antiquité tardive que
la limite entre humain et divin, entre le *páthei máthos* et
la science pure (limite qui, selon Montaigne, ne peut être
qu'approchée, jamais atteinte) avait pour la première
fois trouvé son dépassement en l'idée d'un *páthema*
indicible, donnant à l'initié l'expérience de sa propre
mort (« il a connaissance de la fin de la vie », dit
Pindare) et lui permettant ainsi d'« envisager plus se-
reinement la mort et le temps passé ».

La conception aristotélicienne des sphères célestes
homocentriques — pures et divines « intelligences », à
l'abri du changement et de la corruption, séparées du
monde terrestre sublunaire où tout change et se cor-
rompt — ne retrouve son sens originel que replacée dans
une culture qui conçoit expérience et connaissance
comme deux sphères autonomes. La mise en relation des
« cieux » de l'intelligence pure et de la « terre » de
l'expérience individuelle, telle est la grande découverte
qui fait de l'astrologie non plus une adversaire, mais une
condition nécessaire de la science moderne. Si la science
a pu unifier en un nouvel *ego* science et expérience, qui
jusqu'alors relevaient de deux sujets distincts, c'est seulement parce que l'astrologie (comme solidairement l'alchimie, dans le grand œuvre) avait lié ciel et terre, divin
et humain, en un sujet unique. Et s'il a été possible de
fonder sur un sujet unique la « science expérimentale »,
c'est seulement parce que la mystique néo-platonicienne
et hermétique avait comblé l'écart creusé par Aristote
entre *noûs* et *psyché* — de même qu'elle avait gommé la
différence marquée par Platon entre l'un et le multiple
—, grâce au système des émanations : suivant une hiérar-
chie ininterrompue, les intelligences, les anges, les dé-

mons et les âmes (qu'on songe aux anges-intelligences d'Avicenne et de Dante) communiquaient le long d'une « grande chaîne », qui partie de l'Un ramenait à l'Un. Que dans la spéculation de l'Antiquité tardive et du Moyen Age cette union ineffable entre intelligible et sensible, entre corporel et incorporel, entre divin et humain ait eu pour médiateur universel un *pneuma*, un « esprit », voilà qui n'est certes pas sans importance : car cet « esprit subtil » (le *spiritus phantasticus* de la mystique médiévale) devait offrir bien plus que son nom au nouveau sujet de la science, qui chez Descartes se présente précisément comme *esprit*. Toute l'histoire de la philosophie moderne est enclose, tel un chapitre de ce que Spitzer appelait « sémantique historique », dans la contiguïté sémantique des termes *pneuma-spiritus-esprit-Geist* ; et c'est précisément parce que le sujet moderne de l'expérience et de la connaissance s'enracine dans une mystique, comme le concept même d'expérience, que toute explicitation du rapport entre expérience et connaissance dans la culture moderne est condamnée à affronter des difficultés presque insurmontables.

L'AUTO-INTERPRÉTATION DU DISCOURS

Innombrables sont les textes où Descartes éclaire le Discours *ou en reçoit l'éclat. Il en est question dès 1635 et jusqu'en 1647.*

Nous donnons les lettres à Mersenne de mars 1636, février 1637, à *** de fin mai 1637, au P. Vatier du 22 février 1638, la Préface *de l'Auteur au Lecteur des* Méditations *(1641), et le passage de la* Lettre-Préface *des* Principes *(1647) relatif au* Discours.

DESCARTES

[Leyde, mars 1636.]

Mon Révérend Père,

Il y a environ cinq semaines que j'ai reçu vos dernières du dix-huit janvier, et je n'avais reçu les précédentes que quatre ou cinq jours auparavant. Ce qui m'a fait différer de vous faire réponse, a été que j'espérais de vous mander bientôt que j'étais occupé à faire imprimer. Car je suis venu à ce dessein en cette ville ; mais les Elzevier qui témoignaient auparavant avoir fort envie d'être mes libraires, s'imaginant, je crois, que je ne leur échapperais pas lorsqu'ils m'ont vu ici, ont eu envie de se faire prier, ce qui est cause que j'ai résolu de me passer d'eux ; et quoique je puisse trouver ici d'autres libraires, toutefois je ne résoudrai rien avec aucun, que je n'aie reçu de vos nouvelles, pourvu que je ne tarde point trop à en recevoir. Et si vous jugez que mes écrits puissent être imprimés à Paris plus commodément qu'ici, et qu'il vous plût d'en prendre le soin, comme vous m'avez obligé autrefois de m'offrir, je vous les pourrais envoyer incontinent après la vôtre reçue. Seulement y a-t-il en cela de la difficulté, que ma copie n'est mieux écrite que cette lettre, que l'orthographe ni les virgules n'y sont pas mieux observées, et que les figures n'y sont tracées que de ma main, c'est-à-dire très mal ; en sorte que si vous n'en tirez l'intelligence du texte pour les interpréter après au graveur, il lui serait impossible de les comprendre. Outre cela, je serais bien aise que le tout fût imprimé en fort beau caractère, et de fort beau papier, et que le libraire me donnât du moins deux cents exemplaires, à cause que j'ai envie d'en distribuer à quantité de personnes. Et afin que vous sachiez ce que j'ai envie de faire imprimer, il y aura quatre traités tous français, et le titre en général sera : *Le projet d'une Science universelle qui puisse élever notre nature à son plus haut degré de perfection. Plus* la Dioptrique, les Météores, *et* la Géométrie ; *où les plus curieuses Matières que l'auteur ait pu choisir pour rendre preuve de la Science universelle qu'il propose, sont expliquées en telle sorte, que ceux mêmes qui n'ont point étudié les peuvent entendre.* En ce *projet* je découvre une partie de ma Méthode, je tâche à démontrer l'existence de Dieu et de l'âme séparée du corps, et j'y ajoute plusieurs autres choses qui ne seront pas, je crois, désagréables au lecteur. En *la Dioptrique*, outre la matière des réfractions et l'invention des lunettes, j'y parle aussi fort particulièrement de l'œil, de la lumière, de la vision, et de tout ce qui appartient à la catoptrique et à l'optique. Aux *Météores*, je m'arrête principalement sur la nature du sel, les causes des vents et du tonnerre, les figures de la neige, les couleurs de l'arc-en-ciel, où je tâche aussi à démontrer généralement quelle est la nature de chaque couleur, et les couronnes, ou *Halones*, et les soleils, ou *Parhelia*, semblables à ceux qui parurent à Rome il y a six ou sept ans. Enfin, en *la Géométrie*, je tâche à donner une façon générale pour soudre tous les problèmes qui ne l'ont encore jamais été. Et tout ceci ne fera pas, je crois, un volume plus grand que de cinquante ou soixante feuilles. Au reste, je n'y veux point mettre mon nom, suivant mon ancienne résolution, et je vous prie de n'en rien dire à personne, si ce n'est que vous jugiez à propos d'en parler à quelque libraire, afin de savoir s'il aura envie de me servir, sans toutefois achever, s'il vous plaît, de conclure avec lui, qu'après ma réponse ; et sur ce que vous me ferez la faveur de me mander, je me résoudrai. Je serai bien aise aussi d'employer tout autre, plutôt que ceux qui ont correspondance avec Elzevier, qui sans doute les en aura avertis, car il sait que je vous en écris.

Mais j'ai employé à ceci tout mon papier, il ne m'en reste plus que pour vous dire, que pour examiner les choses que Galilée dit *de Motu*, il faudrait plus de temps que je n'y en puis mettre à présent.

Je juge l'expérience des sons qui ne vont pas plus vite selon le vent que contre le vent, être véritable, au moins *ad sensum* ; car le mouvement du son est tout autre que celui du vent. Je vous remercie aussi de celle de la balle tirée vers le zénith, qui ne retombe point, ce qui est fort admirable. Je ne suppose point la matière subtile, dont je vous ai parlé plusieurs fois, d'autre matière que les corps terrestres ; mais comme l'air est plus liquide que l'eau, ainsi je la suppose encore beaucoup plus liquide, ou fluide, et pénétrante que l'air. Pour la réflexion de l'arc, elle vient de ce que la figure de ses pores étant corrompue, la matière subtile qui passe au travers, tend à les rétablir, sans qu'il importe de quel côté elle y entre. Je suis, etc.

Descartes

Au P. Mersenne

27 février 1637 (?).

Je trouve que vous avez bien mauvaise opinion de moi, et que vous me jugez bien peu ferme et peu résolu en mes actions, de penser que je doive délibérer sur ce que vous me mandez de changer mon dessein, et de joindre mon premier *Discours* à ma Physique, comme si je la devais donner au libraire dès aujourd'hui à lettre vue. Et je n'ai su m'empêcher de rire, en lisant l'endroit où vous dites que j'oblige le monde à me tuer, afin qu'on puisse voir plus tôt mes écrits ; à quoi je n'ai autre chose à répondre, sinon qu'ils sont déjà en lieu et en état que ceux qui m'auraient tué ne les pourraient jamais avoir, et que, si je ne meurs fort à loisir et fort satisfait des hommes qui vivent, ils ne se verront assurément de plus de cent ans après ma mort.

Je vous ai beaucoup d'obligation des objections que vous m'écrivez, et je vous supplie de continuer à me mander toutes celles que vous ouïrez, et ce en la façon la plus désavantageuse pour moi qu'il se pourra ; ce sera le plus grand plaisir que vous me puissiez faire, car je n'ai point coutume de me plaindre pendant qu'on panse mes blessures, et ceux qui me feront la faveur de m'instruire et qui m'enseigneront quelque chose, me trouveront toujours fort docile.

Mais je n'ai su bien entendre ce que vous objectez touchant le titre ; car je ne mets pas *Traité de la Méthode*, mais *Discours de la Méthode*, ce qui est le même que *Préface* ou *Avis touchant la Méthode*, pour montrer que je n'ai pas dessein de l'enseigner, mais seulement d'en parler. Car, comme on peut voir de ce que j'en dis, elle consiste plus en pratique qu'en théorie ; et je nomme les Traités suivants des *Essais* de cette Méthode, parce que je prétends que les choses qu'ils contiennent n'ont pu être trouvées sans elle, et qu'on peut connaître par eux ce qu'elle vaut : comme aussi j'ai inséré quelque chose de Métaphysique, de Physique et de Médecine dans le premier *Discours*, pour montrer qu'elle s'étend à toutes sortes de matières.

Pour votre seconde objection, à savoir que je n'ai pas expliqué assez au long, d'où je connais que l'âme est une substance distincte du corps, et dont la nature n'est que de penser, qui est la seule chose qui rend obscure la démonstration touchant l'existence de Dieu, j'avoue que ce que vous en écrivez est très vrai, et aussi que cela rend ma démonstration touchant l'existence de Dieu malaisée à entendre. Mais je ne pouvais mieux traiter cette matière, qu'en expliquant amplement la fausseté ou l'incertitude qui se trouve en tous les jugements qui dépendent du sens ou de l'imagination, afin de montrer ensuite quels sont ceux qui ne dépendent que de l'entendement pur, et combien ils sont évidents et certains. Ce que j'ai omis à dessein et par considération, et principalement à cause que j'ai écrit en langue vulgaire, de

peur que les esprits faibles, venant à embrasser d'abord
avidement les doutes et scrupules qu'il m'eût fallu proposer, ne pussent après comprendre en même façon les
raisons par lesquelles j'eusse tâché de les ôter, et ainsi
que je les eusse engagés dans un mauvais pas, sans
peut-être les en tirer. Mais il y a environ huit ans que j'ai
écrit en latin un commencement de Métaphysique, où
cela est déduit assez au long ; et si l'on fait une version
latine de ce livre, comme on s'y prépare, je l'y pourrai
faire mettre. Cependant je me persuade que ceux qui
prendront bien garde à mes raisons touchant l'existence
de Dieu, les trouveront d'autant plus démonstratives,
qu'ils mettront plus de peine à en chercher les défauts, et
je les prétends plus claires en elles-mêmes qu'aucune des
démonstrations des géomètres ; en sorte qu'elles ne me
semblent obscures qu'au regard de ceux qui ne savent
pas *abducere mentem a sensibus* suivant ce que j'ai écrit
en la page 38.

Je vous ai une infinité d'obligations de la peine que
vous vous offrez de prendre pour l'impression de mes
écrits ; mais s'il y fallait quelque dépense, je n'aurais
garde de souffrir que d'autres que moi la fissent, et ne
manquerais pas de vous envoyer tout ce qu'il faudrait. Il
est vrai que je ne crois pas qu'il en fût grand besoin ; au
moins y a-t-il eu des libraires qui m'ont fait offrir un
présent, pour leur mettre ce que je ferais entre les mains,
et cela dès auparavant même que je sortisse de Paris, ni
que j'eusse commencé à rien écrire. De sorte que je juge
qu'il y en pourra encore avoir d'assez fous pour les
imprimer à leurs dépens, et qu'il se trouvera aussi des
lecteurs assez faciles pour en acheter les exemplaires, et
les relever de leur folie. Car, quoi que je fasse, je ne
m'en cacherai point comme d'un crime, mais seulement
pour éviter le bruit, et me retenir la même liberté que j'ai
eue jusques ici ; de sorte que je ne craindrai pas tant, si
quelques-uns savent mon nom ; mais maintenant je suis
bien aise qu'on n'en parle point du tout, afin que le
monde n'attende rien, et que ce que je ferai ne soit pas
moindre que ce qu'on aurait attendu.

Je me moque avec vous des imaginations de ce chimiste dont vous m'écrivez, et crois que semblables chimères ne méritent pas d'occuper un seul moment les pensées d'un honnête homme. Je suis, *etc*.

Descartes

A***

Fin mai 1637.

Monsieur,

J'avoue qu'il y a un grand défaut dans l'écrit que vous avez vu, ainsi que vous le remarquez, et que je n'y ai pas assez étendu les raisons par lesquelles je pense prouver qu'il n'y a rien au monde qui soit de soi plus évident et plus certain que l'existence de Dieu et de l'âme humaine, pour les rendre faciles à tout le monde. Mais je n'ai osé tâcher de le faire, d'autant qu'il m'eût fallu expliquer bien au long les plus fortes raisons des sceptiques, pour faire voir qu'il n'y a aucune chose matérielle de l'existence de laquelle on soit assuré, et par même moyen accoutumer le lecteur à détacher sa pensée des choses sensibles ; puis montrer que celui qui doute ainsi de tout ce qui est matériel, ne peut aucunement pour cela douter de sa propre existence ; d'où il suit que celui-là, c'est-à-dire l'âme, est un être, ou une substance qui n'est point du tout corporelle, et que sa nature n'est que de penser, et aussi qu'elle est la première chose qu'on puisse connaître certainement. Même, en s'arrêtant assez longtemps sur cette méditation, on acquiert peu à peu une connaissance très claire, et si j'ose ainsi parler intuitive, de la nature intellectuelle en général l'idée de laquelle, étant considérée sans limitation, est celle qui nous représente Dieu, et limitée, est celle d'un Ange ou d'une âme humaine. Or il n'est pas possible de bien entendre ce que j'ai dit après de l'existence de Dieu, si ce n'est qu'on commence par là, ainsi que j'ai assez donné à entendre en la page 38. Mais j'ai eu peur que cette entrée, qui eût

semblé d'abord vouloir introduire l'opinion des sceptiques, ne troublât les plus faibles esprits, principalement à cause que j'écrivais en langue vulgaire ; de façon
que je n'en ai même osé mettre le peu qui est en la
page 32, qu'après avoir usé de préface. Et pour vous,
Monsieur, et vos semblables, qui sont des plus intelligents, j'ai espéré que, s'ils prennent la peine, non pas
seulement de lire, mais aussi de méditer par ordre les
mêmes choses que j'ai dit avoir méditées, en s'arrêtant
assez longtemps sur chaque point, pour voir si j'ai failli
ou non, ils en tireront les mêmes conclusions que j'ai
fait. Je serai bien aise, au premier loisir que j'aurai, de
faire un effort pour tâcher d'éclaircir davantage cette
matière, et d'avoir eu en cela quelque occasion de vous
témoigner que je suis, *etc*.

Descartes

[22 février 1638.]

Mon Révérend Père,

   Je suis ravi de la faveur que vous m'avez faite, de voir
si soigneusement le livre de mes Essais, et de m'en
mander vos sentiments avec tant de témoignages de
bienveillance. Je l'eusse accompagné d'une lettre en
vous l'envoyant, et eusse pris cette occasion de vous
assurer de mon très humble service, n'eût été que j'espérais le faire passer par le monde sans que le nom de son
auteur fût connu ; mais puisque ce dessein n'a pu réussir,
je dois croire que c'est plutôt l'affection que vous avez
eue pour le père, que le mérite de l'enfant, qui est cause
du favorable accueil qu'il a reçu chez vous, et je suis très
particulièrement obligé de vous en remercier. Je ne sais
si c'est que je me flatte de plusieurs choses extrêmement
à mon avantage, qui sont dans les deux lettres que j'ai
reçues de votre part, mais je vous dirai franchement, que
de tous ceux qui m'ont obligé de m'apprendre le jugement qu'ils faisaient de mes écrits, il n'y en a aucun, ce

me semble, qui m'ait rendu si bonne justice que vous, je veux dire si favorable, sans corruption, et avec plus de connaissance de cause. En quoi j'admire que vos deux lettres aient pu s'entresuivre de si près ; car je les ai presque reçues en même temps ; et voyant la première je me persuadais ne devoir attendre la seconde, qu'après vos vacances de la S. Luc.

Mais afin que j'y réponde ponctuellement, je vous dirai premièrement, que mon dessein n'a point été d'enseigner toute ma Méthode dans le discours où je la propose, mais seulement d'en dire assez pour faire juger que les nouvelles opinions, qui se verraient dans *la Dioptrique* et dans *les Météores*, n'étaient point conçues à la légère, et qu'elles valaient peut-être la peine d'être examinées. Je n'ai pu aussi montrer l'usage de cette méthode dans les trois traités que j'ai donnés, à cause qu'elle prescrit un ordre pour chercher les choses qui est assez différent de celui dont j'ai cru devoir user pour les expliquer. J'en ai toutefois montré quelque échantillon en décrivant l'arc-en-ciel, et si vous prenez la peine de le relire, j'espère qu'il vous contentera plus, qu'il n'aura pu faire la première fois ; car la matière est de soi assez difficile. Or ce qui m'a fait joindre ces trois traités au discours qui les précède, est que je me suis persuadé qu'ils pourraient suffire, pour faire que ceux qui les auront soigneusement examinés, et conférés avec ce qui a été ci-devant écrit des mêmes matières, jugent que je me sers de quelque autre Méthode que le commun, et qu'elle n'est peut-être pas des plus mauvaises.

Il est vrai que j'ai été trop obscur en ce que j'ai écrit de l'existence de Dieu dans ce traité de la Méthode, et bien que ce soit la pièce la plus importante, j'avoue que c'est la moins élaborée de tout l'ouvrage ; ce qui vient en partie de ce que je ne me suis résolu de l'y joindre que sur la fin, et lorsque le libraire me pressait. Mais la principale cause de son obscurité vient de ce que je n'ai osé m'étendre sur les raisons des sceptiques, ni dire toutes les choses qui sont nécessaires *ad abducendam mentem a sensibus* : car il n'est pas possible de bien connaître la certitude et l'évidence des raisons qui prouvent l'existence de Dieu selon ma façon qu'en se souvenant distinctement de celles qui nous font remarquer de l'incertitude en toutes les connaissances que nous avons des choses matérielles ; et ces pensées ne m'ont pas semblé être propres à mettre dans un livre, où j'ai voulu que les femmes mêmes pussent entendre quelque chose, et cependant que les plus subtils trouvassent aussi assez de matière pour occuper leur attention. J'avoue aussi que cette obscurité vient en partie, comme vous avez fort bien remarqué, de ce que j'ai supposé que certaines notions, que l'habitude de penser m'a rendu familières et évidentes, le devaient être aussi à un chacun ; comme par exemple, que nos idées ne pouvant recevoir leurs formes ni leur être que de quelques objets extérieurs, ou de nous-mêmes, ne peuvent représenter aucune réalité ou perfection, qui ne soit en ces objets, ou bien en nous, et semblables ; sur quoi je me suis proposé de donner quelque éclaircissement dans une seconde impression.

J'ai bien pensé que ce que j'ai dit avoir mis en mon *Traité de la Lumière*, touchant la création de l'Univers, serait incroyable ; car il n'y a que dix ans, que je n'eusse pas moi-même voulu croire que l'esprit humain eût pu atteindre jusqu'à de telles connaissances, si quelque autre l'eût écrit. Mais ma conscience, et la force de la vérité m'a empêché de craindre d'avancer une chose, que j'ai cru ne pouvoir omettre sans trahir mon propre parti, et de laquelle j'ai déjà ici assez de témoins. Outre que si la partie de ma *Physique* qui est achevée et mise au net il y a déjà quelque temps, voit jamais le jour, j'espère que nos neveux n'en pourront douter.

Je vous ai obligation du soin que vous avez pris d'examiner mon opinion touchant le mouvement du cœur ; si votre médecin a quelques objections à y faire, je serai très aise de les recevoir, et ne manquerai pas d'y répondre. Il n'y a que huit jours que j'en ai reçu sept ou

huit sur la même matière d'un professeur en médecine
de Louvain, qui est de mes amis, auquel j'ai renvoyé
deux feuilles de réponse, et je souhaiterais que j'en
puisse recevoir de même façon, touchant toutes les
difficultés qui se rencontrent en ce que j'ai tâché d'expliquer ; je ne manquerais pas d'y répondre soigneusement,
et je m'assure que ce serait sans désobliger aucun de
ceux qui me les auraient proposées. C'est une chose que
plusieurs ensemble pourraient plus commodément faire
qu'un seul, et il n'y en a point qui le pussent mieux, que
ceux de votre Compagnie. Je tiendrais à très grand
honneur et faveur, qu'ils voulussent en prendre la peine ;
ce serait sans doute le plus court moyen pour découvrir
toutes les erreurs, ou les vérités de mes écrits.

Pour ce qui est de la lumière, si vous prenez garde à la
troisième page de *la Dioptrique*, vous verrez que j'ai mis
là expressément que je n'en parlerai que par hypothèse ;
et en effet, à cause que le traité qui contient tout le corps
de ma physique porte le nom *De la Lumière*, et qu'elle
est la chose que j'y explique le plus amplement et le plus
curieusement de toutes, je n'ai point voulu mettre ailleurs les mêmes choses que là, mais seulement en représenter quelque idée par des comparaisons et des
ombrages, autant qu'il m'a semblé nécessaire pour le
sujet de *la Dioptrique*.

Je vous suis obligé de ce que vous témoignez être bien
aise, que je ne me sois pas laissé devancer par d'autres en
la publication de mes pensées ; mais c'est de quoi je n'ai
jamais eu aucune peur, car outre qu'il m'importe fort
peu, si je suis le premier ou le dernier à écrire les choses
que j'écris, pourvu seulement qu'elles soient vraies,
toutes mes opinions sont si jointes ensemble, et
dépendent si fort les unes des autres, qu'on ne s'en
saurait approprier aucune sans les savoir toutes. Je vous
prie de ne point différer de m'apprendre les difficultés
que vous trouvez en ce que j'ai écrit de la réfraction, ou
d'autre chose ; car d'attendre que mes sentiments plus
particuliers touchant la lumière soient publiés, ce serait

peut-être attendre longtemps. Quant à ce que j'ai supposé au commencement des *Météores*, je ne le saurais
démontrer *a priori*, sinon en donnant toute ma physique ; mais les expériences que j'en ai déduites nécessairement, et qui ne peuvent être déduites en même
façon d'aucuns autres principes, me semblent le démontrer assez *a posteriori*. J'avais bien prévu que cette façon
d'écrire choquerait d'abord les lecteurs, et je crois que
j'eusse pu aisément y remédier, en ôtant seulement le
nom de suppositions aux premières choses dont je parle,
et ne les déclarant qu'à mesure que je donnerais quelques raisons pour les prouver ; mais je vous dirai franchement que j'ai choisi cette façon de proposer mes
pensées, tant parce que croyant les pouvoir déduire par
ordre des premiers principes de ma Métaphysique, j'ai
voulu négliger toutes autres sortes de preuves ; que
parce que j'ai désiré essayer si la seule exposition de la
vérité serait suffisante pour la persuader, sans y mêler
aucunes disputes ni réfutations des opinions contraires. En quoi ceux de mes amis qui ont lu le plus soigneusement mes traités de *Dioptrique* et des *Météores*,
m'assurent que j'ai réussi : car bien que d'abord ils n'y
trouvassent pas moins de difficulté que les autres, toutefois après les avoir lus et relus trois ou quatre fois, ils
disent n'y trouver plus aucune chose qui leur semble
pouvoir être révoquée en doute. Comme en effet il n'est
pas toujours nécessaire d'avoir des raisons *a priori* pour
persuader une vérité ; et Thalès, ou qui que ce soit, qui a
dit le premier que la lune reçoit sa lumière du soleil, n'en
a donné sans doute aucune autre preuve, sinon qu'en
supposant cela, on explique fort aisément toutes les
diverses faces de la lumière : ce qui a été suffisant pour
faire que, depuis, cette opinion ait passé par le monde
sans contredit. Et la liaison de mes pensées est telle, que
j'ose espérer qu'on trouvera mes principes aussi bien
prouvés par les conséquences que j'en tire, lorsqu'on les
aura assez remarquées pour se les rendre familières, et
les considérer toutes ensemble, que l'emprunt que

la lune fait de sa lumière est prouvé par ses croissances et décroissances.

Je n'ai plus à vous répondre que touchant la publication de ma Physique et Métaphysique, sur quoi je vous puis dire en un mot, que je la désire autant ou plus que personne, mais néanmoins avec les conditions sans lesquelles je serais imprudent de la désirer. Et je vous dirai aussi que je ne crains nullement au fond qu'il s'y trouve rien contre la foi ; car au contraire j'ose me vanter que jamais elle n'a été si fort appuyée par les raisons humaines, qu'elle peut être si l'on suit mes principes ; et particulièrement la transsubstantiation, que les calvinistes reprennent comme impossible à expliquer par la philosophie ordinaire, est très facile par la mienne. Mais je ne vois aucune apparence que les conditions qui peuvent m'y obliger s'accomplissent, au moins de longtemps ; et me contentant de faire de mon côté tout ce que je crois être de mon devoir, je me remets du reste à la Providence qui régit le monde ; car sachant que c'est elle qui m'a donné les petits commencements dont vous avez vu des essais, j'espère qu'elle me fera la grâce d'achever, s'il est utile pour sa gloire, et s'il ne l'est pas, je me veux abstenir de le désirer. Au reste je vous assure que le plus doux fruit que j'aie recueilli jusqu'à présent de ce que j'ai fait imprimer, est l'approbation que vous m'obligez de me donner par votre lettre ; car elle m'est particulièrement chère et agréable, parce qu'elle vient d'une personne de votre mérite et de votre robe, et du lieu même où j'ai eu le bonheur de recevoir toutes les instructions de ma jeunesse, et qui est le séjour de mes maîtres, envers lesquels je ne manquerai jamais de reconnaissance. Et je suis, *etc*.

Descartes

PRÉFACE DE L'AUTEUR AU LECTEUR[*]

(*Traduction*)[**]

[Traduit de AT, VII, 7-10.] J'ai déjà touché ces deux questions de Dieu et de l'âme humaine dans le Discours français que je mis en lumière, en l'année 1637, touchant la méthode pour bien conduire sa raison et chercher la vérité dans les sciences ; non pas à dessein d'en traiter alors à fond, mais seulement comme en passant, afin d'apprendre par le jugement qu'on en ferait de quelle sorte j'en devrais traiter par après. Car elles m'ont toujours semblé être d'une telle importance, que je jugeais qu'il était à propos d'en parler plus d'une fois ; et le chemin que je tiens pour les expliquer est si peu battu, et si éloigné de la route ordinaire, que je n'ai pas cru qu'il fût utile de le montrer en français, et dans un discours qui pût être lu de tout le monde, de peur que les faibles esprits ne crussent qu'il leur fût permis de tenter cette voie.

Or, ayant prié dans ce *Discours de la Méthode* tous ceux qui auraient trouvé dans mes écrits quelque chose digne de censure de me faire la faveur de m'en avertir, on ne m'a rien objecté de remarquable que deux choses sur ce que j'avais dit touchant ces deux questions, auxquelles je veux répondre ici en peu de mots, avant que d'entreprendre leur explication plus exacte.

La première est qu'il ne s'ensuit pas, de ce que l'esprit humain, faisant réflexion sur soi-même, ne se connaît être autre chose qu'une chose qui pense, que sa nature

---

* Cette préface des éditions latines est remplacée dans l'édition française de 1647 par l'avis du libraire au lecteur.
** La traduction publiée en 1661 par Clerselier a été légèrement modifiée par nous.

ou son *essence* ne soit seulement que de penser ; en telle sorte que ce mot *seulement* exclue toutes les autres choses qu'on pourrait peut-être aussi dire appartenir à la nature de l'âme.

A laquelle objection je réponds que ce n'a point aussi été en ce lieu-là mon intention de les exclure selon l'ordre de la vérité de la chose (de laquelle je ne traitais pas alors), mais seulement selon l'ordre de ma pensée ; si bien que mon sens était que je ne connaissais rien que je susse appartenir à mon essence sinon que j'étais une chose qui pense, ou une chose qui a en soi la faculté de penser. Or, je ferai voir ci-après comment, de ce que je ne connais rien autre chose qui appartienne à mon esprit, il s'ensuit qu'il n'y a aussi rien autre chose qui, en effet, lui appartienne.

La seconde est qu'il ne s'ensuit pas, de ce que j'ai en moi l'idée d'une chose plus parfaite que je ne suis, que cette idée soit plus parfaite que moi, et beaucoup moins que ce qui est représenté par cette idée existe.

Mais je réponds que dans ce mot d'*idée* il y a ici de l'équivoque : car, ou il peut être pris matériellement pour une opération de mon entendement, et en ce sens on ne peut pas dire qu'elle soit plus parfaite que moi ; ou il peut être pris objectivement pour la chose qui est représentée par cette opération, chose qui quoiqu'on ne suppose point qu'elle existe hors de mon entendement, peut néanmoins être plus parfaite que moi, à raison de son essence. Or, dans la suite de ce traité, je ferai voir amplement comment, de cela seulement que j'ai en moi l'idée d'une chose plus parfaite que moi, il s'ensuit que cette chose existe véritablement.

De plus, j'ai vu aussi deux autres écrits assez amples sur cette matière, mais qui ne combattaient pas tant mes raisons que mes conclusions, et ce par des arguments tirés des lieux communs des athées. Mais, parce que ces sortes d'arguments ne peuvent faire aucune impression dans l'esprit de ceux qui entendront bien mes raisons, et que les jugements de plusieurs sont si faibles et si peu

raisonnables* qu'ils se laissent bien plus souvent persuader par les premières opinions qu'ils auront eues d'une
chose, pour fausses et éloignées de la raison qu'elles
puissent être, que par une solide et véritable mais posté-
rieurement entendue réfutation de leurs opinions, je ne
veux point ici y répondre, de peur d'être premièrement
obligé de les rapporter.

Je dirai seulement en général que tout ce que disent
les athées, pour combattre l'existence de Dieu, dépend
toujours ou de ce que l'on feint dans Dieu des affections
humaines, ou de ce qu'on attribue à nos esprits tant de
force et de sagesse que nous avons bien la présomption
de vouloir déterminer et comprendre ce que Dieu peut
et doit faire ; de sorte que tout ce qu'ils disent ne nous
donnera aucune difficulté, pourvu seulement que nous
nous ressouvenions que nous devons considérer nos
esprits comme des choses finies et limitées, et Dieu
comme un être infini et incompréhensible.

Maintenant, après une première expérience du jugement des hommes, j'entreprends derechef de traiter de
Dieu et de l'âme humaine, et ensemble de jeter les
fondements de la première philosophie, mais sans en
attendre aucune louange du vulgaire, ni espérer que
mon livre soit vu de plusieurs. Au contraire je ne
conseillerai jamais à personne de le lire sinon à ceux qui
pourront et voudront méditer sérieusement avec moi,
détacher leur esprit du commerce des sens et le délivrer
entièrement de toutes sortes de préjugés ; lesquels je ne
sais que trop être en fort petit nombre. Mais pour ceux
qui, sans se soucier beaucoup de l'ordre et de la liaison
de mes raisons, s'amuseront à syndiquer et épiloguer sur
chacune des parties, comme font plusieurs, ceux-là,
dis-je, ne feront pas grand profit de la lecture de ce
traité ; et bien que peut-être ils trouvent occasion de
pointiller en plusieurs lieux, à grand-peine pourront-ils
objecter rien de pressant ou qui soit digne de réponse.

Et d'autant que je ne promets pas aux autres de les

* Le latin dit : *praepostera*, qui font tout à rebours.

satisfaire en tout de prime abord, et que je ne présume
pas tant de moi que de croire pouvoir prévoir tout ce qui
pourra faire de la difficulté à un chacun, j'exposerai
premièrement dans ces Méditations les mêmes pensées
par lesquelles je me persuade être parvenu à une certaine et évidente connaissance de la vérité, afin de voir
si, par les mêmes raisons qui m'ont persuadé, je pourrai
aussi en persuader d'autres, et, après cela, je répondrai
aux objections qui m'ont été faites par des personnes
d'esprit et de doctrine, à qui j'avais envoyé mes Méditations pour être examinées avant que de les mettre sous la
presse ; car ils m'en ont fait un si grand nombre et de si
différentes, que j'ose bien me promettre qu'il sera difficile à un autre d'en proposer aucunes, qui soient de
conséquence, qui n'aient point été touchées.

C'est pourquoi je supplie ceux qui désireront lire ces
Méditations de n'en former aucun jugement que premièrement ils ne se soient donné la peine de lire toutes
ces objections et leurs solutions.

LETTRE-PRÉFACE DES *PRINCIPES*

Or, comme ce n'est pas des racines ni du tronc des
arbres qu'on cueille des fruits, mais seulement des extrémités de leurs branches, ainsi la principale utilité de la
philosophie dépend de celles de ses parties qu'on ne peut
apprendre que les dernières. Mais, bien que je les ignore
presque toutes, le zèle que j'ai toujours eu pour tâcher
de rendre service au public est cause que je fis imprimer,
il y a dix ou douze ans, quelques essais des choses qu'il
me semblait avoir apprises. La première partie de ces
essais fut un discours touchant la Méthode pour bien
conduire sa raison et chercher la vérité dans les sciences,
où je mis sommairement les principales règles de la
logique et d'une morale imparfaite, qu'on peut suivre
par provision pendant qu'on n'en sait point encore de
meilleure. Les autres parties furent trois traités : l'un de

la Dioptrique, l'autre des *Météores*, et le dernier de *la Géométrie*. Par *la Dioptrique*, j'eus dessein de faire voir qu'on pouvait aller assez avant en la philosophie pour arriver par son moyen jusques à la connaissance des arts qui sont utiles à la vie, à cause que l'invention des lunettes d'approche, que j'y expliquais, est l'une des plus difficiles qui aient jamais été cherchées. Par les Météores, je désirais qu'on reconnût la différence qui est entre la philosophie que je cultive et celle qu'on enseigne dans les écoles où l'on a coutume de traiter de la même matière. Enfin, par *la Géométrie*, je prétendais démontrer que j'avais trouvé plusieurs choses qui ont été ci-devant ignorées, et ainsi donner occasion de croire qu'on en peut découvrir encore plusieurs autres, afin d'inciter par ce moyen tous les hommes à la recherche de la vérité. Depuis ce temps-là, prévoyant la difficulté que plusieurs auraient à concevoir les fondements de la métaphysique, j'ai tâché d'en expliquer les principaux points dans un livre de Méditations qui n'est pas bien grand, mais dont le volume a été grossi et la matière beaucoup éclaircie par les objections que plusieurs personnes très doctes m'ont envoyées à leur sujet, et par les réponses que je leur ai faites. Puis enfin, lorsqu'il m'a semblé que ces traités précédents avaient assez préparé l'esprit des lecteurs à recevoir les *Principes de la Philosophie*, je les ai aussi publiés ; et j'en ai divisé le livre en quatre parties, dont la première contient les principes de la connaissance, qui est ce qu'on peut nommer la première philosophie ou bien la métaphysique : c'est pourquoi, afin de la bien entendre, il est à propos de lire auparavant les Méditations que j'ai écrites sur le même sujet.

DESCARTES

CHRONOLOGIE DE LA VIE DE DESCARTES

Nous donnons des détails jusqu'à la publication du *Discours*, un sommaire ensuite.

1596-1606	Naissance de René Descartes le 31 mars à La Haye, en Touraine. Son père, Joachim, est conseiller au Parlement de Rennes. Sa mère, Jeanne Brochard, est de santé fragile — une fragilité que Descartes, plus tard, fera sienne, au point de croire être condamné à mourir jeune (lettre à Elisabeth de mai ou juin 1645). Jusqu'à l'âge de 10 ans, il vit en Touraine, élevé par une nourrice d'abord, puis par sa grand-mère maternelle. Il éprouve de l'amour pour une fille aux yeux qui louchent (lettre à Chanut, 6 juin 1647).
1606-1615	Admis au collège royal de La Flèche, dirigé par des jésuites. La faveur de son parent, le P. Charlet, lui fait obtenir un régime particulier.
1615-1616	Il quitte le collège. En 1616, il passe, à Poitiers, son baccalauréat, et sa licence en droit. Promu à la noblesse de robe, il choisit la carrière militaire, contre l'avis de son père.
1618	Il part en Hollande et s'engage dans

l'armée de Maurice de Nassau. Le 10 novembre, à Breda, il rencontre Isaac Beeckman, docteur en médecine, de huit ans son aîné. Il se présente à lui comme Seigneur du Perron, gentilhomme du Poitou.

Beeckman le pousse à résoudre des problèmes *particuliers* de mathématiques, de physique, de logique.

Descartes offre à son ami son premier écrit, un *Abrégé de musique*, daté du 31 décembre 1618.

1619   Descartes lui dévoile bientôt le projet originel d'« une science entièrement nouvelle, permettant de résoudre en général toutes les questions que l'on peut proposer en n'importe quel genre de quantité, tant continue que discontinue, mais chacune selon sa nature » (lettre à Beeckman du 26 mars 1619). Première apparition de la *Méthode*, et gratitude envers Beeckman : « si donc, par hasard, il sort de moi quelque chose qui ne soit pas à mépriser, vous pourrez à bon droit le réclamer entièrement pour vous » (lettre du 23 avril 1619).

automne 1619   Après avoir assisté, à Francfort, au couronnement de Ferdinand II (cf. début IIe partie du *Discours*), Descartes, qui cherche à rejoindre l'armée du duc de Bavière, s'arrête près d'Ulm et séjourne dans une pièce chauffée (un « poêle »), où il travaille, et découvre, dans l'enthousiasme, les « fondements d'une science admirable » (*Olympiques*, Al. I, 52), le 10 novembre 1619.

Dans la nuit du même jour — donc un an après avoir rencontré Beeckman, Descartes fait trois rêves consécutifs qu'il interprète, dans son sommeil, puis au réveil, comme signalant, d'une part « sa syndénèse, c'est-à-dire les remords de sa conscience » (Baillet) touchant sa vie passée, et, d'autre part, « l'Esprit de Vérité qui descendait sur lui pour le posséder » et lui ouvrait « les trésors de toutes les sciences ». C'est signifier qu'il a choisi de changer de vie, et de se consacrer à approfondir l'*enchaînement* des sciences.

1620-1622   Il quitte l'armée, revient en Hollande. En 1622, il est en France pour régler ses affaires et vivre désormais de sa fortune.

Les écrits de cette époque sont perdus. Des copies prises par Leibniz et publiées en 1859 par Foucher de Careil sont également perdues. On ne possède, de ces textes, que des extraits donnés par le biographe de Descartes, Baillet, et ceux choisis par Foucher de Careil (cf. les *Cogitationes Privatae*; les *Préambules*; les *Observations*; les *Olympiques*).

automne 1623   Il visite l'Italie — qu'il évoque, plus
mai 1625   tard, le 5 mai 1631, dans une lettre à Balzac, depuis son paradis d'Amsterdam: « Je ne sais comment vous pouvez tant aimer l'air d'Italie, avec lequel on respire si souvent la peste, et où toujours la chaleur du jour est insupportable, la fraîcheur du soir malsaine, et où l'obscurité de la nuit couvre des larcins et des meurtres... »

Il écrit un *Exercice du bon sens* (perdu).

mai 1625-1628 Il est le plus souvent à Paris, où il fréquente le monde, et les savants (Mersenne, Morin, Mydorge, Ville- bressieu). Il est célèbre dès 1626 pour sa Méthode, parle d'écrire une « his- toire de (son) esprit » ; en automne 1627 a lieu, chez le nonce du pape, la discussion durant laquelle le cardinal de Bérulle, fondateur de l'Oratoire, qui mourra en octobre 1629, lui fit obligation de se consacrer à enseigner au public ce que Descartes appellera sa « belle Règle ou Méthode natu- relle » (à Villebressieu, été 1631, Al. I, 294).

Descartes avance, durant l'hiver 1627- 1628, en France, à la campagne, les *Règles pour la direction de l'esprit* (publiées en flamand en 1684, en latin en 1701). Il prend position dans la querelle à propos des *Lettres* de Balzac et précise ses vues sur l'art littéraire dans un texte important (cf. Dossier, p. 169).

Il travaille sur l'écriture algébrique, sur la réfraction, sur les ovales ; écrit un *Art de l'escrime*.

1629-1631 Après cette première élaboration de la Méthode (les *Regulae*), inachevée, Descartes se concentre sur la géomé- trie, la physique et ses fondements métaphysiques, sur la philosophie pra- tique et la médecine, le tout culminant dans un projet d'explication du *Monde* et de *l'Homme*.

Il séjourne à Franeker et continue à

rédiger un « traité de métaphysique »
— entre novembre 1628 et septembre
1629 — dont l'essentiel sera repris
dans les *Méditations métaphysiques*
(cf. lettre à Mersenne du 27 février
1637). Il s'occupe beaucoup d'optique,
et cherche, à l'occasion de l'observation, faite à Rome en 1629, des parhélies, ou faux soleils, à expliquer les
météores.

En août 1629, il s'est installé à Amsterdam (cf. *Discours*, fin de la IIIe partie).

La tentative d'expliquer les parhélies
l'amène à repenser tous les phénomènes ; dans une lettre à Mersenne du
17 novembre 1629, il annonce le *Traité
du Monde* : « au lieu d'expliquer un
phénomène seulement, je me suis
résolu d'expliquer tous les phénomènes de la nature, c'est-à-dire toute
la physique » (Al. I, 226).

Ce travail systématique a des enjeux
métaphysiques importants, dévelop-
pés dans la lettre à Mersenne du
15 avril 1630 et les lettres de mai
(thème de la création des vérités éternelles).

En 1631, Descartes approfondit sa
Dioptrique, résout le problème de
Pappus, proposé par Golius, et, en
novembre, rédige les *Météores*. Pendant l'hiver 1631-1632, il habite, à
Amsterdam, près des abattoirs, pour
opérer de nombreuses dissections,
avec le médecin Plempius.

1632-1633 Il continue à rédiger le *Traité du
Monde* (qui doit comprendre deux

parties : *Traité de la lumière* et *Traité de l'Homme*). Le *Traité* est presque achevé le 22 juillet 1633. Mais le Saint-Office condamne Galilée le 22 juin 1633. Descartes, apprenant la nouvelle, renonce à publier son *Traité* (lettre à Mersenne de fin novembre 1633) si cela doit conduire à le « faire paraître estropié » (Clerselier publiera *L'Homme* en 1664 et *Le Monde* en 1677).

**décembre 1633-
8 juin 1637**

D'où, des remaniements importants, car Descartes tient à faire connaître son texte. Dès novembre 1633, il demande à Mersenne « un an de délai, pour le revoir et le polir ».

Descartes termine sa *Dioptrique* et les *Météores* et envisage de les publier à part, comme des « essais » ou « échantillons » de sa Méthode. Le 18 juillet 1635, il est père d'une petite fille, Francine.

La *Dioptrique* est imprimée en novembre 1635. Dans une lettre à Huyghens du 1er novembre 1635, il annonce son « dessein d'ajouter les *Météores* à la *Dioptrique* » et d'y joindre une « Préface » (première mention du futur *Discours de la méthode*).

Pendant l'impression des *Météores*, Descartes compose la *Géométrie*.

Il passe le 2 décembre 1636 un contrat d'édition avec Jan Maire, à Leyde, et « polit » son livre en mars 1637.

L'ouvrage est achevé d'imprimer le 8 juin 1637, sans nom d'auteur.

Le *Discours* est paginé à part. Suivent :

	la *Dioptrique*, les *Météores* et la *Géométrie*.
octobre 1637-mars 1640	Le 5 octobre 1637, il envoie à Huyghens un petit traité de Mécanique ; rédige, en latin, les *Méditations métaphysiques* de novembre 1639 à mars 1640, et répond à des objections à propos des *Essais*.
août 1641	Parution à Paris, en latin, des *Méditations*, avec six séries d'objections et les réponses de Descartes.
mars 1642	Sa philosophie est condamnée à Utrecht. En mai, paraît à Amsterdam une 2ᵉ édition des *Méditations*.
1643	Il polémique contre Voëtius (*Lettre à Voet*), commence une correspondance avec la princesse Elisabeth. Ecrit une *Recherche de la vérité* (date incertaine).
1644	Parution à Amsterdam des *Principes de la philosophie* (en latin), de la traduction latine du *Discours* et des deux premiers *Essais* par E. de Courcelles.
1647	Parution à Paris de la traduction des *Méditations* par le duc de Luynes, et de celle des *Principes* par l'abbé Picot. Début de la correspondance avec Christine de Suède. Rencontre avec Pascal (discussion sur le problème du vide). Polémique contre Regius (*Remarques sur un placard*).
1648	*L'Entretien avec Burman* (retrouvé en 1895).
1649	Parution à Leyde de la traduction latine de la *Géométrie*. Le 1ᵉʳ septembre, Descartes s'embarque pour la Suède, invité par la

reine Christine. Fin novembre, parution à Paris des *Passions de l'âme*.
Pour l'anniversaire de la reine, Descartes écrit les vers d'un ballet, *La Naissance de la Paix*.

1650   Descartes meurt à Stockholm d'une pneumonie le 11 février.

Six de ses ouvrages furent inscrits à l'*Index* les 10 octobre et 20 novembre 1663 et les *Méditations métaphysiques* le 22 mai 1720.
De 1724 à 1824 (éd. V. Cousin), pas une seule édition du *Discours de la méthode*.

BIBLIOGRAPHIE DU DOSSIER

Première partie

1. DESCARTES: *Dédicace du placard de licence en droit*, traduction par J. R. Armogathe et Vincent Carraud, *Bulletin cartésien* XV, *Archives de Philosophie* 50, 1987, Cahier 1, *Beauchesne*, pp. 3 et 4.

2. F. ALQUIE: *Descartes — Œuvres philosophiques*, tome 1, Garnier, 1963, pp. 556-557.

3. CLAVIUS: Extraits des *Prolégomènes aux disciplines mathématiques* (*Œuvres mathématiques*, T. 1, pp. 5-7), traduits par Michelle Beyssade, publiés in *Le « Discours » et sa Méthode, Epiméthée*, P.U.F., 1987, pp. 207-211.

4. M. FUMAROLI: *Ego scriptor — Rhétorique et philosophie dans le « Discours de la Méthode »*, in *Problématique et Réception du « Discours de la Méthode » et des « Essais »*, Vrin, 1988, pp. 36-38 et 42-46.

5. P. COSTABEL: *Les Essais de la Méthode et la réforme mathématique*, in *Le « Discours » et sa Méthode*, P.U.F., 1987, pp. 214-216.

Deuxième partie

1. DESCARTES: Lettre à Elisabeth de septembre 1646, G.F. Flammarion, 1989, pp. 175-180.

2. D. GARBER: *Descartes et la méthode en 1637*, in *Le « Discours » et sa Méthode*, P.U.F., 1987, pp. 69-71.

3. JEAN HYPPOLITE: *Du sens de la* Géométrie *de Descartes dans son œuvre*, in *Cahiers de Royaumont, Philosophie* n° II, Ed. de Minuit, 1957, puis republié in *Figures de la*

pensée philosophique, P.U.F., 1971, tome 1, pp. 8 à 15, et 15 à 19.
4. M. HEIDEGGER : *Qu'est-ce qu'une chose?*, N.R.F., 1962, pp. 82, 86-87, 111-114.

Troisième partie

1. DESCARTES : Lettre d'avril ou mai 1638 à Reneri pour Pollot, in Al. II, pp. 49-53.
2. Lettre à Elisabeth du 4 août 1645 in G.E., pp. 111-112.
3. Lettre à Elisabeth du 15 septembre 1645 in G.F., pp. 131-134.
4. Lettre à Christine de Suède du 20 novembre 1647, Al. III, pp. 745-748.
5. N. GRIMALDI : *La morale provisoire et la découverte métaphysique de l'homme chez Descartes*, in Le « Discours » et sa Méthode, P.U.F., 1987, pp. 314 ; 316-318.
6. J.-P. SARTRE : *La liberté cartésienne*, repris in *Critiques littéraires* (*Situations* I), Idées, Gallimard, 1975, pp. 385-386 ; 388 ; 393 ; 396-399 ; 400 ; 403 ; 405 ; 406-408.

Quatrième partie

1. DESCARTES : *La Recherche de la vérité*, in Al. II, pp. 1122-1123 ; 1137-1138
2. M. BEYSSADE : *La problématique du « cercle » et la métaphysique du « Discours »*, in *Problématique et Réception du « Discours de la Méthode » et des « Essais »*, Vrin, 1988, pp. 191-195.
3. J.-CL. PARIENTE : *Problèmes logiques du Cogito*, in Le « Discours » et sa méthode, P.U.F., 1987, pp. 229-231 ; 248 ; 251 ; 253-255 ; 259-262 ; 264-268.
4. G. AGAMBEN : *Enfance et histoire*, Payot, 1989, pp. 39-40
5. J. BEAUFRET : *Remarques sur Descartes*, in *Dialogue avec Heidegger*, t. 2, *Philosophie moderne*, Ed. de Minuit, 1973, pp. 44 ; 46-47.

Cinquième partie

1. DESCARTES : *Dioptrique*, I, G.F. Flammarion, pp. 100-105.
2. *Dioptrique*, IV, *id.*, pp. 127-129.

3. *Météores*, I, *id.*, pp. 167-168.
4. *Météores*, VI, *id.*, pp. 176-179.
5. W. Röd: *L'explication rationnelle entre méthode et métaphysique*, in *Le « Discours » et sa Méthode*, P.U.F., 1987, pp. 90-94.
6. G. Canguilhem: *La Connaissance de la vie*, Vrin, 1971, pp. 112-114.
7. Descartes: Lettre à Reneri pour Pollot d'avril ou mai 1638, Al. II, pp. 54-57.
8. Lettre au marquis de Newcastle, 23 novembre 1646, Al. III, pp. 693-696.

Sixième partie

1. Descartes: *Dioptrique*, VII, G.F., pp. 159-161.
2. Lettre à Mersenne du 17 mai 1638, Al. II, pp. 62-64.
3. Lettre à Morin du 13 juillet 1638, Al. II, pp. 72-73 ; 74-76.
4. *Principes de la philosophie*, IV, § 203-206, Al. III, pp. 519-524.
5. G. Agamben: *Enfance et histoire*, Payot, 1989, pp. 25-29.

L'auto-interprétation du *Discours*

Descartes: Lettre à Mersenne de mars 1636, Al. I, pp. 515-517.
Lettre à Mersenne du 27 février 1637 (?), Al. I, pp. 521-523.
Lettre à *** de fin mai 1637, Al. I, pp. 537-538.
Lettre au P. Vatier du 22 février 1638, Al. II, pp. 25-31.
Préface de l'Auteur au Lecteur, Méditations métaphysiques,
G. F., pp. 53-55.
Lettre-Préface des Principes, Al. III, pp. 780-781.

BIBLIOGRAPHIE GÉNÉRALE

Œuvres de Descartes

Correspondance avec Elisabeth, éd. J.-M. et M. Beyssade, G.F., 1989.

Descartes, Œuvres et Lettres, par A. Bridoux, La Pléiade, N.R.F., 1953.

La Querelle d'Utrecht, Les Impressions Nouvelles, Paris, 1988.

L'Entretien avec Burman, éd. Beyssade, P.U.F., 1981.

Méditations métaphysiques, éd. J.-M. et M. Beyssade, G.F., 1979.

Œuvres de Descartes, par Ch. Adam et P. Tannery, réédition Vrin, C.N.R.S., Paris, 1964-1974.

Œuvres philosophiques de Descartes, éd. F. Alquié, Garnier (en 3 tomes).

Etudes générales

ALAIN: *Idées*, 10-18.

F. ALQUIE: *La Découverte métaphysique de l'homme chez Descartes*, Paris, P.U.F., 1950.

J.-M. BEYSSADE: *La Philosophie première de Descartes*, Paris, Flammarion, 1979.

P.A. CAHNE: *Un autre Descartes*, Paris, Vrin, 1980.

A. GLUCKSMANN: *Descartes, c'est la France*, Le Livre de Poche, 1987.

H. GOUHIER: *La Pensée métaphysique de Descartes*, Paris, Vrin, 1962.

M. GUEROULT: *Descartes selon l'ordre des raisons*, Paris, 2 vol., Aubier, 1953.

J. Laporte: *Le Rationalisme de Descartes*, P.U.F., rééd. 1989.
G. Rodis-Lewis: *Descartes — Textes et débats,* Le Livre de Poche, 1984.
L'Œuvre de Descartes, Paris, Vrin, 2 vol., 1971.
J.-P. Sartre: *La liberté cartésienne,* recueilli in *Situations*, I, N.R.F. (et Idées).

Sur la vie de Descartes

A. Astruc: *Le Roman de Descartes*, Paris, 1989.
Baillet: *Vie de Monsieur Descartes*, Paris, 1691 — Slatkine Reprints, 1970.
P. Frederix: *Monsieur René Descartes en son temps*, Paris, 1959.
S. de Sacy: *Descartes par lui-même*, Ed. du Seuil, 1956.

Sur les « premières pensées » de Descartes et les *Regulae*

Descartes: *Règles utiles et claires pour la direction de l'esprit et la recherche de la vérité*, trad. et notes de J.-L. Marion et P. Costabel, La Haye, Martinus Nijhoff, 1977.
H. Gouhier: *Les Premières Pensées de Descartes*, Paris, Vrin, 1979.
Heidegger: *Qu'est-ce qu'une chose?*, N.R.F., 1971, pp. 76 à 121.
J.-L. Marion: *Sur l'ontologie grise de Descartes*, Paris, Vrin, 1979.

Autour du *Discours de la méthode* et des *Essais de la méthode*

Jean Beaufret: *Dialogue avec Heidegger*, tomes 2, 3, 4 (*passim*), Ed. de Minuit, 1973, 1974, 1985.
B. Bouttes et G. Granel : *Cartesiana*, T.E.R., 1984.
A. Chauve: *Discours de la méthode*, avec commentaire, Bordas, 1988.

E. DENISSOFF: *Descartes, premier théoricien de la physique mathématique*, Louvain, 1970.

E. GILSON: *Discours de la méthode*, avec commentaire, Paris, Vrin, 1947.

H. GOUHIER: *Descartes. Essais sur le « Discours de la méthode », la métaphysique et la morale*, Paris, Vrin, rééd. 1973.

A. KOYRE: *Entretiens sur Descartes*, N.R.F., 1962.

G. MILHAUD: *Descartes savant*, Alcan, 1921.

J.-L. NANCY: *Ego Sum*, Aubier-Flammarion, 1979.

P. VALERY: *Variété*, 2, 4, 5, N.R.F.
Cahiers Paul Valéry, 4: *Cartesius Redivivus*, 1986.

J. VUILLEMIN: *Mathématique et métaphysique chez Descartes*, P.U.F., 1960.
Le Discours et sa Méthode, P.U.F., 1987.
Problématique et Réception du « Discours de la Méthode » et des « Essais », Vrin, 1988.

Articles de revues et numéros spéciaux

Revue de métaphysique et de morale, 1896, numéro spécial pour le 300e anniversaire de la naissance de Descartes.

Lors du tricentenaire du *Discours*, en 1937, parurent: les actes du IXe congrès de philosophie: *Etudes cartésiennes*, Hermann et Cie, 3 fascicules.

Revue de métaphysique et de morale, 1937, numéro spécial.

Revue de synthèse, avril 1937.

Archives de Philosophie, vol. 13, cahier 2: *Autour du « Discours de la méthode »*, 1937.

Revue *Europe*, 1937, n° spécial.

Bibliothèque Nationale. Descartes, catalogue de l'exposition organisée pour le tricentenaire du *Discours de la méthode*, 1937.

Cahiers de Royaumont. Philosophie, n° 2, Paris, 1957.

Archives de Philosophie, tome 38, cahier 2, avril-juin 1975: *Bulletin cartésien* IV.

Studia Cartesiana, 2, Amsterdam, 1981 (sur les vérités éternelles).

Descartes — Les Etudes philosophiques, Paris, 1976, t. 4.

Descartes en phénoménologie, Revue de métaphysique et de morale, n° 1, janvier-mars 1987.

TABLE DES MATIÈRES

Achevé d'imprimer en novembre 1990
sur les presses de l'Imprimerie Bussière
à Saint-Amand (Cher)

PRESSES POCKET - 8, rue Garancière - 75285 Paris
Tél. : 46-34-12-80

— N° d'imp. 3393. —
Dépôt légal : novembre 1990.
Imprimé en France

Descartes — *Les Passions de l'âme*, Revue Philosophique, n° 4, octobre-décembre 1988.

CANGUILHEM: *Organismes et modèles mécaniques: réflexions sur la biologie cartésienne*, in *Revue Philosophique*, 1955, pp. 281-299.

J. LAPORTE: *La finalité chez Descartes, Revue d'Histoire de la Philosophie*, 1928.